남북정상회담

한반도와 동북아를 움직이는 선택

정창현 지음

민족21 통일이야기 ③
남북정상회담
한반도와 동북아를 움직이는 선택

2014년 1월 25일 1쇄 인쇄
2014년 2월 5일 1쇄 발행

지은이 | 정창현
펴낸이 | 윤관백
펴낸곳 | 도서출판 선인
디자인 | 디자인하나

주소 | 서울시 마포구 마포동 곳마루 B/D 1F
등록 | 제5-77호(1998.11.4)
전화 | 02) 718-6252, 6257
팩스 | 02) 718-6253
E-mail sunin72@chol.com
홈페이지 www.suninbook.com

정가 22,000원

ISBN 978-89-5933-687-6 94300
       978-89-5933-663-0 (세트)

*잘못된 책은 바꿔 드립니다.
*저자와의 협의하에 인지는 생략합니다.
*사진의 무단 복제를 금지합니다.

남북정상회담이 현대사를 바꾼다

2000년 6월 13일. 평양국제공항에 도착한 김대중(金大中) 대통령이 천천히 트랩을 내려왔다. 트랩 밑에는 김정일(金正日) 국방위원장이 환영의 박수를 치고 있었다. 잠시 후 김 대통령은 김정일 위원장과 두 손을 마주 잡았다. 이때가 오전 10시 27분이었다.

대한민국의 김대중 대통령과 조선민주주의인민공화국 김정일 국방위원장 간에 이뤄진 이 악수는 남북관계는 물론이고 동북아의 지정학(地政學)을 단숨에 바꿔놓은 대사건이었다. 정상회담 직후 미국 클린턴 대통령, 중국의 장쩌민(江澤民) 국가주석, 일본 모리 요시로(森喜朗) 총리, 그리고 러시아연방의 푸틴 대통령은 일제히 김대중 대통령에게 전화를 걸거나 한국 방문 의사를 밝혔다. 50년 전 6·25를 통해 한반도 냉전질서를 심어놓고 떠나버린 주변 4강이 한반도 새 질서를 논의하기 시작한 것이다.

국민들의 마음을 움직인 첫 남북정상회담

가장 큰 변화는 우리들의 가슴속에서 일어났다. TV를 통해 두 정상의 악수를 목격한 국민들은 나이와 계층 그리고 좌우를 불문하고 가슴속 저 밑바닥에서 '찡' 하고 '울컥' 하는 감정을 느꼈다. 그리고 이 감정은 분단 현실에 대한 강력한 현상타파적 에너지로 폭발했다. 이 폭발은 모든 것을 바꿔 놓았다. 50년간 김일성 주석과 김정일 국방위원장을 '적(敵)'이라고 교육받았던 국민들은 갑자기 김정일 국방위원장을 새로운 시각으로 생각하게 됐다. 또 헌법처럼 우리들이 범접하기 힘든 문서나 '우리의 소원' 같은 노래에만 있는 줄 알았던 통일이 우리 맘먹기에 따라 '해낼 수' 있는 일이라는 느낌도 갖게 됐다.

역사적인 첫 남북정상회담이 물밑에서 추진되고 있던 2000년 초까지도 '남북정상회담이 열릴 가능성이 크지 않다'는 것이 대체적인 관측이었다. 김 대중 대통령이 '친북좌파'로 몰리고 있고, 반공분단구조가 완고한 우리 사회의 상황에서, 더구나 소수파정권인 김대중 정부가 남북정상회담을 추진해 성공할 가능성이 크지 않다는 분석이었다.

그러나 '남북관계의 구조적인 분석'과 달리 실제 상황은 다르게 전개되고 있었다. 1998년 2월 취임사에서 남북정상회담 개최를 제의한 후 김대중 대통령은 민간 채널과 국가정보원 채널을 통해 북측에 호응을 촉구하고 있었고, 1998년 12월 국가안전보장회의에서는 '한반도 냉전구조 해체를 위한 포괄적 접근전략'을 확정했다. 1999년 5월에는 남북당국 간 비공개접촉이 있었고, 5월 26~28일에는 윌리엄 페리 대북정책조정관의 평양 방문이 성사됐다. 그해 10월에는 대북 포용을 기조로 한 '페리보고서'가 채택됐다. 북미 간의 물밑접촉에서 대부분의 쟁점사안에 합의가 이뤄졌다는 소식도 들려왔다. 1999년 말 최초의 남북정상회담이 임박했다는 징후가 뚜렷해졌다.

2000년 3월 박지원-송호경의 싱가포르 비밀회동을 시작으로 3차례 비밀회담 끝에 4월 8일 남북정상회담 합의가 이뤄졌고, 마침내 2000년 6월 13일 평양공항에서 김대중 대통령과 김정일 국방위원장이 두 손을 마주 잡았다. 그리고 7년 뒤 노무현 대통령과 김정일 국방위원 간 남북정상회담이 한 차례 더 열려 남북 평화와 협력의 시대가 안착될 것으로 기대됐다.

그러나 한반도의 분단구조와 동북아 냉전질서는 예상보다 완고했다. 이명박 정부의 등장과 함께 두 차례 남북정상회담의 성과인 6 · 15공동선언과 10 · 4선언은 채 1년이 지나지 않아 '휴지조각'이 됐다. 2009년 8월부터 2011년까지 남북정상회담을 위한 물밑접촉이 여러 차례 진행됐지만, '통일철학'도 구체적인 방법론도 없었던 이명박 정부는 헛된 '북한붕괴론'에 빠져 마지막 문턱을 넘지 못했다.

남과 북, 남북정상회담 거론

바야흐로 남과 북을 모두 설레게 했던 2000년 첫 남북정상회담이 있은 지 14년, 2007년 10 · 4선언이 발표된 지 7년 만에 한반도는 다시 남북정상회담의 '기회'를 맞고 있다. 일단 남과 북 최고지도자의 '말'만 놓고 보면 그렇다.

공개적으로 남북정상회담을 먼저 거론한 것은 박근혜 대통령이다. 박 대통령은 지난해 11월 프랑스 일간지 《르피가로》와의 인터뷰에서 김정은 제1위원장과의 만남 용의를 묻는 질문에 "남북관계의 발전이나 한반도 평화를 위해 필요하다면 언제라도 만날 수 있다는 입장을 갖고 있다"며 취임 후 처음으로 남북정상회담을 언급했다.

그리고 이번에는 북측이 화답했다. 김정은 국방위원회 제1위원장은 2014년 신년사에서 남북관계 개선을 위한 분위기 조성을 강조하며 올해가 "위대한 수령님께서 조국통일과 관련한 력사적 문건에 생애의 마지막 친필을 남기신 20돐이 되는 해"라는 점을 상기시켰다.

여기서 언급한 '마지막 친필'은 1994년 당시 북한의 핵확산금지조약 (NPT) 탈퇴 등 북핵 위기 속에서 지미 카터 전 미국 대통령의 중재로 김영삼 대통령과 김일성 주석이 정상회담 개최를 합의하는 문서에 서명한 것을 말한다. 북한은 김일성 주석의 당시 서명에 의미를 부여해 1995년 8월 판문점 북측 지역에 '김일성, 1994.7.7'이라는 친필 서명 비석까지 세웠다. 물론 김일성 주석이 7월 7일 남북정상회담 개최 합의 문서에 서명한 다음 날 사망해 정상회담은 성사되지 못했다.

김정은 제1위원장이 신년사에서 김일성 주석의 생애 마지막 친필 20돌을 강조한 것은 남북정상회담을 포함한 당국 간 대화 의지를 표명한 것으로 해석된다. 박근혜 정부가 남북관계 개선을 위한 분위기 조성에 나선다면 정상회담도 가능하다는 메시지인 셈이다. 대북압박을 위한 국제공조나 대결의식에 기초한 '비방중상'을 중단하고 남북 간 대화와 정상회담을 통해 민족의 문제를 풀어 나가자는 것이다.

이틀 후 박 대통령은 "불안과 분단의 고통이 지속되고 있는 한반도에 평화를 구축해 통일시대를 열어갈 수 있도록 해야 할 것"이라고 강조했고, 6일 신년 기자회견에서는 '통일은 대박'이라며 이산가족상봉을 북측에 제안했다. 그러자 북한은 "좋은 계절에 마주 앉을 수 있을 것"이라며 "서로를 자극하고 비방중상하는 모든 행위부터 전면중지"하자는 '중대 제안'을 내놓았다. 정부는 이를 다음 날 거부했지만 북한이 예고한 '실천 행동'을 먼저 이행할 경우 상황은 달라질 수 있다.

흐름만 보면 남과 북이 남북관계 개선을 앞두고 '기선 잡기'에 나선 모양새다. 서로 대화 분위기 조성과 진정성을 거론하며 상대방의 태도 변화를 지켜보겠다는 조심스런 자세를 보이고 있다

조건과 상황은 비관적

그러나 '통일시대'를 이야기하고, 남북정상회담을 거론한다고 해서 실제 남북정상회담으로 이어지는 것은 아니다. 대다수 전문가들은 김대중 대통령이 남북정상회담을 제안했을 때 그 가능성을 낮게 전망했듯이 지금도 회의적인 반응을 내놓고 있다.

우선 박 대통령에게 김대중 대통령처럼 남북관계와 주변정세에 일희일비하지 않고 남북정상회담을 성사시키려는 확고한 의지와 '통일철학'이 있는지 불투명하다. 대북정책을 일관되게 추진할 수 있는 임동원 전 통일부장관과 같은 실력 있는 참모진이 있는지도 의심스럽다. 지금까지 드러난 바로는 국가안보실장 따로, 국방부장관 따로, 통일부장관 따로, 국가정보원장 따로 발언 내용이 제각각이다. 2013년 11월 박근혜 대통령이 남북정상회담을 언급한 후 곧이어 김정은 제1위원장을 "신뢰할 수 없다"라고 발언한 것도 앞뒤가 맞지 않는 발언이었다.

둘째, 박근혜 정부는 남북대화에서 다룰 사안과 북미 또는 6자회담에서 다룰 사안을 분리하지 못하고 있다. 김대중 대통령은 남북정상회담에 의구심을 갖는 미국을 지속적으로 설득해 대북정책에 대한 '한미공조'를 이끌어냈고, 북핵문제는 북미 직접대화와 다자회담을 통해 해결하려는 원칙을 견지해 남북정상회담을 성사시켰다. 그러나 박근혜 정부는 지속적으로 '선(先) 북한의 비핵화'만을 지속적으로 강조하고 있다.

이러한 박근혜 정부의 입장은 3단계로 돼 있는 '한반도 신뢰프로세스'의 2단계까지는 비핵화 같은 조건을 걸지 않고 정치 상황과 구분해 추진하겠다는 설명과도 맞지 않는다. 박 대통령은 12월 31일 언론기고문에서도 "대통령직 인수위 시절인 2013년 2월 12일 북한이 제3차 핵실험을 감행했을 때 한반도 신뢰프로세스를 수정해야 한다는 목소리가 많았지만 나는 한반도 신뢰프로세스의 기조가 유지될 것임을 분명히 했다"라고 설명했다. 그런데 한반도 신뢰프로세스의 시작부터 '선(先) 북한의 비핵화'를 전제조건으로 삼는 것은 신뢰프로세스를 사실상 무력화시키는 정책일 뿐이다.

박 대통령은 한반도 신뢰프로세스를 추진할 의사를 가지고 있지만 국가안보실 등 유관기관에서 '선(先) 북한의 비핵화'를 고집하고 있는 것일까? 박 대통령이 진정으로 남북정상회담에 대한 의지가 있다면 이 점에 대해 확고한 의사를 밝혀야 할 것이다.

이와 같이 박 대통령의 남북정상회담 발언 외에 2000년의 조건과 비교해보면 2014년 남북정상회담 개최 전망은 비관적이다. 개성공단이 우여곡절 끝에 그나마 유지되고 있지만 2007년 남북정상회담 회의록 공개, NLL논쟁, '종북논란' 등 지난 1년간 국내 정치의 주요 이슈들은 남북정상회담과 거리가 멀다. 2013년 어렵게 합의됐던 이산가족상봉 행사는 연기됐고, 금강산관광 재개회담은 시작도 하지 못했다. 북핵문제와 평화체제를 논의할 6자회담도 개최 전망이 불투명하다. 남북정상회담 연내 개최를 예상할 수 있는 요인들이 거의 없다. 국내 정국 돌파구용으로 정상회담을 추진할 수 있다는 주장도 나오지만 가설 수준이다.

완전히 꺼진 불은 아니다

다만 불씨 자체가 완전히 꺼진 것은 아니다. 김대중 대통령은 남북정상회담 성사를 위해 물밑접촉(민간채널)과 막후접촉(정부채널)을 동시에 가동했다. 노무현 대통령 때도 마찬가지였다. 성사는 되지 않았지만 이명박 정부 때도 민간과 정부채널이 동시에 동원됐다. 박근혜 정부도 이러한 채널이 없다고 단정할 수는 없을 것이다.

박 대통령은 2013년 4월 16일 국회 상임위원회 민주통합당 간사단과의 만찬에서 "대북 대화 창구가 필요한데, 여기저기 줄을 대려는 사람이 있으나 그 사람들이 어떤 정부 사람들인지 알 수 없어 비선라인을 활용하지 않겠다"고 말했다. 박 대통령의 이 같은 언급은 "북한과 대화채널을 국가정보원 등 공식라인을 통해 열어가겠다"는 의미라고 청와대는 설명했다.

이 같은 언급과 지난 정부 시기의 경험을 통해 볼 때 박근혜 정부는 물밑접촉단계에서 막후접촉단계로 접어들었다고 추론해 볼 수 있다. 그런 점에서 공개적으로, 공식적으로 벌어지고 있는 남북 간의 공방만으로 남북정상회담 성사 여부를 점치기는 쉽지 않다. 물론 예측할 수 있는 단서는 있다.

11월 박근혜 대통령의 첫 정상회담 발언에 대해 북한 조국평화통일위원회는 "진정으로 정상회담을 바란다면 올바른 예의부터 갖춰야 한다"며 "필요한 때 언제라도 만날 수 있다"도 답변했다. 올해 신년사에서도 북한은 남북관계 개선을 위한 분위기 마련을 강조했다. 남이나 북이나 신뢰와 분위기 조성을 남북정상회담의 선결조건으로 내세우고 있는 셈이다.

무엇보다도 남북정상회담이 성사되려면 상호 신뢰와 함께 남북관계의 획기적 진전이라는 성과를 기대할 수 있어야 한다. 그런 점에서 박근혜 정부는 적어도 6자회담이 재개되고 북핵문제 해결의 가닥이 잡혀야 정상회담을 추진할 수 있는 국내적 지지 기반을 갖추게 될 것이다. 이것은 북측도 마찬가지일 것이다. 두 차례의 남북정상회담 때 북한은 북미대화가 진전되는 조건에서 정상회담에 나왔다.

따라서 남북정상회담은 북미대화와 6자회담이 재개되는 조건에서 가능하다. 남북관계에서 보면 북측이 연기된 이산가족상봉 행사에 적극적 태도를 보이고, 남측이 금강산관광 재개회담에 적극성을 띠어야 단초를 마련할 수 있다. 북미대화, 6자회담 재개가 정상회담 성사 여부를 판단할 수 있는 핵심

단서인 것이다. 남북 간 막후접촉을 통한 합의도 6자회담 재개가 뒷받침돼야 추진력을 얻을 수 있다.

결국 남북정상회담은 구조적으로 보면 어렵지만, 2014년 6자회담이 재개되고 이산가족상봉 행사가 열릴 가능성이 높다는 상황적 측면에서 보면 가능성이 남아 있다고 할 수 있다. 내년까지 '가능성으로의 남북정상회담'에 주목해야 하는 이유다.

박근혜 정부가 남북정상회담 개최라는 큰 그림 속에서 상호 '신뢰'를 쌓을 수 있는 '일관된 정책'을 내놓아야 '냉전적 정치구조'를 넘어 남북정상회담의 '가능성'을 현실로 만들 수 있을 것이다. 지난 1년 남북관계에 나타난 초라한 성적표를 단지 북한 탓으로 돌리는 것은 '원칙'을 지키는 것이 아니라 스스로 무능을 보여주는 변명일 뿐이다.

남북정상회담에 주목하는 이유는 명확하다. 남북정상회담은 어려운 문제라고 하더라도 현안을 일시에 해결할 수 있는 효율적인 대화방식이다. 특히 북한은 최고지도자 중심의 '유일영도체제'로 운영되고 있어 남북 정상이 만나 풀기 어려운 여러 현안을 일시에 해결하는 것이 남북 간 가장 빠른 분쟁해결 방법이기도 하다. 그렇기 때문에 역대 대통령들은 남북관계를 획기적으로 개선하는 방법의 하나로 정상회담을 구상하거나 추진해왔다.

남북정상회담을 화두로 던진 박근혜 대통령이 '진정성'을 가지고 있다면 두 차례 남북정상회담의 성사 사례와 이명박 정부의 실패 사례를 교훈으로 삼아야 할 것이다. 이런 측면에서 지난 15년간 남북 간에 진행된 남북정상회담을 다양한 측면에서 재조명해 봤다.

우선 개성공단회담, 이산가족상봉 무산 등 지난 1년간 남북관계에서 벌어진 주요 현안들을 분석했다. 그리고 치밀하게 준비되고 성공적으로 결실을 맺은 2000년 제1차 남북정상회담의 막전막후에서 벌어진 이야기를 상세히 다뤘고, 이어 성공적으로 이뤄졌지만 너무 늦게 성사돼 빛이 바랜 2007년 제2차 남북정상회담이 성사되기까지의 뒷이야기를 정리했다. 또한 최소 2차례 이상 합의했지만 일관성 없는 대북정책으로 무산된 이명박 정부 시기의 정상회담 추진 과정을 다뤘다. 성공한 정상회담과 실패한 정상회담을 상세하게 다룬 것은 남북정상회담을 언급한 박근혜 정부에게 교훈이 될 것으로 판단됐기 때문이다. 마지막으로 박근혜 정부가 '북핵'과 '국내 정치구조'를 뛰어넘어 남북정상회담을 성사시키기 위해 필요한 사안을 거시적, 미시적 측면에서 정리해 봤다.

모쪼록 언젠가는 다시 열릴 남북정상회담을 준비하는 데 이 책이 조금이나마 도움이 됐으면 하는 바람이다.

2014년 1월 20일

정 창 현 《민족21》 편집주간

차 례

제1부

박근혜 정부의 딜레마
– '이상'과 '현실'의 간극

2013년 대한민국 첫 여성 대통령 시대가 열렸다.
취임 전 평양을 방문한 경험을 가진 첫 대통령이기도 했다.
박근혜 대통령은 2월 25일 취임사에서 공약인
'한반도 신뢰프로세스'를 언급하며 남북대화 추진의사를 밝혔다.
그러나 북한의 3차 핵실험, '키리졸브' 한미합동군사연습 기간의 긴장고조로
박근혜 정부는 출범 직후부터 시험대에 올랐다.
이명박 정부가 보여준 대북정책의 난맥상을 벗어나
새로운 모습을 보여주기도 전에 남북관계는 파국 직전 단계까지 치달았다.
그나마 다행인 것은 폐쇄 직전까지 갔던 개성공단이 남북합의로 재가동됐다는 점이다.
박근혜 대통령의 지적처럼 지난 5년간 남북 간에 대화가 사실상 단절됐고,
새 정부 출범 초기 남북 간 긴장이 최고조에 달했었다는 점 등을 고려할 때,
이는 작지만 의미 있는 진전이었다.
이후 박 대통령은 DMZ평화공원 조성, '실크로드 익스프레스(SRX)' 구상 등을 밝혔고,
마침내 취임 후 처음으로 남북정상회담을 거론했다.
그러나 북핵문제와 '냉전수구적 정치구조'를 뛰어넘어
남북정상회담을 성사시킬 수 있을지는 미지수다.
'이상'과 '현실' 사이의 간극이 너무 크기 때문이다.

1.
박근혜 정부의 대북구상
'한반도 신뢰프로세스'

2012년 남과 북, 한반도 주변 4강에 모두 새로운 정권이 들어섰다. 6개국의 새 리더십이 확정됨으로써 한반도 정세 새판짜기가 본격화됐다. 전환의 속도와 폭은 남북관계의 개선과 맞물려 있었다. 한 축은 박근혜 정부의 남북대화 복원 조치이며 다른 축은 이에 대한 북한의 반응이다. "대화에 전제조건이 없다"면서도 "아무 일 없다는 듯이 하자는 것도 무책임하다"고 밝힌 박근혜 정부가 구체적으로 어떤 대북접근법을 취할지가 변수였다.

박근혜 정부는 정권의 속성상 기본적으로 한미동맹을 중시하고 신중한 대북접근을 견지하는 보수색채의 외교정책과 대북정책을 이어갈 것이라는 관측이 다수였다. 다만 이명박 정부와는 어느 정도 차별성도 보일 것으로 예상됐다. 박근혜 정부는 대북정책의 기본 방향으로 '한반도 신뢰프로세스' 정착을 제시했다. 남북 간 신뢰와 균형, 북의 비핵화가 3대 키워드다. 남북 간에 신뢰가 쌓이고 북한의 비핵화에 진전이 이뤄지면 국제사회가 참여하는 대규모 경제협력 방안으로 '비전 코리아 프로젝트'를 추진하겠다는 것이다.

'비전 코리아 프로젝트' 세부 내용은 북의 자생력 제고를 위한 전력 · 교통 · 통신 분야 등에 대한 인프라 구축, 국제금융기구 가입 및 국제투자 유치

지원, 라선 특구 등 북의 경제특구에 대한 진출 모색, 남·북·중 및 남·북·러 협력을 통한 3각 협력 강화 등이다. 또한 정치적 상황과 구분해 인도적 문제의 지속적 해결을 추구키로 하고 대북지원의 투명성 제고, 영유아 등 취약계층 우선 지원, 이산가족 문제의 실질적 성과 도출 등을 약속했다. 신뢰 형성을 위해 남북 간 대화에 전제조건을 달지 않고, 필요하다면 김정은 국방위원회 제1위원장과 정상회담도 가능하다는 입장이었다.

대체로 무난한 정책 방향이었다. 그러나 박근혜 대통령은 7·4공동성명과 6·15선언, 10·4선언에 담긴 평화와 상호 존중의 정신을 존중하면서도 세부 사항은 현실에 맞게 조정하겠다는 입장을 보였다. 북핵문제의 해결 수단으로는 억지력을 강화하는 가운데 이뤄지는 북핵협상의 다각화, 남북 간 실질적 협의 추진, 한·미·중 3자 전략대화 가동 등을 제시했다. 북한이 예민하게 받아들이는 국군포로와 납북자 귀환 역점 추진, 북한 인권법 제정 등도 약속했다. 이명박 정부와 큰 차이가 없었다. 전임 정부와 비교할 때 차별성과 연속성이 공존하고 있었다.

제시된 대북정책 공약을 보면 이명박 정부와는 차별성을 보이고 있지만 긍정적인 요소와 부정적 요소가 혼재해 돼 있어 어느 쪽에 더 중점을 둘지 당시로서는 가늠하기 어려웠다.

역시 관건은 '한반도 신뢰프로세스'의 첫 번째 화두로 무엇을 삼을 것인가 하는 점이었다. 특히 남북대화의 첫 단추를 잘 꿰야 했다. 북한은 남측에서 인수위원회가 구성되자 중국 베이징에서 남북 간 실무접촉을 갖자고 제안했다. 북한은 이 접촉을 통해 남북관계 복원을 위한 박근혜 정부의 기본 입장을 타진하고, 향후 5년간 남북관계를 어떻게 풀어갈 것인지에 대한 기본틀을 협의하길 원했다. 실제로 2013년 1월 중순경 박근혜 대통령의 핵심인사가 상견례 차원에서 접촉을 가졌고, 당시 분위기가 좋았다는 소문도 있었다. 그러

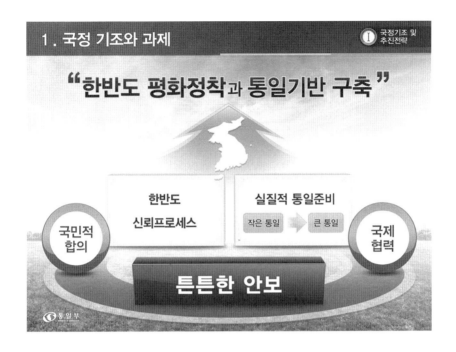

나 북핵실험으로 정세가 급변해 이러한 소문이 사실이라고 하더라도 처음부터 다시 시작해야 할 상황에 직면했다.

둘째로 남북관계와 비핵화문제를 분리해 남북대화와 비핵화 6자회담, 양자 또는 다자간 평화협정 논의가 선순환구조를 갖도록 해야 했다. 무엇보다도 미국과 협의해 2012년 2월에 있었던 북미 간 '2·29합의'가 복원될 수 있도록 촉진자 역할을 할 필요가 있었다. 북핵문제는 단기간에 해결할 없는 문제로 6자회담을 통해 북미관계 정상화 과정과 맞물려 추진돼야 한다는 일관된 정책기조를 확립해야 하는 사안이다. 이명박 정부처럼 '북한 붕괴론', '북한 체제위기론'에 현혹돼 단기간에 북핵문제를 해결할 수 있다는 전제 아래 대북정책을 펴게 되면 남북관계를 파탄시킨 이명박 정부의 전철을 다시 밟을 수밖에 없었다. '선(先) 북핵문제 해결, 후(後) 남북대화' 노선은 이미 이명박 정부 5년 동안 실패한 것이 확인됐다. 남북관계와 북핵문제는 동시 병행으로, 또는 '정책적 분리와 전략적 연계'를 통해서만 가능하다는 것이 입증된 것이다.

대북정책과 관련된 박근혜 대통령의 취임 일성은 신중했다.

"북한은 하루빨리 핵을 내려놓고, 평화와 공동발전의 길로 나오기 바랍니다. … 저는 한반도 신뢰프로세스로 한민족 모두가 보다 풍요롭고 자유롭게 생활하며, 자신의 꿈을 이룰 수 있는 행복한 통일시대의 기반을 만들고자 합니다. 확실한 억지력을 바탕으로 남북 간에 신뢰를 쌓기 위해 한 걸음 한 걸음 나아가겠습니다. 서로 대화하고 약속을 지킬 때 신뢰는 쌓일 수 있습니다. 북한이 국제사회의 규범을 준수하고 올바른 선택을 해서 한반도 신뢰프로세스가 진전될 수 있기를 바랍니다."

역대 대통령들이 취임사에서 남북 정상회담을 제시했던 것과 달리 박 대통령은 원론적으로 남북대화만을 언급했다. 대화를 통해 신뢰를 쌓고 이를 통해 남북관계 현안을 풀어가겠다는 원론적인 구상만 밝힌 것이다. ✿

2.
북한의 선제 공세
핵실험과 '경제건설과 핵무력건설 병진노선' 채택

일시적 아닌 장기적 노선

"조성된 엄중한 정세에 대처하여 조국의 안전과 나라의 자주권을 믿음직하게 수호하기 위한 강도 높은 전면대결전을 벌이자."

2012년 12월 12일 위성 발사에 대해 유엔안보리의 제재가 나오자 북은 2013년 2월 11일 당중앙위원회 정치국회의를 개최하고 이같이 결정했다. 그리고 다음 날 3차 핵실험을 단행했다. 이어 북은 3월 31일 노동당 중앙위원회 전원회의를 열고 경제건설과 핵무력건설을 동시에 발전시키는 새로운 전략적 노선을 채택했다. 2003년 김정일 국방위원장이 '국방공업을 우선적으로 발전시키면서 경공업과 농업을 동시에 발전시키는 선군시대의 경제건설 노선'을 제시한 지 10년 만에 북이 새로운 전략적 노선을 내놓은 것이다. '자위적 핵무력'을 강화 발전시키면서 동시에 경제건설에도 주력해 '사회주의 강성국가' 건설을 위한 두 마리의 토끼를 모두 잡겠다는 구상이다.

2012년 4월 6일 당 중앙위원회 책임일군들과 진행한 담화에서 김정은 제1위원장은 "선군시대 경제건설노선의 요구대로 국방공업발전에 선차적인 힘을 넣어 나라의 군사력을 백방으로 강화하여야 합니다"라고 언급해 '선군시대 경제건설노선'의 계승을 강조했다. 그런데 1년 뒤 3차 핵실험 이후 국방공업의 핵심이 핵무력건설에 있다는 점을 공개적으로 천명했다. 북은 병진노선에 대해 김일성 주석과 김정일 국방위원장 등이 구현했던 "독창적인 경제국방 병진노선의 빛나는 계승"이라고 의미를 부여하고 "항구적으로 틀어쥐고 나가야할 전략적 노선"이라고 규정했다. 병진노선이 일시적인 것이 아니라 장기적인 노선으로 제시된 것이다.

3월 전원회의에서 채택된 병진노선은 2009년 5월 2차 핵실험 이후 내부적으로 총화(결산)되어, 대내외적으로 공개했던 정책들을 종합해 김정은시대의 '전략적 노선'으로 체계화한 것으로 보인다. 따라서 병진노선이 나오게 된 배경을 이해하기 위해서는 2차 핵실험 이후 2010년 당대표자회까지의 시기에 북한 내부에서 논의 결정된 내용에 주목해야 한다.

2009년 2차 핵실험 이후 노선전환 논의

첫째, 1990년대 초반 김일성시대에 제시된 마지막 노선을 대내외 정책의 기준점으로 삼는다는 것이다. 경제노선으로는 '3대제일주의'의 계승이다. 김 주석은 1993년 12월 8일 '혁명적 경제전략'을 발표해 경공업과 농업, 대외경제를 중시해야 한다는 '3대 제일주의'를 표방한 바 있다. 3월 전원회의에서 경제건설을 위해 ▲인민경제 선행부문 · 기초공업부문의 생산력 증대, 농업과 경공업에 대한 역량 집중을 통한 최단기간 내 인민생활 안정 ▲지식경제로의 전환, 대외무역의 다각화 · 다양화를 통한 투자 활성화 등을 제시한 것은 이러한 흐름을 잘 보여준다.

대외노선으로는 북미관계 정상화를 중심으로 하면서도 남북 · 북일 대화를 병행해서 전방위적으로 추진해 나간다는 것이다. 1990년대 초반 북은 북미 고위급회담, 남북기본합의서 채택, 북일관계 정상화 등을 동시에 추진한 바 있다. 이와 관련 김계관 외무성 제1부상은 2009년 12월 방북한 미국의 빌 리처드슨 주지사에게 '포괄적인 대외전략'이라고 표현했다.

사실상 핵보유로 안보문제 해결

둘째, 2차 핵실험 성공으로 북은 핵보유국이 됐으며, 이를 통해 안보문제가 기본적으로 해결됐기 때문에 모든 역량을 경제발전, 인민생활 발전에 돌릴 수 있게 됐다는 것이다. 북은 "미국이 원자탄으로 위협하던 시대는 영원히 지나갔다"고 표현했다. 국제사회가 인정하든 하지 않든 핵이 있다는 것을 발표하고 실험을 통해서 입증했기 때문에 장기적으로 국제사회도 '사실상 핵보유국'으로 인정할 수밖에 없다는 판단이다. 특히 북은 '비핵화가 수령님의 유훈이고 우리의 최종 목표'이기 때문에 핵무기를 가지려 하지 않지만 미국의 적대시 정책으로 어쩔 수 없이 핵무기를 가지게 됐고, 핵무기를 보유했기 때문에 비핵화에도 유리한 환경이 조성됐다고 결

Ⅰ 2012년 12월 12일 북한은 광명성 3호 2호기를 은하3호 로 켓추진체로 쏘아 올렸다. 북한은 2012년 4월의 발사에는 실패했지만 2호기를 위성궤도에 안착시키는 데 성공했다.

론을 내렸다.

2013년 4월 8일 재일조선인총연합회 기관지 《조선신보》가 "자위적인 핵 보유를 영구화하는 길에 평화도 있고 나라의 부강번영도 있고 인민들의 행복도 있다는 것은 좌절과 실패를 거듭한 비핵화회담에서 얻은 교훈"이라고 평가한 것도 이 같은 북의 내부 기류를 반영하고 있다.

이러한 판단에 기초해 북은 6자회담의 성격이 근본적으로 변화됐다고 결론 내리고, 2009년 7월 "6자회담은 영원히 끝났다"라고 선언했다. 이것은 평화협정 논의가 수반되지 않는 6자회담에는 복귀하지 않겠다는 의미였다. 2010년 1월 북은 "비핵화에 관한 전략적 결단이 없이 평화협정 회담을 제안하지는 않았을 것"이라며 평화협정 문제가 논의돼야 6자회담에 복귀할 수 있다는 입장을 분명히 했다. 한반도비핵화와 평화협정 체결을 동시에 논의된다면 대화에 나갈 수 있지만 미국이 군사적 압박으로 나온다면 지속적으로 핵과 미사일 실험을 할 수밖에 없다는 것이다.

위성 발사와 핵의 평화적 이용은 자주권 문제

셋째, 위성 발사와 핵의 평화적 이용 권리는 '자주권'에 해당하는 문제로 다른 나라가 제재하거나 간섭할 수 있는 사안이 아니라는 것이다. 이와 관련 김정은 제1위원장은 2012년 4월 15일 첫 공개연설에서 "강성국가 건설과 인민생활 향상을 총적 목표로 내세우고 있는 우리 당과 공화국 정부에 있어서 평화는 더없이 귀중하다"라며 '평화'의 중요성을 강조했지만 "우리에게는 민족의 존엄과 나라의 자주권이 더 귀중하다"라고 발언해 '자주권'을 전제조건으로 제시한 바 있다. 북이 이른바 위성 발사에 대해 유엔안보리의 제재가 이뤄지자 강하게 반발할 수밖에 없는 이유다. 북은 2013년 2월 11일 열린 당

중앙위원회 정치국회의에서도 '광명성 계열의 인공지구위성과 장거리 로켓'들을 계속 발사할 것이라는 점을 분명히 했다.

몇 년 간의 내부 논의 끝에 2013년 3월 당전원회의에서 채택된 '경제와 핵무력 건설 병진노선'은 2009년 2차 핵실험 이후 북의 변화된 노선을 함축하고 있으며, 김일성·김정일시대의 노선을 계승하면서도 변화된 정세를 반영해 김정은시대의 기본노선으로 정립, 공개된 것으로 볼 수 있다. 특히 비핵화와 평화협정 논의가 장기화될 경우에 대비한 포석도 깔려 있다.

최고인민회에서의 법제화

3월 당전원회의 이후 북은 최고인민회의와 내각 전원회의 확대회의를 열어 병진노선을 구체화하기 시작했다. 우선 최고인민회의에서는 '자위적 핵보유국의 지위를 더욱 공고히할 데 대한 법', '우주개발법'을 제정하고, 원자력공업성과 국가우주개발국 신설을 결정했다. 원자력공업성 신설에 대해 북은 "나라의 원자력공업을 현대화, 과학화하며 최첨단 과학기술의 토대 우에 확고히 올려 세워 핵물질의 생산을 늘리고 제품의 질을 높이며 자립적인 핵동력공업을 더욱 발전"시키기 위한 것이라고 밝혔다. 그리고 북은 '우라늄농축공장'을 비롯한 영변의 모든 핵시설들과 함께 2007년 10월 6자회담 합의에 따라 가동을 중지하고 무력화했던 5MW 흑연감속로를 재정비, 재가동하는 조치에 들어갔다.

북은 영변에 건설 중인 시험용 경수로 완공 및 가동, 새로운 핵연료 제조공장 및 원심분리시설 공개, 재처리시설 재가동 등 다양한 카드를 준비하고 있었다. 또한 4차 핵실험, 장거리 미사일 발사, 위성 발사 등은 언제든지 압박 카드로 활용할 수 있도록 준비되어 있었다.

| 2013년 3월 31일 개최된 조선노동당 중앙위원회 전원회의에서 김정은 제1비서가 연설하고 있다. 이 회의에서 '경제건설과 핵무력건설 병진노선'이 채택됐다.

일촉즉발의 한반도 위기

이러한 상황에서 2013년 3월 '키리졸브-독수리' 한미합동군사연습이 시작됐다. 이 훈련은 군사쿠데타, 내란, 지도부 분열 등 북한 정권에 '이상'이 발생하는 동시에 미군이 한국군을 지휘해 북한에 침공하는 훈련이다. SBS는 3월 28일 2013년 키리졸브 훈련에서 가상전쟁 결과, 북을 완전 장악하는 데 56일이 걸렸다는 보도까지 했다. 독수리훈련은 미국 본토 전력까지 한반도에 투입하는 등 총력전으로 북을 점령하는 전면전 연습이다.

1994년 클린턴 대통령이 북과의 전쟁을 검토했으나 개전 90일 안에 미군 사상자가 5만 2천 명 발생하는 등 피해가 커 최종 단계에서 포기한 사례를 있었다. 미국은 2004년부터 계획을 변경했다. 개전 첫날 밤에 항공모함 전단 (핵 잠수함 포함), B-52전략폭격기, B-2스텔스폭격기 등 모든 화력을 총동원해 북한 전력의 90% 이상을 파괴한다는 계획이다. 2013년에 미국은 B-52전략폭격기 3회, B-2스텔스폭격기 2대 1회, 핵잠수함 샤이엔 등을 동원, 핵무기 선제 타격으로 북을 불바다, 잿더미로 만드는 연습을 했다.

따라서 해마다 3~4월에 북은 초긴장, 전쟁에 대비한다. 미국의 연례적인 전쟁연습이 한반도의 전쟁위기를 연례적으로 고조시키는 것이다. 그러나 2013년에 북한의 대응은 확연히 달랐다. 미국이 해마다 해오던 그대로 북을 핵무기로 선제타격하는 전쟁연습을 했다면, 북은 매년 해오던 대응방식을 완전히 넘어서서 전혀 차원이 다른 고강도 대응으로 맞선 것이다.

키리졸브 연습이 시작된 2013년 3월 11일, 김정은 제1위원장은 서해 5도 가운데 백령도 인근 해안포 방어대를 현지지도했다. 이날의 현지지도에서 김정은 제1위원장은 "내가 명령을 내리면 조국통일대전의 첫 포성, 첫 신호탄을 쏘아 올려야 한다"고 언급하며 한미연합군이 키리졸브 연습 과정에서 군사적 충돌이 일어날 경우에 조국통일대전, 즉 전면전으로 대응할 것을 밝혔다.

북한은 3월 28일 핵미사일을 16개나 투하할 수 있는 B-2 스텔스폭격기가 미 본토에서 날아와 북을 핵 타격하는 연습을 한 직후 심야 작전회의를 개최하고, 언론에 공개했다. 회의에서 북한은 핵미사일로 미국 본토 세 곳과 하와이 등을 공격하는 '미국 본토 타격 작전도'를 공개하고, "임의의 시각에 미국 본토와 한국의 미군기지 등을 타격할 수 있게 미사일부대에 사격대기 태세 돌입"을 지시했다.

이보다 앞서 북한은 3월 26일 인민군 최고사령부 성명을 내고 남한은 물론 미국 본토, 하와이, 괌 등을 겨냥한 "전략로켓군부대들과 장거리포병부대들을 포함한 모든 야전포병군집단들을 1호 전투근무태세에 진입시키게 된다"고 선언했다. 같은 날 오후엔 외무성이 "조선반도에 일촉즉발의 핵전쟁 상황이 조성되었다"는 것을 유엔안전보장이사회에 공개 통고했다.

3월 28일 《로동신문》은 '세계는 핵전쟁의 위험성을 과소평가하지 말아야 한다'는 제목의 해설기사에서 "조선반도는 전쟁의 문 어구(어귀)에 다달았다"며 그 위급성에 대해 "불과 한발자국"이라고 묘사했다. 그것도 "이것은 단순한 전쟁이 아니다"면서 "세계에 있어본 적이 없는 핵대결전"이라고 불렀다. 한마디로 핵전쟁 발발 가능성이 한발자국 남았다는 것이다. 한반도에서 돌이킬 수 없을 정도로 북미 간에 '강 대 강', '불 대 불'이 맞붙는 상황이었다.

2013년 봄 한미합동군사훈련인 키리졸브 연습 시작과 함께 한반도는 군사적 긴장이 최고조에 달하고 남북 간 전쟁위험이 오가는 험악한 정세가 조성됐다. 말로는 전면전 상황과 다를 게 없었다. 북한은 정전협정 백지화와 남북 불가침 합의 파기를 내세워 핵타격과 워싱턴 불바다, 그리고 벌초론까지 내세웠고, 이에 대응해 한국은 도발 시 원점뿐 아니라 지원세력과 지휘세력까지 섬멸한다는 단호한 응징의지를 보였다. 팽팽히 당겨진 고무줄처럼 예기치 못한 돌발상황에 통제불능의 국지전으로 확대될 위험이 도사리고 있었다. ☼

3.
남과 북, 미국
한반도 긴장 완화에 나서다

"지금은 온도를 낮출 때"

한반도의 팽팽한 긴장감은 남과 북, 미국이 한 발짝 물러나면서 진정국면으로 흘러가기 시작했다. 2013년 4월 11일 류길재 통일부장관은 예정에 없던 기자회견을 열었다. 류 장관은 "개성공단 정상화는 대화를 통해 해결되어야 하며, 이와 관련 북한 측이 제기하기를 원하는 사안들을 논의하기 위해서라도 북한 당국은 대화의 장으로 나오기를 바란다"는 입장을 발표했다. 이 자리에서 류 장관은 기자들의 대화 제의냐는 질문에 대해 "대화 제의라기보다는 모든 문제들을 대화를 통해 풀어야 한다는 점을 대내외에 천명하려고 하는 것"이라고 하여 '공식적인 대화 제의'가 아니라고 부정했다.

그러나 당일 저녁 박근혜 대통령은 국회 외통위와 국방위 소속 새누리당 의원들과의 만찬에서 "북한과 대화할 것"이라고 밝혔으며 청와대 측은 "공식 대화 제의로 봐도 된다"는 입장을 내놓았다. 불과 2~3시간 만에 통일부장관의 성명 발표가 무색하게 된 것이다. 상호 조율이 되지 않았던 셈이다.

오바마 미국 대통령도 4월 11일(현지 시각) 반기문 유엔사무총장과의 대화에서 "지금은 온도를 낮출 때"라고 말했고, 존 케리 미국 국무장관은 3월 12일 한국을 방문해 "오바마 대통령은 몇 개의 군사훈련을 하지 말라고 지시했다. 한반도 긴장 완화에 많은 기여를 했다고 생각한다"면서 북한에 '대화를 제의'를 했다. 한미 간에 사전조율이 있었던 것으로 보인다. 대다수 언론은 일제히 "공은 북한에 넘어갔다"고 보도했다.

북한은 대통령과 통일부 장관의 '대화 제의' 입장이 발표된 지 3일 만인 4월 14일 조국평화통일위원회 대변인이 조선중앙통신사 기자에게 답하는 형식으로 '교활한 술책'이라는 입장을 내놓았다. 그러면서 우리 정부가 대화의지가 있다면 '말장난' 할 것이 아니라 "근본적인 대결자세부터 버릴 것"을 촉구하면서 "앞으로 대화가 이루어지는가 마는가 하는 것은 전적으로 남조선당국의 태도 여하에 달려 있다"고 주장했다.

그러나 북한도 '긴장'에서 '대화' 쪽으로 선회하고 있었다. 북은 3월 말 노동당 전원회의에서 '경제건설과 핵무력건설 병진노선'을 채택한 후 국제적 고립에서 탈피하기 위해 '전방위 대화 공세'에 나서기 시작했다. 가장 먼저 미국과의 접촉이 진행됐다. 북은 4월에 들어와 미국과 접촉을 시작했고, 4월 중순 존 케리 미 국무장관은 중국, 한국, 일본을 순방하면서 "우리가 원하는 것은 6자회담 또는 양자회담을 통해서든 실질적인 미래에 대해 (북과) 대화를 하는 것"이라는 동일한 메시지를 던졌다.

5월에는 리용호 외무성 부상 겸 6자회담 수석대표가 로버트 킹 미국 국무부 북한 인권특사와 독일 베를린에서 회동했다.

미국에 이어 북은 일본과도 대화의 통로를 열었다. 이지마 이사오(飯島勳) 일본 내각 관방 참여가 아베 총리의 특사로 북한을 방문해 김영남 최고인민회의 상임위원장을 만난 것이다. 회담을 마치고 일본에 돌아온 이지마 참여는 "북측과 북・일 수교 협상 재개 등과 관련한 사무적 협의를 모두 끝냈다"

라고 밝혔다. 남은 것은 아베 신조(安倍晋三) 총리와 스가 요시히데(菅義偉) 관방장관의 판단이라는 것이다. 특히 그는 일본 외무성 통로로 북·일 수교 교섭이 진행될 가능성이 거론되고 있는 데 대해 "(외무성에서) 왜 교섭할 필요가 있느냐. 앞으로 서로 어떤 생각으로 임하느냐일 뿐"이라고 말해 '일본인 납치문제' 등과 관련해 북·일 양측의 정치적 결단이 필요하다는 견해를 밝혔다. 이지마 참여의 이 같은 발언은 평양에서 북측 요인들과 회담을 가졌을 때 북·일 양측의 주장과 입장, 제안 등에 대한 의견 교환이 충분히 이루어졌음을 시사한다. 북은 아베 총리의 친서가 없었다는 점에 '실망' 했지만 북일교섭 재개에 대한 의지는 분명히 한 셈이다.

북, 중국에 정책 설명

북일 접촉에 이어 북은 5월 22일 최룡해 총정치국장을 특사로 중국에 보내 전통적인 우호관계를 강조하면서 '6자회담을 포함한 각종 형식의 대화'를 원한다는 입장을 전달했다. 시진핑 주석을 만난 자리에서 최 총정치국장은 "조선(북)은 유관 각국과 공동 노력해 6자회담 등 각종 형식의 대화와 협상을 통해 관련 문제를 적절하게 해결하기를 바란다"며 "한반도의 평화와 안정을 수호하기 위해 조선 측은 적극적인 행동을 할 것"이라고 강조했다. 그는 북이 경제 발전, 민생 개선을 진심으로 바라고 있으며 이를 위해 평화로운 외부 환경을 조성하는 것이 필요하다고 지적했다. 북은 "대화 국면으로의 전환을 전제로 평화번영에 대한 확고한 입장을 중국 측에 전달"한 것이다.

3월 노동당 전원회의에서 채택된 '경제건설과 핵무력건설 병진노선'의 내용을 중국 측에 설명하고, '조선(한)반도의 비핵화'를 위해 적극 대화에 나서겠다는 뜻을 전달한 셈이다.

이 같은 국면전환에 따라 북은 6·15공동선언실천 북측위원회 명의로 최룡해 특사가 중국을 방문한 5월 22일 6·15 13돌 민족공동행사를 개최할 것을 6·15공동선언실천 남측위원회에 제안했다. 이에 대해 우리 정부가 개성공단 실무회담을 강조하자 북은 당국 간 회담 카드를 꺼냈고, 곧 이어 미국에 포괄적 협상을 위한 북미 고위급회담을 제안하게 된다.

북은 남측과 미국에 포괄적 의제를 논의하는 회담을 제의했다. 북은 우선 6·15선언 발표 13돌을 맞아 개성공단 정상화와 금강산관광 재개 등을 위한 남북당국 간 회담을 제의했다. 6월 6일 북측의 당국 간 대화 제안→남측의 남북장관급회담 제안→북측의 실무접촉 제의→남북실무접촉→'남북당국회담' 개최 합의로 이어지는 3일간의 속전속결 과정은 5월 말 류길재 통일부 장관이 "우리를 핫바지로 보는 것 아니냐"며 북측의 태도 변화를 촉구할 때만해도 생각하기 어려운 변화였다.

북의 대화 제의 배경은?

그러나 세밀하게 들여다보면 우리 정부는 북측이 당국 간 대화를 제의할 것이라는 점을 사전에 예상하고 있었던 것이 확실하다. 류 통일부 장관은 북이 당국 간 대화 제의를 하기 전날인 6월 5일 서울 여의도 중소기업중앙회관에서 열린 '2013 한반도 신뢰프로세스 실현방안 모색' 토론회에서 축사를 하면서 "제1차 남북정상회담 성과물인 6·15공동선언을 비롯한 과거 남북 간 합의사항을 존중할 의사가 있다"며 "지금의 엄중한 상황이 지나가면 그때는 보다 유연한 노력을 통해 신뢰를 쌓아가게 될 것이다. 북의 화답을 기대한다"고 말했다.

취임사에서 했던 '6·15공동선언의 존중'을 다시 언급함으로써 북측이

| 2013년 5월 김정은 제1위원장의 특사로 중국을 방문한 최룡해 조선인민군 총정치국장이 시진핑 중국 국가주석과 악수하고 있다. 최룡해 특사의 방중을 계기로 북한은 대화국면으로 전환했다.

당국 간 대화에 나올 수 있는 명분을 제공한 셈이다. 특히 이날 류 장관은 기자들과 만나 "현재 남북 간에 벌어지는 일들을 갖고 너무 걱정하고 우려할 필요는 없다고 본다"며 조만간 바빠질 것이라는 암시를 주었다. 박근혜 대통령도 남측의 실무접촉 수석대표를 실장급으로 격상시키면서 일단 남북대화 자체에 대해서는 강한 의지를 드러냈다.

북의 당국 간 회담 제의에 대해 국내 언론들은 '전향적'이라는 데 공감하면서도 그 배경에 대해서는 "한·미·중 3각 공조를 바탕으로 한 국제사회의 대북제재로 궁지에 몰린 북이 출구전략으로 남북 대화 카드를 꺼내든 것", "국제사회 제재를 남북대화 무드로 희석시키려는 의도", "대북제재를 완화시키면서 남북관계 및 6자회담 등에서 주도권을 쥐겠다는 의도", "미국의 강경한 대북 입장에 중국 동의할 가능성 사전에 차단하려는 것", "남북관계 개선 없이는 경제난 극복이 어렵다는 점" 등 다양한 분석을 내놓았다.

북이 태도를 바꾼 배경에 대해서도 "정부의 일관되고 단호한 대북정책의 결과", "박근혜식 한반도 신뢰프로세스의 승리"라는 평가가 주류를 이룬다. 박근혜 대통령의 대북정책에 비판적인 입장이었던 《한겨레》조차도 "북한이 6일 당국 간 회담을 전격 제의한 것은 사실상 박근혜 대통령의 지속적인 요구 사항을 폭넓게 수용한 것으로 볼 수 있다"며 "박근혜 정부의 '원칙 있는 대북정책'에 북한이 사실상 고개를 숙였다"고 평가했다.

과연 이러한 평가나 분석이 맞는 것일까? 일면 그런 측면도 있다. 북은 박근혜 정부 등장 이후 지속적으로 비공개접촉을 통한 '포괄적 협의'를 하자고 제안했다. 내심 박근혜 정부의 대북정책 기조를 확인하고 싶었을 것이다. 요즘 남쪽에서 많이 쓰는 '대화의 진정성'을 탐색하고 싶었던 셈이다. 통일부는 물밑접촉에 나설 의사가 있었던 것도 같지만 모든 것을 '공식회담'에서 논의해야 한다는 청와대의 의지는 확고했다.

결국 북은 당국 간 실무접촉을 제안함으로써 남측의 요구를 형식적으로 수용하면서 개성공단, 금강산관광, 남북 민간교류 등 주요 현안을 포괄적으로 논의할 수 있는 틀을 마련해 내용적으로 자신들의 생각을 관철시켰다. 이런 점에서는 남측의 '원칙'이 통했다고 볼 수 있다. 그러나 한·미·일 3국 중 가장 늦게 대화의 물꼬가 트인 점은 심각하게 짚어봐야 할 대목이었다.

새롭게 개념화된 김정은시대의 '포괄적인 세계전략'

북한의 이 같은 행보는 '포괄적인 세계전략'에 따라 진행되고 있는 것으로 어느 정도 예상됐던 일이다. '포괄적 세계전략(대외전략)'이란 용어는 2009년 12월 20일 방북 중인 미국의 빌 리처드슨 주지사에게 김계관 외무성 제1부상이 언급한 것이다. 북미·남북·북일 대화를 병행해서 전방위적으로 추진해 나간다는 것이다.

2010년 1월 13일자 《중앙일보》에 실은 칼럼에서 서울대 장달중 교수는 북의 '포괄적 세계전략'에 대해 "미국에 대한 지나친 의존을 줄이고 대신 남한과 일본을 공략하는 1990년대 초 김일성의 남방정책을 모델로 하겠다는 것"이라며 "이러한 김일성의 유훈외교 부활은 김정은 후계체제와 무관해 보이지 않는다"라고 분석했다.

번번이 핵문제에 발목잡힌 북한의 대외전략

실제로 북에서 김정은의 후계체제 구축 및 등장 과정은 새로운 지도자에 맞는 새로운 정책 방향 수립과 맞물려 진행됐다. 특히 대외전략과 관련해 북은 2009년 5월 2차 핵실험 이후 동북아에서 G2로 부상한 중국과의 관계 설정문제, 6자회담와 평화협정 문제, 남북관계 등에 대해 폭넓은 논의를 진행한 것으로 전해진다.

결론은 1990년대 초 김일성 주석의 마지막 대외노선을 기본정책으로 삼고, 2000년대에 들어와 김정일 국방위원장이 세운 '신한반도 구상'을 계승한다는 것이었다. 1980년대 후반까지 북은 냉전질서하에서 소련을 비롯한 동구 등 사회주의권과 제3세계 국가 외교에 치중했으나 사회주의권이 붕괴되자 한국·미국·일본과의 관계 개선에 적극 나서는 '신외교전략'을 채택한다.

이에 따라 1990년부터 남북 고위급회담이 개최돼 남북기본합의서 채택(1991년 12월)으로 이어지고, 그해 9월 일본 자민당 대표 가네마루 신의 방북을 계기로 북일교섭회담이 진행됐으며, 1992년 1월에는 김용순 비서-아널드 캔터 미국 국무부 차관보 간 북미 고위급 회담이 처음으로 열렸다. 특히 김용순 비서는 북미고위급회담에서 '동북아에서 북과 미국이 동맹을 맺어 세력

균형을 이룩하자'라는 파격적 제안을 해 주목을 받기도 했다. 즉 김일성 주석의 마지막 대외노선은 적대 관계였던 한·미·일과 관계 개선 및 수교를 통해 근본적으로 동북아에서 냉전을 해체한다는 것이었다. 그러나 미국이 북핵문제를 제기(1차 북핵위기)하고, 일본에서 가네마루 대표가 실각하고, 김영삼 정부 시절 '조문파동'으로 남북관계가 악화되면서 이 대외노선은 더 이상 진전이 되지 못했다.

김일성 주석 사망 이후 노동당 총비서(1997년)와 국방위원장(1998년)에 추대된 김정일 국방위원장은 '강성대국론'를 내세우며 1999년부터 다시 전방위 외교공세로 나오기 시작했다. 2000년에는 김정일 위원장의 방중(5월), 남북정상회담(6월), 북미 특사교환(10월)이 성사됐고, 이러한 흐름은 2002년에는 첫 북─일정상회담으로 이어졌다. 그러나 2002년 10월 미국 부시 행정부의 핵문제 제기로 이른바 '2차 북핵위기'가 조성되면서 이러한 흐름은 다시 중단됐다. 2005년 9·19공동성명이 나오고, 다음 해 부시 대통령이 '한반도 종전선언'을 언급하면서 김정일 국방위원장의 '신한반도 구상'은 더 구체화되기 시작했고, 2007년 10월 2차 남북정상회담으로 이어졌다. 김정일 국방위원장의 '신한반도 구상'은 대외정책적 측면에서 두 가지 핵심 내용을 담고 있었다.

첫째는 북미관계를 빠른 시일 내에 '돌이킬 수 없는 수준'으로 진전시켜 북미관계 정상화를 이룬다는 것이다. 중간선거 패배 이후 적극적인 북미대화로 선회한 부시 행정부의 정책을 활용해 대북 경제제재를 풀고 2000년 하반기와 같은 '북미관계 정상화 국면'을 조성하겠다는 구상이었다.

북미, 남북대화 병행

둘째는 북미관계와 남북관계를 병행 발전시킨다는 원칙하에 남북협력을 전면적으로 확대한다는 것이다. 김정일 국방위원장은 6·15공동선언 이후에도 '매우 불안전한 초보적인 상태의 공존관계'에 머무르고 있는 남북관계를 '통일을 지향하는 확고한 평화공존관계'로 전환시켜 나가려는 구상을 갖고 있었던 것으로 파악된다. '2007 남북정상선언'에서는 이것이 '사상과 제도의 차이를 초월하여 남북관계를 상호 존중과 신뢰 관계로 확고히 전환'한다는 표현으로 담겨 있다. 특히 '남과 북은 남북관계를 통일지향적으로 발전시켜 나가기 위하여 각기 법률적·제도적 장치들을 정비'해 나가기로 명기해, 북측에서도 남측에서 제기하는 조선노동당 규약 개정 의사를 내비쳤다. 김영삼 정부 이후 남쪽에서는 북의 대남정책에 대해 '통미봉남(通美封南)'이란 용어를 유행처럼 사용했지만 북은 2000년대에 들어와 '통미봉남' 정책에서 '통미통남' 노선으로 확고하게 전환한 것이다.

북은 이명박 정부 등장 이후에도 북미관계와 남북관계를 병행적으로 발전시킨다는 정책기조를 유지했다. 북은 남북관계가 단절돼 있는 상황에서도 여러 차례 남북정상회담을 제안하기도 했다. 북의 이러한 정책 방향은 2011년 1월 4년 만에 발표된 '정부·정당·단체 연합성명'에서 잘 드러났다. 이 성명을 통해 북한은 "실권과 책임을 가진 당국 사이의 회담을 무조건 조속히 개최할 것을 주장"하며, "우리는 대화와 협상, 접촉에서 긴장 완화와 평화, 화해와 단합, 협력사업을 포함해 민족의 중대사와 관련한 모든 문제들을 협의·해결해 나갈 것"이라고 밝혔다. 이를 통해 북은 "어떻게 하든 6·15의 흐름을 이어나가 21세기의 새로운 10년대를 민족의 비극을 끝장낼 희망의 연대로, 통일과 번영의 연대로 빛내야 한다"고 주장했다. 그 어느 때보다도 강력한 대화 제안이었다. 이러한 정책기조에는 김정은 국방위원회 제1위원장이 후계자로 등장한 후 1990년대 초부터 추진돼 온 대외정책을 평가한 후 확정한 '포괄적 세계전략'이 깔려 있었다.

그러나 북은 2011년 6월 남북정상회담 비밀접촉이 최종 결렬되고, 남측의 대화의지가 없다는 점이 확인되자 '이명박 정부와는 상종하지 않겠다'는 쪽으로 선회하기 시작했다. 특히 20011년 12월 '조문논쟁'을 계기로 김정은 후계체제 안정화에 주력하면서 대남 강경입장을 확고히 했다.

남북관계 전면적 복원 필요

북이 '북미·남북대화 병행' 기조를 수정한 것은 아니었다. 이것은 2012년 김정은 제1위원장이 당 제1비서에 공식 선출된 후 4월 15일 김일성광장에서 열린 김일성 주석 탄생 100돌 경축 열병식에서 한 첫 공개 연설에서 잘 드러났다. 이 연설에서 김정은 제1위원장은 "강성국가 건설과 인민생활 향상을 총적 목표로 내세우고 있는 우리 당과 공화국 정부에 있어서 평화는 더없이 귀중하다"라며 '평화'의 중요성을 강조했다. 그리고 그는 "진정으로 나라의 통일을 원하고 민족의 평화번영을 바라는 사람이라면 누구든지 손잡고 나갈 것이며 조국통일의 역사적 위업을 실현하기 위하여 책임적이고도 인내성 있는 노력을 기울일 것"이라고 발언해 남북대화에 나설 의사를 피력했다.

실제로 김정은시대 북의 대내외정책 기조는 김정은 제1위원장의 첫 공개 연설에 함축돼 있고, 그런 점에서 2013년 4월부터 시작된 북의 대화국면 전환은 예정된 수순이라고 할 수 있다. 김정은시대의 대외전략인 '포괄적 세계전략'은 '경제건설과 핵무력건설 병진노선'에 기초해 있다는 점에서 김일성시대나 김정일시대와는 다르다. 수세적 입장에서 공세적 입장으로 바뀐 것이다. '핵 보유'를 전제로 추진되는 김정은시대의 대외정책은 지난 20년간 번번이 미국의 '북핵위기' 조성으로 발목 잡힌 때와는 전혀 다른 차원으로 나타날 것이다.

그러나 핵이라는 '황금도끼'는 집에 걸어두면 좋지만, '황금도끼'로는 경제건설이라는 '나무'를 벨 수는 없다. 김정은 제1위원장은 첫 공개 연설에서 "우리에게는 민족의 존엄과 나라의 자주권이 더 귀중하다"라고 발언했다. 북미간 비핵화 협상과 평화협정 논의 과정에서 미국이 '상호 존중의 정신'에 기초해 '자주권'을 보장할 의사가 있다면 '황금도끼'를 내려놓을 수 있다는 의미다. 2012년 3월 미국에서 열린 토론회에 참석한 리용호 부상도 "조(북)미 관계는 미국이 주권존중과 평등의 원칙에서 관계를 개선하기를 희망한다면 우리도 기꺼이 화답한다는 입장"이라고 밝힌 바 있다. 대화와 협상을 통한 한반도비핵화의 가능성은 여전히 남아 있는 셈이다. 역시 평화협정이 한반도 비핵화의 핵심이다. 2013년 6월 중순 중국 베이징에서 열린 '북중 전략대화'에서도 북은 이 점을 분명히 했다.

6월 21일 진행된 김계관 제1부상과 양제츠 국무위원 간의 회담에서 김 제1부상은 "6자회담을 포함한 어떤 형태의 대화도 환영한다"고 밝혔고, 양제츠 국무위원은 "북중 전략대화에서 긍정적인 결과를 얻었다"며 "중국은 북과 건전하고 안정적인 양자관계 발전을 위해 함께 노력할 준비가 돼 있다"고 화답했다.

북의 요구사항

북은 2013년 6월 16일 국방위원회 대변인 중대담화를 통해 "조선반도의 긴장국면을 해소하고 지역의 평화와 안전을 이룩하기 위하여 조미 당국 사이에 고위급 회담을 가질 것을 제안"하면서 자신의 입장을 분명히 했다.

첫째, 북은 남쪽에 대한 제안과 마찬가지로 포괄적 의제를 제시하고, 회담 장소와 시기는 미국에 일임했다. 북이 제시한 북미 간 회담 의제는 ▲군사적

I 남북 수석대표를 맡은 천해성 통일부 통일정책실장(오른쪽)과 김성혜 조국평화통일위원회(조평통) 서기국 부장이 지난 6월 9일 오전 판문점 우리측 '평화의 집'에서 남북 장관급 회담을 위한 실무접촉을 하고 있다. 남과 북은 6년 만에 장관급을 대 표로 하는 '남북당국회담'을 지난 6월 12~13일 서울에서 개최하기로 합의했으나 수석대표의 '격' 문제로 무산됐다.

긴장상태의 완화문제, ▲정전체제를 평화체제로 바꾸는 문제, ▲미국이 내놓은 '핵 없는 세계건설' 문제 등 양측이 원하는 모든 문제이다. 특히 북은 3월 18일 국방위원회 정책국 성명에서 '조선반도의 비핵화'를 언급한 이후 다시 '조선반도의 비핵화'에 대한 의지를 표명하고, 자신들이 생각하는 비핵화의 개념을 분명히 했다. 한반도비핵화 차원에서 북핵문제를 논의할 수 있으며, 이 과정은 동시에 평화협정을 통한 평화체제 구축과 동시에 이뤄져야 한다는 것이다. 2013년 1월 외무성 성명 이래로 '비핵화를 논의하는 대화는 없다', '6자회담은 없다'는 입장을 견지했던 북이 한 발짝 물러나 대화의 통로를 연 셈이다. 북은 "미국이 끌어들인 핵전쟁 수단들이 철수하는 것으로부터 조선 반도의 비핵화가 시작될 수 있고 그것으로 세계의 비핵화가 이어질 수 있다"고 강조하고 있다.

둘째, 북은 '조중친선'을 강조하면서 중국의 대외원칙인 '한반도비핵화,

동북아의 평화와 안정, 대화와 협상을 통한 해결'을 수용하면서 한국과 미국이 대화를 수용하든 하지 않든 자신이 설정한 의제를 동시에 논의하는 가운데 대화를 진행시켜 나가겠다는 점을 분명히 했다. 대화는 시작되겠지만 그 과정은 장기적인 대화가 될 수밖에 없는 상황인 셈이다.

한 · 미 · 일, '비핵화 의지 표명' 요구

이에 대해 한 · 미 · 일은 "이미 했던 약속들을 존중한다는 의미 있는 조치를 취해야만 한다"며 9 · 19공동성명의 이행을 강조했다. 존 케리 국무장관은 5월 12일 윤병세 외교부 장관과 회담 후 내놓은 공동성명에서 북이 올바른 선택을 한다면 9 · 19공동성명에 따른 '공약'을 이행할 준비가 돼있다고 밝혔다. 케리 장관은 동시에 "북이 비핵화의 방향으로 나간다면 대화가 시작될 수 있다. 그렇지만 진정성이 있어야 한다"고 말해 '비핵화 의지 표명'이 대화의 출발임을 분명히 했다.

다만 한 · 미 · 일은 9 · 19공동성명의 이행을 강조하면서 북의 비핵화를 강조했지만 9 · 19공동성명의 또 다른 축인 상호 존중과 평화체제 보장은 언급하지 않았다. 6월 19일 미국 워싱턴DC 국무부에서 열린 한 · 미 · 일 6자회담 수석대표 회담에서도 북의 대화제의와 관련된 '비핵화 기준' 등을 논의한 후 2012년 2월 미국과 북이 공동 발표한 '2 · 29 합의'에 규정된 '비핵화 사전조치'보다 강한 의무를 북이 이행해야 한다는 데 의견을 같이했다.

반면 중국은 "현재 시급한 것은 대화와 접촉을 통해 상호 신뢰를 증진하고 관계를 개선, 협상으로 문제를 해결하는 것"이라고 밝혀 6자회담 조속 개최를 촉구했다. 장예쑤이(張業遂) 외교부 상무(수석)부부장은 김계관 북 외무성 제1부상과의 전략대화에서 "중국은 당사국 사이의 대화를 지지하고 조기에

6자회담이 재개되기를 희망"한다고 강조해 대화를 위한 북의 사전조치를 요구하는 한·미·일과 다른 입장을 보였다.

그러나 기대했던 남북 당국회담은 회담대표의 '격'을 둘러싼 논쟁으로 무산됐다. 북측은 즉각 "남측에서 무산된 남북대화와 관련해 조건을 철회하지 않는 한 대화가 재개될 수 없다"며 "대화 재개는 남측에서 결정할 사안"이라는 입장을 분명히 했다.

표면적으로 남북 당국회담이 수석대표의 '격' 문제로 무산됐지만 본질적으로 회담 결렬의 배경에는 '대화의 내용'을 둘러싼 입장 차이가 깔려 있다. 즉 개성공단, 금강산관광, 이산가족상봉 등 현안문제를 포괄적으로 논의해 남북관계를 단번에 복원하려는 북의 입장과 개성공단 문제에만 논의를 한정하고 단계적으로 논의를 확대하려는 남의 입장이 충돌한 것이다. 실제로 박근혜 정부는 북이 제안한 포괄적 의제에 대해 회담할 준비가 전혀 돼 있지 않았고, 상당한 부담을 느낀 것으로 보인다. ✿

4.

남과 북의 첫 대화
'신뢰프로세스'와 '포괄적 대화'의 논전(論戰)
– 개성공단 재개 합의 막전막후

4월 3일 북한이 한미군사훈련 및 최고 존엄 모욕 등을 이유로 개성공단 남측 근로자 출경을 제한하면서 폐쇄 직전까지 갔던 개성공단이 남북 간의 대화와 합의로 기사회생됐다. 남쪽의 입장에서 보면 개성공단 폐쇄라는 부담에서 벗어나 국제화를 내세우는 '박근혜표 개성공단'이 출범할 수 있는 계기가 됐고, 북쪽의 입장에서는 개성공단 사업 재개를 통해 포괄적 남북대화로 갈 수 있는 발판을 마련했다. 그러나 남북 간 합의는 막판까지 우여곡절을 겪어야 했다.

개성공단 6차 실무회담의 미스터리

2013년 7월 25일 개성공단 6차 실무회담이 종료된 후 북측 대표단장인 박철수 중앙특구개발지도총국 부총국장을 비롯한 북측 인원 20여 명은 남측 기자실에 예고도 없이 들어와 기자회견문을 배포한 뒤 박 단장이 이를 읽어 나갔다. 북측은 3 · 4 · 6차 회담에서 북측이 제시한 합의서안과 북측 기조발언 내용도 배포했다.

북측은 기자회견문에서 그동안 제시한 합의서안에서 남측의 입장을 충분히 반영했다고 주장하면서 "남측은 지금까지 2차와 4차회담 때 빈손으로 나와 회담을 공전시키고 이번 회담에서까지 자기 측의 일방적인 주장만을 담은 합의서 초안을 들고 나와 고집하는 등 매우 무성의한 태도를 보였다"고 비판했다. 박 단장은 "(회담이) 결렬 위기다. 남측과 개성공업지구협력 사업이 파탄되게 된다면, 공업지구 군사분계선 지역을 우리 군대가 다시 차지하게 될 것이며 서해 육로도 영영 막히게 될 것이다"이라고 경고하며 기자실을 나서면서 남측 대표단을 향해 "백수건달들"이라는 표현까지 사용했다.

이에 맞서 통일부는 대변인 성명에서 "북이 재발방지 대책에 대해 진정성 있는 태도를 보이지 않는다면 정부로서는 중대한 결심을 할 수밖에 없다"며 개성공단 폐쇄 가능성을 열어뒀다.

재발방지 주체 문제로 회담 결렬

6차 실무회담이 향후 회담 날짜를 정하지 못한 채 결렬되자 후속 회담이 불투명한 것은 물론 개성공단 폐쇄까지도 불가피해 보인다는 전망이 우세해졌다. 그런데 6차 실무회담에서의 남측의 회담 태도는 어딘지 모르게 석연치 않은 구석이 있었다. 통일부에 따르면 6차 실무회담에서 남북이 각각 최종 제시한 '개성공단 중단 사태 재발방지' 관련 합의문안 조항은 공단 중단사태 책임 부분에서 차이가 컸다. 북측은 '남북의 공동 책임과 사태재발 방지 남북 공동 담보'를, 남측은 '북측 책임 및 피해보상, 북측의 재발방지'가 핵심이었다.

쟁점사안에 대해 북측은 처음 문안에서 '남측은 공업지구를 겨냥한 불순

| 지난 7월 25일 개성공단 6차 실무회담이 종료된 후 북측 대표단장인 박철수 중앙특구개발지도총국 부총국장을 비롯한 북측 인원 20여 명은 남측 기자실에 예고도 없이 들어와 기자회견문을 배포한 뒤 박 단장이 이를 읽어나갔다.

한 정치적 언동과 군사적 위협을 하지 않는다는 것을 담보하며, 북측은 이상의 문제가 제기되지 않는 한 출입 차단, 종업원 철수와 같은 조치를 취하지 않는다는 것을 담보한다'라고 제시했다. 개성공단 가동 중단의 1차 책임이 남측에 있음을 강조한 것이다. 그러나 최종 문안에서 북측은 이 문항을 없애고 "북과 남은 개성공업지구 중단사태가 재발되지 않도록 해야 한다는 데 인식을 같이 하면서 어떠한 경우에도 정세의 영향을 받음이 없이 공업지구의 정상운영을 보장하며 그에 저해되는 일을 일체 하지 않기로 하였다"라고 수정 제안했다.

남측이 제시한 "북측은 앞으로 어떠한 경우에도 공단의 정상적 가동을 저해하는 통행 제한 및 근로자 철수 등과 같은 일방적 조치가 없을 것이라는 점을 보장한다"라는 데 까지는 미치지 못했지만 회담이 결렬될 정도의 차이는 아니었다.

북, 남측의 무성의한 회담 태도 지적

이에 대해 북측은 기자회견문에서 그동안 제시한 합의서안에서 남측의 입장을 충분히 반영했다고 주장하면서 "남측은 지금까지 2차와 4차회담 때 빈손으로 나와 회담을 공전시키고 이번 회담에서까지 자기 측의 일방적인 주장만을 담은 합의서 초안을 들고 나와 고집하는 등 매우 무성의한 태도를 보였다"고 주장했다. 표면적으로 보면 북측은 계속 수정제안을 하면서 회담에 적극적으로 나왔으나 남측은 준비해온 초안만을 고집하며 무성의하게 대처한 것이다.

회담취재진에 따르면 남측대표단은 북측이 수정초안을 제시할 때마다 '재발방지 약속을 해 줘야 합니다'란 말을 되풀이했고, 북측의 새로운 안이 나올 때마다 상부의 훈령을 받아야 한다며 2~3시간 동안 회담을 중단시켰다고 한다. 남측이 합의초안을 끝까지 밀어붙일 목표를 가지고 회담에 임했거나 북측의 수정제안에 대해 정치적 결정을 못 내린 것으로 볼 수 있다. 전자라면 너무 경직된 태도라고 평가할 수 있고, 후자라면 그럴 만한 이유가 있었을 것이다.

후속회담도 잡지 못하고 6차회담이 결렬된 후 북측은 "재발방지 부분에 대한 우리 남측 입장을 철회하고 남과 북이 '공동담보'를 하겠다면 판문점 채널을 통해 차기 회담 일정을 협의할 수 있다"고 밝혔다. 이에 대해 남측은 북측에 '진전된 입장이 있을 경우 판문점 채널을 통해 연락하라'고 통보했다. 당시 통일부 당국자는 "우리가 변할테니까 너네도 변하라고 말할 수 없다. 당신이나 나나 변해온 걸 전제로 하는 회담은 없다"며 양보 가능성을 일축했다.

흥미로운 대목은 남측의 이 같은 입장이 3일이 채 지나지 않아 변경됐다는 점이다. 7월 28일 남측은 통일부 장관 성명을 통해 북측에 대화의 장으로

〈2013년 개성공단 사태 일지〉

△ 4월3일 = 北, 한미군사훈련 및 최고 존엄 모욕 등을 이유로 개성공단 남측 근로자 출경 제한

△ 4월8일 = 김양건 북한 노동당 대남담당 비서, '개성공단 잠정중단·북한 근로자 전원 철수' 발표

△ 4월9일 = 개성공단 가동 중단

△ 4월17일 = 北, 개성공단입주기업 대표 방북 불허 통보

△ 4월25일 = 정부, 개성공단 사태 해결 위한 남북당국 간 실무회담 제의

△ 4월26일 = 北, 개성공단 남북실무회담 개최 거부. 정부, 개성공단 잔류인원 전원철수 결정

△ 5월3일 = 개성공단 남측 잔류 인원 7명 귀환. 개성공단 잠정폐쇄

△ 6월6일 = 북한 조국평화통일위원회, 포괄적 당국 간 회담 제의

△ 6월9~10일 = 장관급 회담 실무접촉, 남북 당국회담 12~13일 서울 개최 합의

△ 6월11일 = 北, 우리 측 수석대표 '급' 문제삼아 남북 당국회담 무산

△ 7월3일 = 北, 개성공단 기업인·관리위원회 방북 허용 의사 남측에 전달

△ 7월4일 = 정부, 개성공단 실무회담 판문점 개최 제의. 남북, 6일 판문점 북측 통일 각서 개최 합의

△ 7월6~7일 = 개성공단 1차 실무회담, 개성공단 재가동 원칙적 합의

△ 7월10일 = 개성공단 2차 실무회담. 北, 이산가족 상봉 및 금강산관광 재개 실무회담 제의 / 정부, 이산가족 회담만 수용

△ 7월11일 = 北, 이산가족상봉·금강산관광 재개 실무회담 보류 입장 발표

△ 7월13일 = 개성공단 3차 실무회담

△ 7월17일 = 개성공단 4차 실무회담

△ 7월22일 = 개성공단 5차 실무회담

△ 7월25일 = 개성공단 6차 실무회담

△ 7월29일 = 정부, 북측에 개성공단 정상화 위한 '마지막' 제7차 실무회담 제의

△ 8월7일 = 정부, 개성공단 입주기업에 경협보험금 지급 결정. 北, 개성공단 정상화 위한 7차 회담 제의 수용

△ 8월14일 = 개성공단 7차 실무회담 개최, 개성공단의 발전적 정상화를 위한 5개항 남북합의서 채택 및 '남북공동위원회' 구성 합의

△ 8월30일 = 남북, 개성공단 남북공동위원회 구성 완료

나올 것을 다시 제안했다. 류길재 장관은 성명에서 "개성공단과 남북관계의 정상화를 위해 북의 올바른 선택을 촉구한다"고 밝히는 한편 대북 인도적 지원도 함께 승인했다. 당시는 통일부의 제안에 대해 북측이 수용하지 않을 가능성이 높아 개성공단 폐쇄로 가는 '최후통첩'이라는 견해가 다수였다. 통일부장관조차 제안 직후 휴가를 갈 정도였다. 그러나 북측은 이를 수용했고, 8월 14일 7차회담에서 5개 항의 합의서가 채택됐다.

회담 내내 최대 쟁점이었던 재발방지 보장의 '주체' 문제는 "남과 북은 통행 제한 및 근로자 철수 등에 의한 개성공단 중단사태가 재발되지 않도록 하며, 어떠한 경우에도 정세의 영향을 받음이 없이 남측 인원의 안정적 통행, 북측 근로자의 정상 출근, 기업재산의 보호 등 공단의 정상적 운영을 보장한다"고 명시해 '남과 북'으로 합의됐다. '북' 단독을 고수하던 우리 측이 양보한 모양새가 된 셈이다. 6차회담이 결렬된 후 얼마 되지 않은 시간 동안에 남측의 입장이 변화된 이유는 무엇일까?

남북 간 '비공식접촉' 있었나?

일각에서는 남북 사이에 비공식접촉이 있었다는 설을 제기했다. 《내일신문》은 2013년 8월 8일자에서 박근혜 대통령과 김정은 북 국방위원회 제1위원장의 측근이 8월 1~2일 중국 베이징에서 비밀접촉을 가졌다고 보도해 눈길을 끌었다. '북 사정에 밝은 한 인사'를 인용한 보도 내용은 이렇다.

"8월 초 중국 베이징에서 박근혜 대통령 핵심 측근과 북 국방위원회 정책국 소속 관계자가 만나 개성공단 정상화와 관련한 비공개 협상을 진행했다. 북이 8월 7일 조평통 대변인 특별담화를 통해 7차 실무회담 개최를 제의하고 우리 정부가 이 제의를 전향적으로 평가하며 신속히 수용의사를 밝힌 것은 물밑 협상에 따른 것이다. 7월 22일 정부는 당국 간 5차 실무회담이 결렬된 이후 중국의 대북 핫라인을 통해 협상을 제안했다. 이 협상에서 북측 관계자는 그동안 진행됐던 실무회담에서 남측이 개성공단 정상화에 대한 의지를 읽을 수 없을 정도로 불성실한 태도로 일관했다며 강한 불만을 제기했다. 북측은 협상이 지속되기 위해서는 개성공단 정상화에 대한 남측의 의지를 밝히라고 주장했다. 청와대는 고심 끝에 북과 협상을 이어가기로 하고 7월 28일 통일부 장관 성명을 통해 북에 대화의 장으로 나올 것을 제안했다. 우리 정부의 거듭된 대화 촉구에 침묵으로 일관하던 북은 8월 7일 전격적으로 14일 개성에서 7차회담을 개최하자고 제안했다."

청와대는 즉각 이 같은 보도 내용을 부인했다. 다만 '8월 초 남북접촉설'에 기초한다면 7월 이후 남과 북의 여러 가지 '이례적' 행보가 설명이 된다. 박근혜 대통령은 북측이 6월 6일 포괄적 당국 간 회담을 제의하자 개성공단 정상화를 시작으로 '한반도 신뢰프로세스'를 가동하려고 했다. 그러나 회담 수석대표의 격문제로 남북당국 간 회담이 무산되고, 7월 6일 시작된 실무회담에서도 개성공단 재가동에 원칙적 합의만 이룬 채 계속 회담의 의제와 개성공단의 보장주체를 두고 합의점을 찾지 못했다. 박근혜 정부의 대북정책라인에서 '대북강경입장'이 견지되고 있었던 것이다.

특히 7월 22일 개성공단 5차 실무회담이 아무런 합의점을 이끌어내지 못하자 박근혜 정부는 '남북대화의 파국이냐 지속이냐'라는 갈림길에 서게 된다. 결국 '신뢰프로세스'를 이어가야 한다는 박근혜 대통령의 의중이 반영돼 비공식적으로 북측의 남북대화에 대한 '진정성'을 파악하는 '특단의 조치'가 이뤄졌다. 박근혜 정부가 임기 초반 북에 원칙적으로 대응하는 것에 국민이 지지했지만 개성공단사태를 계속 끌고 가면 국민들이 지지하지 않을 것이라는 판단에 따라 '비공식적 접촉'을 시도한 것이다.

여러 통로로 대화의지 전달

이렇게 보면 6자회담에서 남측 대표단이 왜 그렇게 이상할 정도로 회담에 무성의한 태도를 보였는지가 해명된다. 아직 접촉이 이뤄지지 않아 북측의 '진정성'을 확인하지 못했던 것이다. 이러한 상황에서 6자회담 결렬 후 3일 만에 통일부 장관이 북에 회담을 제안한 것은 8월 초 비공식 접촉을 염두에 둔 사전포석으로 볼 수 있다.

당시 북측은 즉각 대화제의를 수용하지 않았지만 내부적으로는 대화방침을 확정한 것으로 보인다. 북은 정전협정 60주년을 맞아 진행된 '7·27기념 행사'에 참석한 해외동포들을 통해 개성공단 및 금강산관광 재개에 강한 의지를 전달했다. 미국 조지아대학 박한식 교수가 서울에 돌아와 8월 15일 이전에 개성공단 실무대화가 재개될 것이라고 강한 어조로 말할 수 있었던 것도, 현정은 현대그룹 회장이 8월 3일 금강산을 방문하고 돌아온 후 금강산관광 재개에 대해 상당히 자신 있게 발언한 것도 이와 관련된 것이다. 특히 김정은 제1위원장은 8월 3일 정몽헌 전 회장 10주기 추모식을 위해 금강산을 방문한 현정은 현대그룹 회장에게 이례적으로 구두친서를 전달하기도 했다.

북은 7월 29일 개성공단 실무회담 재개를 제안하는 통일부의 제안에 열흘 만인 8월 7일 수용했지만 내부적으로는 이미 대화방침을 확정해 놓고 있었던 것이다. '7·27기념행사' 관계로 통고가 다소 늦어졌을 뿐이다.

예상대로 남북은 8월 14일 7차 실무회담에서 개성공단 정상화에 합의했다. 이로써 개성공단 사태는 133일 만에 해결의 실마리를 찾게 됐다. 박근혜 정부 출범 후 본격적인 의미의 첫 남북 합의가 이뤄짐에 따라 향후 남북관계에도 청신호가 커지게 됐고, 박근혜 정부의 '신뢰프로세스'도 탄력을 받게 됐다. 박근혜 대통령은 실무회담 타결과 관련해 "오늘 회담을 계기로 앞으로 남북관계가 새롭게 출발하는 계기가 되길 바란다"면서 "더불어 개성공단의 국제화를 위해 남북한이 함께 노력해 가기를 기대한다"고 말했다.

의미 있는 광복절 대북메시지

그리고 다음 날 광복절 축사에서 전향적인 대북메시지를 내놓았다. 박 대통령은 "이제는 남북 간에 불신과 대결의 시대를 넘어 평화와 통일의 새로운 한반도 시대를 열어나가야 합니다"라며 "앞으로 한반도 신뢰프로세스를 통해 한반도에 평화를 정착시키고, 남북한의 공동발전을 이뤄나갈 수 있기를 기대합니다"라고 밝혔다. 그리고 추석을 전후로 남북의 이산가족상봉과 비무장지대(DMZ)에 세계평화공원 조성을 제의했다. 박 대통령의 광복절 축사는 구체성은 떨어지지만 몇 가지 대목에서 주목된다.

첫째, 북 스스로의 변화를 촉구하고 있다는 점이다. 박 대통령은 "진심으로 북의 변화를 기다리며 열린 마음으로 북을 적극 도울 준비가 되어 있습니다"라고 강조했다. 일방적인 '북 변화론'이나 '대북압박론'과는 차별성이 느껴진다.

둘째, 적극적인 평화를 언급한 점이다. 박 대통령은 "평화를 지키기 위해서는 억지력이 필요하지만, 평화를 만드는 것은 상호 신뢰가 쌓여야 가능합니다"라고 말했다. 조금 견강부회(牽強附會)한다면 '안보패러다임'에서 '평화패러다임'으로의 전환 가능성을 열어 놓은 것이다. 적어도 안보와 평화가 함께 가야한다는 점을 언급한 대목은 눈여겨봐야 할 것이다.

셋째, 북측이 요구하는 '포괄적 대화'를 수용하지는 않겠지만 남북관계의 현안들을 단계적으로 풀어가겠다는 의지가 엿보인다는 점이다. 박 대통령은 "다소 시간이 걸리더라도 상식과 국제적 규범이 통하는 남북관계를 정립해서 진정한 평화와 신뢰를 구축해 가는 '한반도 신뢰프로세스'를 일관되게 추진해 가겠습니다"라고 밝혔다. '박근혜식'으로 '상생의 새로운 남북관계'를 시작하겠다는 것이다.

민간교류로 확대될지가 변수

이 같은 박근혜 대통령의 대북입장이 김정은시대에 들어와 스스로 적극적인 변화를 추구하고 있는 북의 입장과 잘 조화될 경우 남북관계는 예상외로 진전될 수 있었다. 북이 적극적으로 국제사회와 소통하면서 경제건설에 매진하려는 방향으로 스스로 변화를 추구하고 있는 점, 한반도비핵화와 평화협정

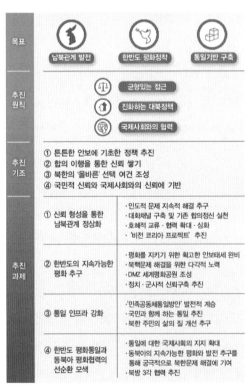

을 위한 다자회담에 전향적인 입장을 보여주고 있다는 점, 개성공단 회담을 통해 북측이 박근혜 정부의 대화 스타일에 대해 충분히 '학습'했다는 점 등은 '한반도 신뢰프로세스'와 조화를 이룰 수 있는 연결지점이 넓어진 것을 의미했다.

실제로 북은 개성공단 정상화 합의를 토대로 이산가족상봉과 금강산관광 재개 등에서도 좋은 결과를 낸다면 남북관계가 크게 개

선될 것이라고 강조했다. 8월 23일 이산가족상봉을 위해 판문점에서 열린 남북적십자 실무회담에서 연내에 2차례 이산가족상봉과 화상상봉에 합의한 것도 이러한 흐름의 연장선상에 있다. 물론 남측도 이산가족상봉 장소로 북 측이 제안한 금강산을 받음으로써 유연하게 대응했다. 남과 북은 금강산관 광 재개까지는 큰 논란 없이 대화분위기를 이어갈 것으로 전망됐다. 다만 북 측이 요구하고 있는 다방면적인 교류와 협력에 남측이 어느 정도 화답하느 냐가 하나의 변수로 작용할 듯했다. 북이 전 민족적인 대화와 협력이 실현돼 야 한다며 당국 간 회담 외에 각계각층의 협력과 교류를 강조하고 나섰기 때 문이다. 북은 남북 사이의 대화와 협력은 당국이나 특정한 단체의 독점물이 아니며 "대화와 협력에는 당국의 몫과 민간의 몫이 따로 있다"는 입장을 표 명했다.

박근혜 정부가 '한반도 신뢰프로세스'의 구체적인 목표와 추진기조를 밝 힌 것도 남북대화와 교류에 긍정적인 영향을 미칠 것으로 보였다. 8월 21일 통일부는 박근혜 정부 출범 6개월 만에 대북정책의 대강인 '한반도 신뢰프로 세스'를 정리한 문서를 발표했다. 또한 이날 류길재 통일부 장관은 서울 삼 청동 남북회담본부 3층 회의실에서 내외신 기자회견을 갖고 통일부가 정리 한 박근혜 정부의 '한반도 신뢰프로세스'에 대해 포괄적으로 설명했다.

그는 한반도 신뢰프로세스의 목표로 남북관계 발전, 한반도 평화정착, 통 일기반 구축을 들고, 추진 원칙으로 균형있는 접근, 진화하는 대북정책, 국제 사회와의 협력을 제시했다.

추진 기조로는 ▲튼튼한 안보에 기초한 정책 추진 ▲합의 이행을 통한 신 뢰 쌓기 ▲북의 '올바른' 선택 여건 조성 ▲국민적 신뢰와 국제사회와의 신 뢰에 기반을 제시했고, 추진 과제들은 ▲신뢰형성을 통한 남북관계 정상화 ▲한반도의 지속가능한 평화 추구 ▲통일 인프라 강화 ▲한반도 평화통일과 동북아 평화협력의 선순환 모색이라는 범주로 나누어 설명했다. 특히 류 장관은 "역설적으로 불신이 매우 높은 지금이 우리가 주도해서 신뢰에 입각한 새로운 질서를 형성해나갈 수 있는 하나의 기회가 아닌가 하는 생각도 갖고 있다"며 "유연할 때는 더욱 유연하게 하고 단호할 때는 더 단호하게 함으로써 안보와 교류협력, 남북협력과 국제공조를 균형 되게 추진해 나갈 것"이라고 말해 한반도 신뢰프로세스의 추진 원칙 중 '균형 있는 접근'을 강조했다. 북측의 대화기조에 대응해 보수진영의 반발을 고려해 단계적으로 추진하면서도 유연하게 대북정책을 가져갈 것이라는 점을 밝힌 것이다.

북미대화로 이어지지 못해

남북대화에 물꼬가 트이자 북미대화 쪽으로 관심이 쏠리기 시작했다. 2013년 6월 북한이 비핵화 의지를 밝히면서 북미 간 현안에 대해 포괄적으로 논의하는 '고위급회담'을 제안하고, 개성공단 재개회담이 마무리되면서 이후에는 미국이 화답을 하느냐에 관심이 모아진 것이다. 북미대화가 열리고 한반도비핵화를 위한 다자회담이 열려야 '한반도 신뢰프로세스'도 탄력을 받을 수 있기 때문이다. 2013년 8월 19일 미국에서 열린 미·중 국방장관회담에서 중국의 창완취안(常万全) 국방부장은 북핵문제 해결을 위해 미국 측에 조건 없이 북과 대화하도록 요구해 미국 측을 압박했다. 중국 측은 이 회담에서 "북의 지도자가 관계국과의 대화 의향을 밝히고 있다"며 "핵문제 해결을 위한 기회와 창구는 이미 나타나고 있다"고 지적한 것으로 전해진다.

이에 대해 미국은 여전히 '북의 성의가 부족하다'는 입장을 고수하며 북한의 전향적 변화를 요구했다. 결과적으로 북미대화에 진전이 나타나지 않자 남북대화에도 다시 빨간 불이 켜졌다. ☼

5.
북한, 이산가족상봉 행사를 연기
'대화와 협상을 대결수단으로 악용한다'고 비판

북이 이산가족상봉 행사를 나흘 앞둔 9월 21일 행사 연기를 발표하고, 금강산관광 재개 회담까지 미루겠다고 밝히면서 남북관계는 다시 난기류에 빠져들었다. 대화국면으로 접어들던 남북관계가 다시 긴장국면을 맞는 것 아니냐는 우려도 나왔다. 북한은 왜 이산가족상봉을 갑자기 연기한 것일까.

잇단 대북 강경발언과 공안정국 조성이 빌미 제공

2013년 9월 21일 상봉행사 연기를 발표한 조국평화통일위원회(조평통) 담화를 통해 북은 '남측의 대결적 자세로 인해 정상적인 대화 분위기가 형성돼 있지 않다'며 ▲남측은 박근혜 정부의 대북정책에 의해 현재의 남북 간 유화 국면이 형성됐다고 적반하장식으로 선전하고 있다 ▲남측이 북의 체제와 제도를 전면부정하면서 전쟁을 획책하고 있다 ▲남측 정부가 이석기 통합진보당 의원 구속사건 등으로 '진보민주인사'들을 탄압하고 있다는 등 3가지를 구체적인 연기 이유로 들었다.

여기서 거론한 세 가지 이유는 2013년 9월 20일 북한 웹사이트 《우리민족끼리》와 가진 대담에서 대남기구인 민족화해협의회 부장이 "대결관념은 북남관계 개선을 저해하는 중요한 요인"이라며 지적한 사례와 대체로 일치한다. 그는 "지난 8월 '을지 프리덤 가디언' 합동군사연습에 미국의 핵전략 폭격기 B-52H 편대를 끌어들여 군사적 도발을 감행한 것"과 "김관진과 같은 호전광을 내세워 우리를 자극하는 도발적 망언들을 연이어 일삼게 한 것", 그리고 "특히 통합진보당의 내란음모사건이라는 것을 조작하여 우리(북)와 억지로 연결시키면서 폭압소동을 일삼고 있는 것" 등을 남측 보수집권세력의 뿌리깊은 대결의식에서 비롯된 사례로 언급하면서 "반민족적인 대결관념을 없애지 않고서는 북남관계의 발전도, 나라의 평화와 통일도 이룩할 수 없다"고 강조했다. 북의 대남부서에서 이러한 사안들에 대해 대단히 예민하게 생각하고 있었다는 점을 보여준다. 이에 앞서 북은 세 가지 사안에 대해 개별적으로 반박한 바 있다.

북은 박근혜 정부의 신뢰프로세스의 결실로 남북대화가 열렸다는 평가에 대해 개성공단 재가동과 이산가족상봉 합의가 "민족적 화해와 단합을 도모하려는 애국애족의 입장으로부터 출발한 우리(북)의 온갖 성의와 인내성 있는 노력"의 산물임을 내세웠다. 이석기 의원사건이 북과 관련됐다는 남측의 보도에 대해서는 9월 6일 조평통 서기국 명의로 "괴뢰보수패당이 이번 사건을 우리와 억지로 결부시켜보려고 하는 것은 우리의 대화 평화 노력과 북남관계 개선 의지에 대한 참을 수 없는 모독이며 용납 못할 도발"이라고 주장했다.

김관진 장관 발언에 가장 예민한 반응

특히 북은 김관진 국방장관의 잇따른 강경발언에 대해 가장 민감하게 반응했다. 북은 9월 9일 김관진 장관이 국방대학교 주최 제1회 서울국제군사심

포지엄(SIMS)에서 한 "북의 핵과 미사일은 이미 한반도를 넘어 아·태지역과 세계평화를 심각하게 위협하는 요소가 됐다"는 발언 내용, 9월 15일 인천에서 열린 국방정책 설명회에서 "북은 종북세력과 연계하여 사이버전, 미디어전, 테러 등으로 사회혼란을 조성하는 이른바 4세대 전쟁을 획책하고 있다. 통합진보당의 내란음모사건은 그 준비로 볼 수 있다"는 발언 내용을 집중적으로 문제삼았다. 김 장관은 북이 대화에 유연한 태도를 보이는 것에 대해서도 "어려운 상황에서 벗어나기 위한 전술적 대화공세"라고 평가절하했다.

이러한 발언에 대해 북 조평통은 9월 18일 서기국 보도를 발표해 "(북의 4세대 전쟁 획책 발언은) 북남관계 개선과 긴장 완화에로 나가는 대세의 흐름에 역행하는 시대착오적인 망동이며 민족의 화합과 통일을 위해 성의 있는 노력을 다하고 있는 공화국(북)에 대한 참을 수 없는 우롱이고 용납 못할 도전"이라고 비판했다. 그리고 "현 남조선 당국이 동족의 선의와 아량, 대화와 평화의지를 비방중상하고 악랄하게 도전해 나서고 있는 김관진과 같은 역도를 끼고 돌면서 '한반도 신뢰프로세스'를 떠드는 것은 민심과 여론을 오도하기 위한 허위와 기만으로 밖에 달리는 볼 수 없다"며 남측 당국에 사실상 김관진 장관의 해임을 요구했다. 대화와 대북 강경발언은 양립할 수 없다는 점을 분명히 한 것이다.

이산가족상봉을 연기하면서 북한이 내세운 세 가지 이유를 액면 그대로 받아들인다면 개성공단이 재가동되고, 이산가족상봉 행사가 예정돼 있는 상황에서 남측 책임 있는 당국자의 계속된 강경발언에 대해 여러 차례 경고(?)했으나 이에 대한 아무런 조치를 취하지 않자 행사를 연기한 것으로 볼 수 있다. 이산가족상봉 행사를 연기함으로써 남측의 대북 강경발언에 대해 강력한 항의 의사를 내비친 셈이다.

2013년 초에도 김관진 장관은 '대북 선제타격', '북 지휘부 궤멸', '김일성·김정일 동상 파괴', '개성공단 인질 구출작전' 등 북측을 자극하는 강경 발언을 주도해 개성공단 존폐 위기를 불러왔다는 평가를 받기도 했다.

무산 아닌 연기 표명

남북대화를 주도하고 있는 북측의 대남고위간부들의 입장에서는 이러한 대북 강경발언들이 계속될 경우 2013년 초처럼 국방위원회가 전면에 나설 수밖에 없고, 그럴 경우 어렵게 조성된 남북 대화국면이 다시 대결국면으로 전환될 수 있다는 위기의식으로 연기라는 '고육지책'을 선택했을 가능성도 있다. 북이 이산가족상봉 행사를 무산이 아닌 연기라고 하고, '대화와 협상이 진행될 수 있는 정상적인 분위기가 마련될 때' 다시 재개하자고 한 것도 이를 뒷받침한다.

또한 북은 박근혜 정부가 진보인사를 '종북'으로 탄압하고, 이석기 의원 사건을 북측과 연계시키며 '공안정국'을 조성하고 있는 상황에서 박근혜 대통령의 치적으로 선전하는 남북대화를 지속하는 데 상당한 부담감을 가졌을 것이다. 실제로 조평통은 대변인 성명에서 "북남관계를 적대관계로 삼고 모든 대화와 협상을 대결수단으로 악용"하고 있다고 비판했다.

일각에서는 박근혜 정부가 핵문제와 5·24조치 등을 이유로 금강산 재개 실무회담을 여는 데 소극적인 태도를 보이자 북한이 이산가족상봉 연기 카드를 꺼내든 것으로 분석한다. 그러나 개성공단 재개를 위한 실무회담 과정에서 보여준 북한의 협상 태도를 볼 때 '이산가족상봉 후 금강산관광 회담'은 북이 유연성을 발휘할 수 있는 사안이었다. 남측에 넘어간 남북관계의 주도권을 회복하겠다는 의도라는 분석도 이런 측면에서 빗나간 해석이라고 볼 수 있다. 북측은 '돌다리도 두드리며 간다' 식의 '한반도 신뢰프로세스'에 적응해가고 있었다. 북측이 집중적으로 거론한 '대결의식과 관념', 즉 대화는 대화이고 할 이야기는 해야한다는 식의 대북 강경발언이 이산가족상봉 연기사태에 빌미를 제공한 것은 분명하다.

평화와 대화 의지 강조하던 북

그렇지만 9월 21일 오전까지만 해도 이산가족상봉 준비를 위한 남측선발대와 실무협의를 하던 북측이 새롭지 않은 세 가지 이유만으로 돌연 상봉행사를 연기한 것은 아무래도 석연치 않았다.

8월 29일 북 국방위원회는 담화에서 "여러가지 건설적이고 과감한 평화적 조치들을 구상하고 실천해 나가기 위한 문제들을 심중히 검토하고 있다"고 밝혔고, 9월 16일까지도 북 관영 《조선중앙통신》은 개성공단이 재가동에 들어가기로 합의하고, 이산가족상봉 등 다양한 사업들이 추진되고 있다는 소식을 알리면서 "고도의 경각성과 최대한의 자제력을 유지하면서 평화와 대화의 의지를 변함 없이 고수"하고 있다고 밝혔기 때문이다. 더구나 《조선중앙통신》은 "조선반도의 평화를 수호하고 평화적 환경에서 북과 남의 화해와 단합으로 자주적 통일을 이룩하려는 우리의 의지에는 변함이 없다"며 "현실은 이를 입증할 것"이라고 대화에 강력한 의지를 표시했다.

그런데 9월 21일 돌연 북이 이산가족상봉과 10월 2일로 예정돼 있던 금강산관광 재개 회담을 연기했다. 9월 15일 김관진 장관의 발언이 북을 자극한 것은 분명하지만 이것만 가지고는 갑작스러운(?) 북의 변화를 설명하기에는 부족하다. 그렇다면 5일 사이에 무슨 일이 있었던 것일까? 다른 요인이 복합적으로 작용한 것은 아닐까?

북의 행사 연기 발표는 조국평화통일위원회(조평통) 대변인 성명으로 발표

l 2013년 1월 27일 북의 언론매체는 3차 핵실험을 앞두고 김정은 제1위원장이 '국가안전 및 대외 부문 일군협의회'를 개최해 해당 부문 간부들에게 구체적인 과업을 제시했다고 보도했다. 이날 협의회에는 최룡해 총정치국장, 현영철 총참모장, 김원홍 국가안전보위부장과 당중앙위원회의 박도춘 군수 담당 비서, 홍승무 기계공업부 부부장, 김영일 국제 담당 비서, 김계관 외무성 제1부상이 참가했다.

됐지만 전날인 20일에 개최됐을 것으로 추정되는 이른바 '금요협의회'에서 결정된 것으로 보인다. 김정은 국방위원회 제1위원장은 2012년 4월 공식 취임이후 화요일과 금요일에 간부 협의회를 열고 주요 현안들을 논의, 결정하고 있는 것으로 전해진다. '화요협의회'에서는 노동당 중앙당 산하 각 조직들이 회의 전 주에 올린 보고와 긴급 현안 중 경제와 국내 정책 관련 사안들을 토론하고, '금요협의회'에서는 주로 대남·대미·대중 등 국제 현안과 안보 문제들이 논의된다고 한다(《중앙선데이》 제326호, 2013.6.9).

실제로 2013년 1월 27일 북의 언론매체는 3차 핵실험을 앞두고 김정은 제1위원장이 '국가안전 및 대외 부문 일군협의회'를 개최해 해당 부문 간부들에게 구체적인 과업을 제시했다고 밝힌 바 있다(이 협의회가 25일 금요일에 열렸는지는 확인되지 않았다). 이날 협의회에는 최룡해 총정치국장, 현영철 총참모장, 김원홍 국가안전보위부장과 당중앙위원회의 박도춘 군수 담당 비서, 홍승무 기계공업부 부부장, 김영일 국제담당 비서, 김계관 외무성 제1부상이 참가했다.

김정은 제1위원장 주재 '금요협의회'에서 연기 결정

마침 9월 20일은 김계관 제1부상이 중국을 방문(16~20일)해 양제츠 외교담당 국무위원, 왕이 외교부장, 장예쑤이 외교부 상무부부장, 우다웨이 한반도사무특별대표 등을 각각 만나 한반도정세와 6자회담 재개 등에 대해 논의하고, 중국 외교부 산하 국제문제연구소가 베이징 댜오위타이 국빈관에서 개최한 1.5트랙(반관반민) 형식의 '6자회담 10주년 기념 국제토론회'에 참석하고 돌아온 날이다. 당연히 20일 '금요협의회'에서는 김 제1부상의 보고가 있었을 것이고, 현안이 되고 있는 북미관계, 남북관계, 북중관계 등이 논의됐을 것이다.

특히 북미관계와 관련해서는 미국과 한국이 사전조치를 요구하며 6자회담 재개에 소극적 태도로 일관하고 있으며, 미국이 6자회담 재개를 통한 '한반도비핵화' 협상보다 시리아문제에 집중하고 있는 상황이 논의되고 9월~10월로 예상했던 북미대화가 연내에 힘들 것이라는 결론에 도달했을 가능성이 크다. 김계관 북한 외무성 제1부상이 중국을 방문해 왕이(王毅) 중국 외교부장 등을 잇달아 만난 뒤 왕이 외교부장이 미국을 방문해 19일(현지시간) 존 케리 미 국무장관과 회담을 가진 직후 조평통 성명이 나온 점도 이를 시사한다.

2013년 6월 북측이 한반도 비핵화 의지를 밝히며 미국에 고위급회담을 제안한 후 6자회담 관련국들 사이의 접촉이 활발했다. 특히 북의 지지를 얻은 6자회담 의장국 중국은 여러 경로를 통해 미국에 북과 대화에 나설 것을 촉구하고 있다. 8월 미국을 방문한 중국 창완취안 국방부장은 미국 척 헤이글 국방장관과 수전 라이스 백악관 국가안보보좌관을 만나 "북핵문제를 해결할 수 있는 기회가 생겼다"며 "미국이 어렵게 얻은 대화 기회를 놓치지 말기를 바란다"라고 강조했다.

북미대화 중단도 중요하게 작용

왕이 중국 외교부장도 9월 19일(현지 시각) 존 케리 미 국무장관과의 회담에서 '6자회담 재개 방안을 도출하자'고 제안했으나 케리 국무장관은 "한반도 핵문제 등 중요문제에 대해 소통과 협조를 보다 강화하자"고 피해갔다. 이보다 앞서 9월 18일 열린 '6자회담 개최 10주년 국제연구토론회'에서 김계관 외무성 제1부상은 '조건 없는 6자회담 재개'를 촉구했으나, 미 국무부는 18일(현지 시각) 북측에 '비핵화 사전조치'를 촉구하며 공을 넘겼다.

북과 미국은 뉴욕채널을 통해 8월 말 로버트 킹 미국 국무부 북한인권특사의 방북에 합의했으나 북은 미국이 한미연합군사훈련 기간 동안 'B-52H' 전략폭격기를 출격시킨 것을 빌미로 방북 최소를 통고했다. 북은 중국 우다웨이 6자회담 대표의 방북 기간(8월 26~30일)에 "그동안 평화 대화의 시작에 이러저러한 전제조건을 달면서 대결 노선에 집요하게 매달려온 미국과 남조선 당국이 더 이상 시비할 수 없는 대범한 행동 계획, 통이 큰 문제타결안이 구상됐을 수 있다"고 회담분위기를 한껏 조성했지만, 미국은 '북 비핵화'에 대한 북 당국의 분명한 의사 표시를 고수했다.

9월 초에 방한한 대니얼 러셀 미국 국무부 동아태 차관보는 북핵 6자회담 재개 문제와 관련해 "협상 재개가 완전한 비핵화에 이르는 신속한(rapid) 로드맵 도출에 성공할 것이라는 확실한 신호(indication)를 원하고 있다"며 어느 때보다는 '북한의 비핵화'를 강조했다. 북은 일단 6자회담이 열리면 '과감한 평화적 조치'를 내놓겠다는 것이고, 미국은 그것을 신뢰할 수 없으니 6자회담 재개 전에 행동으로 먼저 확고한 의지를 보이라는 것이었다. 4월 이후 여러 통로로 진행된 북미 간 대화 과정에서 입장 차이를 좁히지 못하고 문제가 생긴 게 분명했다.

동북아 정세 깊이 있게 논의

9월 20일 '금요협의회'에서는 이 같은 북미 간 정세가 종합적으로 논의되고, '전제조건 없는 6자회담' 재개 입장을 재확인했을 것으로 보인다. 이러한 논의의 연장선상에서 이날 협의회에서는 남북대화에서 '속도조절론'이 제기됐을 가능성이 크다. 북은 1999년 이후 북미대화와 남북대화를 병행 발전시킨다는 노선을 견지해 왔고, 이 노선은 김정은시대에 들어와서도 '포괄적 세계전략'으로 이어지고 있었다. 그러나 북미대화가 정체된 상황에서 남북대화가 획기적으로 발전할 수 없다는 게 북측의 판단이었을 것이다.

또한 북이 이산가족상봉과 연계해서까지 재개하려고 했던 금강산관광도 남쪽의 소극적 자세도 문제지만 6자회담이 열리지 않는 조건에서는 재개되기 힘들다고 판단했을 것이다. 그리고 남측 당국자들의 잇단 자극적인 발언과 '공안정국' 조성 등 남북관계에 영향을 미치는 요인들에 대한 협의가 있을 것이다. 특히 이러한 발언과 상황이 박근혜 대통령의 의중을 반영한 것인지에 대해 집중적으로 논의되고, 남북대화가 남측의 정치상황에 이용되는 측면이 거론됐을 것이다. '강경발언'이 주류를 이뤘을 것으로 추측된다.

이러한 상황에서 '금요협의회'에서 대남관계자들이 남북대화 유지를 주장하기는 어려웠을 것이다. 더구나 남측에서 북측의 최고지도자나 체제를 건드리는 발언을 하지 않는다는 담보가 없는 조건에서는 누구도 '대화국면' 유지를 건의하기가 불가능했을 것이다.

조평통이 9월 18일 "북남관계에서의 새로운 발전과 조선반도의 평화와 안정을 위해서도 재앙을 몰아오는 김관진 역도와 같은 시대의 오물들을 하루빨리 제거해 버려야 한다"며 "우리는 북남관계 개선과 민족의 화합과 통일을 위해 할 수 있는 모든 노력을 다 기울일 것이지만 우리의 존엄을 우롱하며 도발적으로 나오는 역적무리들을 결단코 용서치 않을 것"이라고 발표한 것도 이러한 분위기를 우회적으로 표현한 것으로 보인다.

좀 더 구체적으로 말하자면 김관진 장관 등의 대북발언이 박근혜 대통령의 의중을 반영한 것인지, 그것이 아니라면 '신뢰프로세스' 추진을 위해 대북 강경발언이 나오지 않도록 단호한 조치를 취하라는 것이다.

이 같은 점에서 이산가족상봉 연기라는 북의 결정은 8월 말 킹 특사의 방북무산으로 상징되는 북미대화의 중단에서 잉태됐고, 9월 15일 김관진 장관의 대북발언이 빌미를 제공한 것으로 보인다.

조금 다른 측면에서 문정인 연세대 교수는 "남북 간 합의해놓은 모종의 것이 있었는데 그게 이행되지 않아서 판이 깨진 것 아닌가 하는 생각된다. 정부가 이산가족상봉 협상 과정에서 밝히지 않은 무엇인가가 있지 않느냐는 것이다. 김대중 정부부터 지금까지 이산가족상봉할 때 우리가 항상 성의 표시를 해줬다. 인도적 지원 명목으로 쌀 지원 같이 상봉에 대한 화답을 해준 것은 사실이니까. 아니면 조건부는 아니지만 어떤 기대를 했는데 그게 이루어지지 않아 판을 깼을 수도 있다"는 분석을 내놓았다.

박근혜 대통령의 다음 선택은?

어쨌든 당시 김정은시대 북한이 보여줄 수 있는 '성의와 인내'는 거기까지였다. 남측의 여론과 민심을 고려해 합의된 이산가족상봉 행사까지는 진행하자는 발언을 할 수 있는 고위간부나 정책적 유연성을 기대하기는 아직까지 어려운 듯하다. 당분간 경제건설에 주력하면서 박근혜 정부와 미국의 태도를 지켜보겠다는 것이었다.

다만 북이 "북남관계 발전과 평화번영을 위해 할 수 있는 모든 노력을 다 해나갈 것"이라며 "남조선에서 벌어지는 금후의 사태를 예리하게 주시할 것" 이라고 밝힌 만큼 박근혜 정부의 대응에 따라 향후 대화 재개여부가 결정될 것이다. '대화국면'이 끝난 것은 아니지만 어느 정도의 냉각기가 불가피한 상황이었다. 7월 6차 개성공단 실무회담이 결렬됐을 때 먼저 대화를 다시 제 안해 개성공단 정상화를 이끌어냈던 박근혜 대통령이 어떤 선택을 할지에 다 시 관심이 쏠리기 시작했다. ☼

6.
'DMZ 세계평화공원 조성사업'에 대한 북한의 입장은?

핵심공약의 하나로 DMZ 세계평화공원 조성 제안

통일부는 '비무장지대(DMZ) 세계평화공원' 조성사업에 2014년부터 3년 간 2,500억 원의 예산을 책정하겠다는 방침을 밝혔다. 실제로 2014년도 예산에는 302억 원이 책정됐다. 'DMZ 세계평화공원' 조성은 박근혜 대통령의 대북정책 핵심공약 중 하나로 박 대통령이 2003년 5월 미국 순방 때 미 의회에서 이에 대한 의지를 재천명한 이후 여러 차례 강조한 사업이다. 실례로 2013년 7월 27일 서울 용산전쟁기념관에서 개최된 정전 60주년 기념식에서 박 대통령은 "비무장지대의 작은 지역에서부터 무기가 사라지고, 평화와 신뢰가 자라나는 공간으로 만들고 싶다"며 "그곳이 바로 한반도 평화와 통일의 출발점이 될 것"이라고 밝혔다.

2013년 8월 폐쇄직전까지 치닫던 개성공단의 재가동에 남과 북이 합의하면서 각 지방자치단체들의 관심도 부쩍 높아졌다. 경기도는 한강 하구-파주-연천-철원-고성을 벨트로 묶고 북한지역까지 확대하는 4단계 '비무장지대(DMZ) 세계평화공원' 자체 구상안을 발표했다. 고성군이 독자 평화공원 유치추진위원회를 구성하는 등 강원도 각 지역 민간단체들도 앞다퉈 청원에 나서 유치 경쟁에 가세했다.

사실 DMZ 세계평화공원 조성은 김대중 정부부터 지속적으로 제안되어 왔던 사안이기에 새로울 것은 없다. 심지어 이명박 대통령조차도 2008년 8·15경축사에서 DMZ를 평화구역으로 하는 방안과 DMZ를 가로지르는 '남북경협평화공단' 설치 방안을 제안했다. 그러나 이 사업의 성공을 위해서는 북한 측의 동의가 전제되어야 한다. 남과 북이 힘을 합쳐야 가능한 사업이기 때문이다. 그렇다면 'DMZ 세계평화공원' 조성사업에 대한 북한의 입장은 무엇일까?

2007년 남북정상회담 때 구체적 제안

DMZ를 평화협력지대(생태평화공원)로 조성하는 문제가 남북 간에 본격적으로 논의된 것은 2007년 남북정상회담 때였다. 이때 북한의 입장도 처음 구체적으로 드러났다.

2007년 10월 3일 노무현 대통령은 오전과 오후의 두 차례 남북정상회담에서 남북경협과 서해평화협력지대의 필요성에 대해 장시간 설명하며 DMZ를 생태평화공원으로 조성하자는 구상을 밝혔다. 이에 대해 당시 김정일 국방위원장은 오전 회담 때만 해도 부정적 입장을 보였지만 오후 회담 때는 해주특구 개발 등 서해평화협력지대 조성을 전격 수용했다. 다만 비무장지대를 생태평화공원을 조성하자는 제안에 대해서는 정전협정을 평화협정으로 바꾸기 전에는 어렵다는 입장을 보였다.

노무현 대통령 : (해주를) 특구로 보십시다. 그래서 전체를 서해 평화협력지대로

선포를 하고, 그 안에 한강하고 개발. 해주공단… 공단이라고 해도 좋고 특구라도 해도 좋고 다 좋습니다. 그 안에 공동어로구역 만들고, 북쪽에 생태평화공원까지 되면.

김정일 국방위원장 : 그건 아니… 정전협정 문제가 우선… 그게 풀어진 조건에서 평화협정을 중간에 시범적으로 하고. 그렇게 돼야지 지금은 아마 아직 그 전 단계로 하면 좋지 않겠는가.

당시 김정일 국방위원장은 NLL(북방한계선) 문제를 해결하는 조건에서 서해평화협력지대를 조성하고, 정전협정이 평화협정으로 바뀌는 단계에서 DMZ를 생태평화공원으로 바꿔나갈 수 있다는 입장을 보였다. 일부에서는 북측에서 남측이 제안한 DMZ 평화협력지대 조성안을 거절한 것으로 해석했지만 북한의 입장은 거절이 아니라 단계적으로 하자는 것이었다. 김정일 위원장이 남쪽의 반응을 언급하며 서해평화협력지대에 대한 합의가 제대로 이행될 수 있을지에 대해 여러 차례 우려를 표시한 것도 이를 잘 보여준다.

공감대는 형성했지만 합의문에는 명기 안 해

2007년 11월 14일 남북총리회담 환영만찬에 참석했던 북측의 한 관계자는 필자에게 "우리는 과연 임기 말의 노무현 정부가 서해특별지대 설치를 실천적으로 담보할 수 있을까 하는 의문을 갖고 있다"며 "서해특별지대가 원만하게 추진된다면 DMZ를 평화지대화 하는 구상도 실천 가능하다"라고 말했다. 10 · 4선언에 DMZ 관련 조항이 포함되지 않은 이유를 짐작케 한다.

남측이 DMZ의 평화적 이용과 관련해 주로 경제적 측면에 강조점을 둔 데 비해 북측은 정치 · 군사적 측면에 강조점을 두고 있었다. 남측은 서해특별지대 설치와 남북경제협력 활성화를 통해 서해상, 더 나아가 한반도의 긴장을 없앨 수 있다는 논리를 폈다.

반면 북측은 서해상의 긴장 완화가 선행돼야 서해특별지대 개발이 가능하고, 이것이 DMZ까지 연장될 수 있다는 입장이었다. 그렇지만 북측은 DMZ의 평화적 이용에 관한 남측의 여러 제안에 대해 아주 구체적으로 검토했던 것으로 보인다. 남북총리회담 때 만난 북측 관계자는 "남측의 경기도와 강원도에서 DMZ의 평화적 이용에 관해 여러 차례 북측에 제안을 해 왔다"며 "우리는 이 제안들에 대해 유럽 등 해외 사례들을 수집해 우리 측 안을 만들어 놓았다"라고 밝힌 바 있다.

이와 관련해 2008년 중국 베이징에서 만난 북측의 한 관계자는 좀 더 구체적인 설명을 내놓았다.

"강원도에서는 금강산과 설악산을 관광특구로 연결하고 철원 일대에 평화산업단지 조성하는 계획을 제안했고, 경기도에서는 해주와 파주, 인천을 연결하는 경제특구를 제안했다. 해주특구 개발과 파주를 연결해 파주에 남북협력경제단지를 조성하고, 이곳에 북측의 노동자들이 출퇴근하는 방안은 북측에서도 대단히 구체적으로 검토돼 타당성이 있다는 쪽으로 결론이 내려졌다. 공화국(북측)에서는 유럽에 실사단을 보내 사회주의권과 자본주의권의 상호 경제협력 사례에 대한 조사까지 마쳤다. DMZ을 통일평화지대로 개발하기 위한 구체적인 청사진까지 나와 있다."

북한이 내부적으로 DMZ의 평화적 이용방안에 대해 상당히 깊숙하게 논의를 했던 것이다. DMZ을 통일평화지대로 만들자는 남측의 구상에 북측도 나름의 대응 청사진을 마련해 놓고 있었던 셈이다.

10·4선언에서 합의한 서해평화협력지대 설치 구상은 DMZ를 통일평화지대로 만들기 위한 첫 단계 조치로 남과 북을 '사실상 통일'(남북연합연방제)

의 상태로 이끌 수 있는 획기적인 방안이었다. 남북이 사실상 통일단계로 진입했다는 것을 의미하는 사업이기도 하다.

따라서 한반도의 평화분위기 정착과 남북 간의 전면적 신뢰관계가 형성되어야 이 프로젝트는 가능하다. 2007년 10·4선언은 이것이 실제로 실현될 수 있다는 가능성을 보여줬다. 이 같은 공감대는 남과 북이 "사상과 제도의 차이를 초월하여 상호 존중과 신뢰의 관계로 확고히 전환"시켜 나가기로 합의하고, '3자 또는 4자 정상들이 한반도지역에서 만나 종전을 선언하는 문제를 추진하기 위해 협력'하기로 했기 때문에 가능했다.

북한, DMZ의 평화적 이용 구체적 청사진 마련

이명박 정부가 등장한 후에도 북한은 10·4선언의 이행을 전제로 DMZ의 평화적 이용에 대해 관심을 가지고 있었던 것으로 보인다.

이는 2008년 뉴욕필하모닉의 평양 공연을 성사시켜 주목을 받았던 배경환 전 CnA 코리아 대표의 '국제평화도시' 제안에 대한 북한의 반응에서 간접적으로 확인된다. 그는 2009년 DMZ에 가칭 '국제평화도시'를 건설하자는 제안을 북측에 한 바 있다. '국제평화도시' 구상의 요지에 대해 그는 2011년 《민족21》(5월호)과 인터뷰에서 상세히 밝힌 바 있다.

"핵문제가 포괄적인 협의 과정으로 들어가게 되면 평화조약 문제가 제기될 것입니다. 평화체제로 전환된다고 했을 때 휴전선 문제가 제기될 것이고요. 그러나 통일이 이뤄지기 전까지는 휴전선 자체를 완벽히 제거할 수는 없을 것입니다. 그럼 이것을 어떻게 평화적으로 활용할 수 있을 것인가 고민해야 합니다. 진정 평화를 원한다면 이것을 평화적으로 이용하여 서로에게 이익이 되는 방향으로 개발해야 하는 것 아닌가 하는 생각에서 제안을 하게 됐습니다.

한 다국적 기업이 안전만 보장된다면 DMZ에 세계적 규모의 친환경적인 위락시설을 갖춘 평화도시 건설에 나서겠다는 뜻을 적극적으로 피력했습니다. 이 기업은 최대 400억 달러(45조 원)를 투자, DMZ에 디즈니랜드와 첨단 의료휴양시설, 교육시설, 컨벤션센터 등을 갖춘 평화도시를 건설하겠다는 구상을 제안했어요. DMZ의 생태계를 최대한 살리는 친환경적인 평화 공존 지대를 건설, 남북 화해의 토대를 마련하는 한편 특화된 세계적 관광명소로 삼겠다는 것이죠. 평화도시 건설을 위해서는 군사분계선을 중심으로 남북 양측이 DMZ구역 내 1500만㎡의 부지를 제공하는 것이 전제돼야 합니다. 투자사는 부지의 현금 보상과 평화도시에서 얻어지는 수익금 배분은 물론 북의 산업기반시설 지원에도 나설 용의가 있다고 합니다.”

이러한 제안에 대해 북측은 ‘10·4선언의 전면적 이행과 평화협정 체결’을 전제로 긍정적 반응을 보였다고 한다.

가장 최근에는 2013년 7월 말 북한 대남정책을 담당하는 김양건 노동당 비서가 방북한 박상권 전 평화자동차 사장에게 “개성공단이 잘되면 DMZ에 공원을 만드는 것도 잘 될 것”이라고 말해 관심을 끌었다. 이 발언은 기존 북측의 입장을 고려해 볼 때 개성공단, 금강산관광 문제가 잘 풀리고, 평화협정을 논의하는 북미대화에 진전이 있을 경우 박근혜 대통령이 제안한 DMZ 세계평화공원 조성사업을 논의할 수 있다는 것으로 해석된다.

김정은시대에도 북한은 여전히 2007년 남북정상회담 때 김정일 위원장이 밝힌 서해평화특별지대와 DMZ 평화지대 조성에 대한 입장을 그대로 유지하고 있는 것이다. 북측의 입장에서 볼 때 그것은 김정일 위원장의 ‘유훈’이기도 하고, 김양건 비서를 비롯해 당시 대남정책 담당자들도 그대로 자리를 지키고 있다.

10 · 4선언 이행 없이 'DMZ 세계평화공원' 조성 불가능

박 대통령이 밝힌 것처럼 'DMZ 세계평화공원' 조성사업은 '한반도 평화와 통일의 출발점'이 될 수 있다. 그러나 그것은 북측의 입장에 대한 일정한 수용을 전제로 한다. 그렇지 않은 상태에서 DMZ 세계평화공원이 추진될 경우 '호랑이 그리려다가 고양이를 그리는 꼴'이 될 수밖에 없다. 자칫하면 DMZ가 아닌 그 남쪽 지역 몇 군데에 '토건족'들의 이익만 보장한 시멘트 조형물을 만드는 데 그칠 수도 있다.

문제는 이러한 우려가 현실로 나타날 가능성이 점점 커지고 있다는 점이다. 박근혜 정부 출범 이후 2013년 6월 국가정보원이 '2007년 남북정상회담 회의록'을 전격 공개해 노무현 전 대통령의 NLL 관련 발언을 정치쟁점화하면서 박 대통령은 NLL사수를 여러 차례 표명했다.

더구나 통일부는 현재 심의 중인 '2차 남북관계발전기본계획'에서 서해평화협력특별지대 추진을 삭제했다. '서해평화협력특별지대 조성은 곧 NLL 포기'라는 식의 논리 확산이 결국 2차 남북관계발전기본계획에서 서해특별지대 추진 포기를 공식화하기에 이른 것이다. 말로는 남북 간의 기존합의를 존중한다고 하면서도 10 · 4선언의 핵심합의인 서해특별지대 추진을 제외하는 모순된 행동을 하고 있는 셈이다.

당연히 북한의 반발을 불러올 수밖에 없다. 북한은 2013년 10월 5일《로동신문》은 논평에서 남측이 발표한 "'제2차 남북관계발전기본계획'이라는 것은 6 · 15공동선언과 10 · 4선언을 완전히 말살하고 반공화국(북) 대결책동에 더욱 악랄하게 매달리기 위한 철저한 반통일문서, 체제대결 각본"이라고 비판했다. 서해평화협력특별지대 설치와 항구적 평화체제 추진 등 10 · 4선언의 핵심내용을 뺀 것은 이 선언의 폐기행위나 다름없다는 주장이다.

박근혜 대통령이 의욕을 보이고 있는 'DMZ 세계평화공원'은 분명히 한반도 평화체제를 추진해나가는 동력을 생산하는 사업이 될 수 있고, 북측도 큰 관심을 가지고 있다. 그러나 DMZ의 형성 자체가 정전협정에 의한 것이기 때문에 정전협정을 평화협정으로 전환시키는 정책이 수반되지 않는다면 'DMZ 세계평화공원'은 '정치적 수사'나 공염불에 그칠 수밖에 없다. 금강산관광 재개 문제조차도 풀지 못하면서 그것보다 훨씬 복잡하고 민감한 'DMZ 세계평화공원'을 조성하겠다는 것은 누가 봐도 어불성설(語不成說)이다. 또한 'DMZ 세계평화공원'이 조성될 경우 군사적 긴장을 줄일 수 있다거나 전 세계에서 관광객이 몰리면 남북통일에 대한 국제적인 공감대를 쉽게 형성할 수 있다는 정도의 안이한 생각으로는 북측의 호응을 이끌어 낼 수 없다.

　박 대통령의 'DMZ 세계평화공원' 제안이 단순히 대외 이미지 제고를 위한 노림수라고는 보지 않는다. 따라서 박 대통령이 DMZ 세계평화공원을 추진할 '진정성'이 있다면 우선 이념갈등을 부추길 것이 아니라 폭넓은 국민적 공감대를 형성하고 남북관계를 평화번영의 관계로 복원해야 한다. 아울러 정부가 북미대화와 6자회담, 4자회담의 촉매역할을 수행해 6자회담을 통한 한반도비핵화프로세스와 4자회담을 통한 한반도평화프로세스를 동시에 추진시켜 나가야 한다. 이러한 과정과 맞물려야 'DMZ 세계평화공원'도 남북 간에 구체적인 논의가 가능할 것이다.

　그러나 박 대통령은 정반대의 선택을 했다. 박 대통령은 10월 1일 국군의 날 기념식 기념사에서 "정부는 강력한 한미연합방위체제를 유지하면서 '킬체인'(Kill Chain, 정보·감시·타격 통합시스템)과 한국형미사일방어체계(KAMD) 등 핵과 대량살상 무기 대응능력을 조기에 확보, 북한 정권이 집착하는 핵과 미사일이 더 이상 쓸모 없다는 것을 스스로 인식하도록 할 것"이라고 강조했다. "도발을 용납하지 않는 튼튼한 안보가 뒷받침될 때 평화를 지키면서 북한을 진정한 변화의 길로 끌어낼 수 있을 것"이라는 것이다. 이명박 정부 때와 별반 다르지 않은 인식이다. 더구나 '킬 체인'과 KAMD가 기술적으로 가능한지는 논외로 치더라도 이것이 한반도비핵화 협상과 남북대화에는 결정적으로 악영향을 미칠 것이다.

튼튼한 안보는 필요하다. 그러나 안보를 강조한다고 해서 평화를 얻을 수 있는 것이 아니라 평화를 통해서만이 진정한 안보를 얻을 수 있다. 이러한 사고의 전환이 없다면 박 대통령의 'DMZ 세계평화공원' 구상은 첫발을 떼지도 못하고 준비만 하다 사문화될 것이다. ✿

7.
박근혜 대통령,
남북정상회담 카드를 꺼내다

갑자기 나온 남북정상회담 발언

박근혜 대통령이 취임 후 처음으로 남북정상회담을 언급했다. 2013년 11월 2일부터 프랑스 방문을 시작으로 서유럽 국가 순방에 나선 박 대통령은 출발 당일 보도된 프랑스 일간지《르피가로》와의 인터뷰에서 김정은 제1위원장과의 만남 용의를 묻는 질문에 "남북관계의 발전이나 한반도 평화를 위해 필요하다면 언제라도 만날 수 있다는 입장을 갖고 있다"고 말했다.

즉각 남북 경색국면 타개 위해 대북정책 기조에 변화가 있는 것이 아니냐는 반응이 나왔다. 개성공단 재개 합의로 숨통이 트였던 남북관계가 이산가족상봉 무산 이후 다시 꽉 막힌 상황이었기 때문이다. 청와대는 파장을 의식한 듯 '원칙적인 답변'이라는 입장을 밝혔다. 그러나 박 대통령의 첫 남북정상회담 언급은 과거의 발언과 비교할 때 대북정책에서 일정한 '변화 가능성'을 내포하고 있다는 점에서 주목을 받았다. 2013년 5월 미국 방문 당시《워싱턴포스트지》와의 인터뷰에서 '북한 지도자를 만날 의사가 있느냐'는 질문에 "지금 당장은 그렇게 해서 무슨 효과가 있겠는가"라며 부정적 입장을 밝힌 것과는 일단 차이가 느껴진다. 당시 박 대통령의 한 측근이 "남북 정상회담을 전혀 고려하지 않고 있고, 그런 이야기를 꺼낼 분위기 도 아니다"라고 전한 것과도 상당 한 '온도차'가 있는 발언이다. 6개 월 사이에 어떤 변화가 있었던 것 일까?

개성공단 문제 해결 결단

우선 남북정상회담 발언은 2013년 6월을 기점으로 일정한 변화를 시도한 박 대통령의 대북정책에서 그 단초를 찾을 수 있다. 박 대통령은 북측이 6월 6일 포괄적 당국 간 회담을 제의하자 개성공단 정상화를 시작으로 '한반도 신뢰프로세스'를 가동하려고 했다. 그러나 회담 수석대표의 격문제로 남북 당국 간 회담이 무산되고, 7월 6일 시작된 실무회담에서도 개성공단 재가동 에 원칙적 합의만 이룬 채 계속 회담의 의제와 개성공단의 보장주체를 두고 합의점을 찾지 못했다. 박근혜 정부의 대북 정책라인에서 '대북 강경입장'이 견지되고 있었던 것이다.

특히 7월 22일 개성공단 5차 실무회담이 아무런 합의점을 이끌어내지 못 하자 박근혜 정부는 '남북대화의 파국이냐 지속이냐'라는 갈림길에 서게 된 다. 결국 '신뢰프로세스'를 이어가야 한다는 박 대통령의 의중이 반영돼 여 러 경로를 통해 북측의 남북대화에 대한 '진정성'을 파악하는 '특단의 조치' 가 이뤄졌다. 박근혜 정부가 임기 초반 북한에 원칙적으로 대응하는 것에 국민이 지지했지만 개성공단 사태가 파국을 맞을 경우 국민들이 지지하지 않을 것이라는 판단에 따라 새로운 '돌파구'가 필요했던 것이다.

우여곡절 끝에 남북은 8월 14일 7차 실무회담에서 개성공단 정상화에 합의했다. 이로써 개성공단 사태는 133일 만에 해결의 실마리를 찾게 됐다. 박근혜 정부 출범 후 본격적인 의미의 첫 남북 합의가 이뤄짐에 따라 향후 남북관계에 청신호가 켜지게 됐고, 박근혜 정부의 '신뢰프로세스'도 탄력을 받게 됐다. 박 대통령도 "오늘 회담을 계기로 앞으로 남북관계가 새롭게 출발하는 계기가 되길 바란다"면서 "더불어 개성공단의 국제화를 위해 남북한이 함께 노력해가기를 기대한다"고 환영을 뜻을 피력했다.

'8·15 경축사'의 연장선상에서 나온 발언

그리고 다음날 광복절 축사에서 다소 '전향적인' 대북메시지를 내놓았다. 박 대통령은 "이제는 남북 간에 불신과 대결의 시대를 넘어 평화와 통일의 새로운 한반도 시대를 열어나가야 합니다"라며 "앞으로 한반도 신뢰프로세스를 통해 한반도에 평화를 정착시키고, 남북한의 공동발전을 이뤄나갈 수 있기를 기대합니다"라고 밝혔다. 그리고 추석을 전후로 남북의 이산가족상봉과 비무장지대(DMZ)에 세계평화공원 조성을 제의했다.

그러나 박 대통령의 이 같은 구상은 '냉전적 정치지형'과 남북관계의 구조적 제약을 벗어나지 못했다. 특히 김관진 국방장관의 잇따른 대북 발언이 빌미를 제공했다. 이산가족상봉과 금강산관광 회담을 앞둔 상황에서 김 장관은 "북한의 핵과 미사일은 이미 한반도를 넘어 아·태지역과 세계평화를 심각하게 위협하는 요소가 됐다", "북한은 종북세력과 연계하여 사이버전, 미디어전, 테러 등으로 사회혼란을 조성하는 이른바 4세대 전쟁을 획책하고 있다. 통합진보당의 내란음모사건은 그 준비로 볼 수 있다"는 등 북한을 자극하는 강경발언을 쏟아냈다. 심지어 김 장관은 박 대통령과 북한이 '합의'에 기초해 대화를 이어가고 있는 상황에서 "(북한의 유연한 태도에 대해) 어려운 상황에서 벗어나기 위한 전술적 대화공세"라며 평가절하했다.

북한의 유화카드

북측은 즉각 반발했다. 북한은 김관진 장관의 발언을 집중적으로 거론하며 "북남관계를 적대관계로 삼고 모든 대화와 협상을 대결수단으로 악용"하고 있다고 비판한 후 예정돼 있던 이산가족상봉을 '대화와 협상이 진행될 수 있는 정상적인 분위기가 마련될 때'까지 연기한다고 선언했다. 이후 북한은 박근혜 정부가 '최고 존엄'을 모독했고, 적대적 대북정책을 추진하고 있다며 박근혜 대통령의 실명까지 거론하며 한 달 넘게 대남 비난전을 펼쳤다.

그러던 북한이 10월 중순을 넘으면서 두 가지의 '유화카드'를 내놓았다. 북한은 10월 25일 억류하고 있던 '월북자' 6명을 판문점을 통해 송환했고, 국회 외교통일위원회 소속 국회의원들의 공단 방문을 수용했다. 10월 들어 남북 간에 대화의 물꼬를 트기 위한 접촉이 다시 시작됐고, 박 대통령의 정상회담 언급은 이 같은 흐름의 연장선상에 있다고 볼 수 있었다. 류길재 통일부 장관이 11월 1일 5·24 대북 경제제재 조치 해제와 관련 "정부도 여러 가지로 고민하고 있다"고 밝힌 것 역시 정부의 달라진 태도를 시사했다.

또한 박 대통령의 정상회담 발언은 DMZ평화공원 조성, '실크로드 익스프레스(SRX)' 구상 등 박 대통령이 야심 차게 발표한 정책들을 임기 안에 성사시키기 위해서는 북한의 협력이 전제돼야 하고, 이를 위해서는 북한이 제안한 '포괄적 대화'를 수용할 수밖에 없다는 현실적 판단이 깔려 있었다. ✿

8.
김정은 국방위원회 제1위원장도 신년사에서 남북정상회담을 거론하다

3차례 남북관계 개선 언급

2014년 북한의 신년사는 유달리 관심이 집중됐다. 박근혜 대통령의 남북 정상회담 발언에 대해 북측이 입장표명이 나올 수도 있었기 때문이다. 신년 사에서 김정은 제1위원장은 3차례 남북관계 개선을 강조했다. 김정은 제1위 원장은 "우리는 민족을 중시하고 통일을 바라는 사람이라면 그가 누구든 과 거를 불문하고 함께 나아갈 것이며 북남 관계개선을 위해 앞으로도 적극 노 력할 것입니다"라며 2012년 4월 15일 첫 공개연설에 한 내용을 상기시켰다.

또한 2013년 남북관계 진전의 전제조건으로 6·15, 10·4선언을 전제로 하는 민족우선, 민족중시, 민족단합의 3대 조건을 제시했는데, 2014년 신년 사에서도 "북과 남은 조국통일3대원칙과 북남공동선언에서 천명된 자주의 원칙을 견지하고 우리 민족끼리 입장에 확고히 서야 하며 공동선언들을 존중 하고 성실히 이행하여야 한다"고 강조했다. 다만 2013년 신년사에서 6·15 선언과 10·4선언을 구체적으로 언급했던 것과 달리, 7·4성명을 포함한 남 북 공동선언 존중·이행을 포괄적으로 표현해 우리 정부를 배려한 것 아니냐는 평가도 나온다.

대북압박에는 강력 대응

그러나 '대화분위기 조성'을 위해 '우리 민족끼리의 립장', '자주의 원칙 견지', '국제 공조' 폐기, 비방중상 및 '종북 소동' 중단 등을 요구해 남북대화 재개가 쉽지만은 않을 전망이다.

특히 "우리 인민에게 있어서 평화는 더없이 귀중하지만 그것은 바라거나 구걸한다고 하여 이루어지는 것이 아닙니다"라며 "강력한 자위적 힘으로 나라의 자주권과 평화를 수호하고 민족의 존엄을 굳건히 지켜나갈 것"이라고 지적해 한미합동군사훈련 등 대북압박 움직임에는 강력하게 대응할 것을 시사했다. 2013년 상반기와 유사한 긴장국면이 재현될 수도 있는 대목이다. 다만 김 제1위원장은 "올해는 위대한 수령님께서 조국통일과 관련한 역사적 문건에 생애의 마지막 친필을 남기신 20돌이 되는 해"라며 "우리는 위대한 수령님과 장군님의 유훈을 받들어 올해의 조국통일운동에서 새로운 전진을 이룩하여야 한다"고 언급해 '남북정상회담의 가능성'을 열어놓아 주목된다.

남북정상회담 가능성 시사

북한이 신년사에서 김일성 주석의 생애 마지막 친필 20돌을 강조한 것은 남북정상회담을 포함한 당국 간 대화 의지를 표명한 것으로 해석된다. 박근혜 정부가 남북관계 개선을 위한 분위기 조성에 나선다면 정상회담도 가능하다는 메시지인 셈이다. 대북압박을 위한 국제공조나 대결의식에 기초한 '비방중상'을 중단하고 남북 간 대화와 정상회담을 통해 민족의 문제를 풀어나가자는 것이다. 이에 대해 박 대통령은 2014년 1월 3일 청와대에서 열린 신년인사회에서 남북 관계에 대해 "우리는 불안과 분단의 고통이 지속되고 있는 한반도에 평화를 구축해 통일시대를 열어갈 수 있도록 해야 할 것"이라고 강조했다.

박근혜 대통령이 2014년 신년사에서 "북한의 도발 가능성에 대비하여 빈틈없는 안보태세와 위기관리체제를 확고히 하고, 한반도의 평화를 보다 적극적으로 만들어가면서 평화통일을 위한 기반을 구축해 나갈 것입니다"라며 원칙적 입장만을 밝힌 데서 조금더 나간 것이다. 박근혜 정부가 '북한의 도발 가능성'에 무게를 두고 있는 것인지, '적극적인 평화'에 초점을 두고 있는지는 불분명하다. 사실 2013년 박근혜 정부는 8·15 광복절 경축사와 10·1 국군의날 경축사에서 서로 다른 메시지를 북한에 보냈다.

박근혜 대통령, 대화에 방점

2013년 12월 31일 박근혜 대통령은 이례적으로 '프로젝트 신디케이트'에 기고해 전 세계에 배포(국내에서는 《중앙일보》에 게재)된 〈새로운 남북관계를 위한 여정〉이란 글에서 2013년 남북관계를 평가하고 다음과 같은 대북정책 추진방향을 제시했다.

"첫째, 평화와 통일의 기반을 조성할 것이다. 우선 평화를 지키기 위해 강력한 억지력을 유지할 것이다. 튼튼한 안보야말로 진정한 평화의 출발점이기 때문이다. 나아가 대화와 교류협력을 통해 지속 가능한 평화를 만들어 갈 것이다.

둘째, 한반도 신뢰프로세스의 업그레이드를 위해 노력할 것이다. 남북 간의 깊은 불신의 골을 메우기 위해, 상호존중의 자세로 신중하게 협의하고, 약속한 것은 반드시 지키는 대화의 관행을 만들어 갈 것이다. 남북대화와 협력의 폭을 넓히기 위한 다양한 방안을 모색하는 한편, 인도주의 차원에서 대북 인도적 지원을 투명하게 지속적으로 추진할 것이다.

셋째, 북한의 비핵화를 통해 한반도 및 동북아의 공동발전을 추구할 것이다. 북한이 핵개발을 포기하며 우리와 신뢰의 파트너십을 구축할 때, 남북관계가 제대로 발전할 수 있다. 북한이 비핵화를 위한 확실한 의지와 실질적 행동을 보여준다면 한국은 앞장서서 국제사회의 협력을 이끌어 내며 북한의 경제개발을 적극 지원할 것이다. 나아가 한반도가 동북아 국가들과 함께 발전할 수 있도록 노력할 것이다."

특별한 대북제안은 없고, 박근혜 정부의 대북정책으로 표방된 '한반도 신뢰프로세스'의 내용을 요약해 다시 한 번 강조한 것이다. 다만 북한은 이 글에 대해 2013년 12월 25일 북한 조국평화통일위원회 서기국이 발표한 '7개 항의 공개질문장'에 대한 박근혜 대통령의 답변으로 받아들일 가능성이 있다. 이 글에 대해 북한이 어떻게 평가할 것인지 주목된다.

박근혜 대통령의 글이 대결보다는 대화쪽에 방점이 찍혔다고 볼 수 있지만 북한이 거부감을 갖는 '핵개발 포기'가 들어 있어 북한의 반응을 점치기는 쉽지 않다. 일단 북한은 "대화와 교류협력을 통해 지속가능한 평화를 만들자"는 것보다 "실현 불가능한 핵·경제 병진노선을 버려야 한다"는 메시지에 더 예민하게 반응할 것으로 예상된다.

남과 북의 '비공식 조율' 과정 주목

그러나 2013년 개성공단을 둘러싼 남북대화 과정에서 남과 북의 '공식 입장'보다 '비공식 조율' 과정이 더 중요하게 작용했다는 점을 감안하면 2014

년 남북관계도 남과 북의 신년사보다 상반기에 이뤄질 것으로 예상되는 '비 공개 조율' 결과에 우선 좌우될 것으로 보인다.

둘째로 2014년 남북관계는 6자회담 재개 여부와 재개 시점에 영향을 받을 것이다. 김정은 제1위원장은 대외 관계에 대해 "앞으로도 자주, 평화, 친선의 대외정책 이념을 확고히 견지하면서 우리나라의 자주권을 존중하고 우리를 우호적으로 대하는 모든 나라들과의 친선협조 관계를 확대 발전시키며 세계 의 평화와 안전, 인류공동의 번영을 위하여 적극 노력할 것"이라는 통상적 입장을 밝혔다.

또한 "세계 최대의 열점지역인 조선반도에서는 우리 공화국을 압살하기 위한 적대세력들의 핵전쟁 책동으로 말미암아 일촉즉발의 전쟁위험이 조성 되어 지역과 세계의 평화와 안전을 엄중히 위협"했다며 "이제 이 땅에서 전 쟁이 다시 일어나면 그것은 엄청난 핵재난을 가져오게 될 것이며 미국도 결 코 무사하지 못할 것"이라고 미국의 대북 적대시정책 폐기를 요구했다. 역시 6자회담 문제도 남북관계와 마찬가지로 '공식 발언'보다 상반기로 예상되는 북미접촉에서 결론이 날 것으로 전망된다. 전반적으로 2014년 북한의 신년 사는 남북관계와 북미관계에 한국과 미국 정부의 태도변화를 지켜보며 대응 하겠다는 '신중한 자세'를 보였다. 이것은 상반기 '물밑 접촉'의 결과에 따 라 두 가지 시나리오가 다 가능하다는 것을 의미한다.

두 가지 시나리오

긍정적 시나리오는 2~4월('키리졸브-독수리' 한미합동군사연습 기간)의 '낮 은 수준의 위기국면'을 잘 넘기고 물밑 접촉을 통해 7월~8월경 남북대화와 6자회담이 재개되는 경우다. 이렇게 될 경우 2014년의 주요 화두는 남북정상회담 및 북중정상회담, 한반도 평화체제 수립이 될 것으로 보인다.

부정적 시나리오는 2~4월의 '낮은 수준의 위기국면'이 제대로 관리되지 않아 대북압박과 북한의 반발로 '높은 수준의 위기'가 조성되는 경우다. 이렇게 될 경우 주요 화두는 북한의 경수로 가동, 위성(장거리로켓) 발사 등이 돼 또 다시 한반도 평화문제가 최대 현안으로 부상될 것으로 예상된다.

현재로서는 긍정적 시나리오의 가능성이 더 크다. 다만 한국과 미국의 내부 정치상황과 소극적 태도가 변수다. 북한은 신년사에서 제시한 경제 건설의 목표들을 달성하기 위해 대외적 평화환경 조성에 적극 나서고 있다. 박근혜 정부가 이러한 기회를 살려 남북 당국 간 대화를 복원할 수 있느냐가 '한반도 신뢰프로세스'의 성패를 좌우하게 될 것이다.

박근혜 대통령이 주장하는 DMZ평화공원 조성, '실크로드 익스프레스' 구상 실현을 위해서라도 '김정은체제 위기론'에서 벗어나 남북대화에 적극 나설 필요성이 있다. 올해가 지나면 남북고위급회담이 사실상 어려워지기 때문이다. '원칙'만 강조하기에는 의외로 시간이 많지 않다. ✿

제2부

2000년 역사적인 **첫 남북정상회담**
남북관계에 새 장을 열다

한반도 냉전종식을 자신이 달성해야 할 필생의 목표로 간주해온 김대중 대통령은
17개월 이상을 평양의 김정일 국방위원장과 물밑에서 온갖 시소게임을 벌었다.
청와대 김대중 대통령과 노동당 1호 청사의 김정일 총비서는
이 채널을 통해 상대방에게 자신의 입장을 설명했으며
때로는 자신의 진의가 제대로 전달 안 되는 데에 대해 답답해하기도 했다.
또 남북 정상은 정치, 경제적 카드를 내놓고 흥정을 벌이기도 했으며
상대방을 활용하고 가끔은 기만하기까지 했다.
또 예기치 못한 돌발사건으로 그동안 어렵사리 쌓아놓은 정상회담 준비가
한순간에 무너지는 것을 참담한 심정으로 지켜봐야만 할 때도 있었다.
그러나 김대중 대통령은 사태에 일희일비하지 않고
일관된 대북 화해협력정책을 통해 마침내 남북정상회담을 이끌어냈다.
첫 남북정상회담을 위한 600여 일의 장정(長征)은
박근혜 대통령이 남북정상회담을 추진하기 위해서는 반드시 참고해야 할 교과서다.

1.
1차 남북정상회담 막전막후(幕前幕後) 600일 드라마

첫 만남

1998년 11월 28일 베이징(北京) 수도공항. 북한 고려항공 소속 JS 152편이 항공기 특유의 굉음을 내며 활주로에 내려앉았다. 구소련제 TU-154 군용기를 개조한 고려항공 비행기는 천천히 계류장으로 들어왔다. 해치가 열리고 공무석(1등석) 승객들이 먼저 트랩을 내려왔다. 승객들 틈에는 감색 싱글 양복에 올백 머리, 그리고 더블 브릿지 안경을 착용한 50대 중반의 사나이가 내려왔다. 그 뒤에는 수행원으로 보이는 40대 초반의 사나이가 뒤따르고 있었다. 일반 여객들과 함께 공항 CIQ(세관이민검역실)구역에 들어간 두 남자는 마중 나온 제3의 남자를 만났다. 구면인 듯 세 사람은 간단히 인사를 나누고 바로 'DIPLOMAT ONLY(외교관전용)' 출구를 향했다. 여권 심사대에 근무하는 중국 정보기관 외사과 기관원도 여권을 한번 흘낏 볼 뿐이었다. 공항 건물을 빠져나온 일행은 미리 대기시켜놓은 검은색 벤츠승용차를 타고 베이징 시내로 향했다. 북측 일행이 출구 쪽으로 걸어나가는 것을 확인한 중국 정보기관의 외사과 기관원은 유선을 통해 본부를 호출했다.

"중학생 두 명이 평양에서 막 도착했다."

수화기를 통해 들려 오는 대답은 극히 간단했다.

"뚜이(알았다)"

2시간 뒤 올백의 사나이는 베이징 시내 조양구(朝陽區) 용마로(龍馬路) 50번지에 있는 특급 호텔 10층 스위트룸에 있었다. 창 밖으로 회색 빛 스모그에 휩싸인 베이징 시내가 한눈에 들어왔다. 수행원이 신호를 했다 '손님이 도착했다' 는 것이었다. 초인종이 울리자 올백 사나이는 문을 열었다. 문밖에는 서울에서 온 장년의 사나이가 서있었다. 168cm가 될까. 자그마한 키에 네모진 얼굴이 인상적이었다. 두 사람은 악수를 나누었다. 서울에서 온 사나이는 인사말을 건넸다.

"TV에서 자주 뵈어서 그런지 이렇게 만나 뵈니 구면 같습니다. 선생님은 저를 모르시겠지만 저는 선생님을 잘 압니다."

그러자 올백 사나이도 즉각 말을 받았다.

"선생이 나에 대해서는 잘 아시겠지만 남조선에 대해서는 나만큼 모를 겁니다."

올백 사나이의 이 말 한마디로 딱딱했던 분위기는 일순 풀어졌다. 두 사람은 손을 마주 잡고 웃었다. 곁에 서있는 양측 수행원들 얼굴에도 웃음이 피었다. 서울에서 온 사나이는 국가정보원 소속 P국장이었으며 올백 사나이는 조선아시아태평양위원회(아태) 부위원장 K였다. 국정원 P국장과 아태 소속 K 부위원장 간의 악수는 그러나 6백여 일간 추진된 남북정상회담이라는 큰 그림의 한 조각 에피소드에 불과하다.

코드명 '학생(學生)'

1997년 12월 17일 대한민국 15대 대통령으로 선출된 김대중 대통령은 당선 제일성(第一聲)으로 '남북정상회담'을 북한에 제의했다. 그러나 최초로 남북이 물밑 접촉을 개시한 것은 그로부터 7개월이 지난 1998년 5월경이었다. 그러나 이를 '접촉'이라고 표현하기는 좀 어설펐다. 엄밀한 뜻에서 이는 접촉에 앞서 서울과 평양의 '응수 타진' 정도의 움직임이라고 표현하는 것이 적당했다.

청와대는 외교채널을 비롯해 국정원, 경제계, 정치계, 통일부, 기타 라인을 통해 다양한 남북접촉을 시도했다. 접촉 장소도 도쿄, 베이징, 서울, 이집트로 다양화했다. 다만 '비선(秘線)을 사용 않겠다'는 김대통령의 방침에 따라 가급적 공식 루트를 사용하려고 했다. 흥미로운 점은 대북 접촉선들이 종(縱)적으로는 연결이 돼 있을 뿐 횡(橫)적으로는 연결이 안 돼 있다는 것, 따라서 각각 라인들은 '김대중 대통령이 나만 믿고 정상회담을 추진하고 있다'고 믿고 뛰었을 공산이 크다. 이를 두고 한 관측통은 "시장경제를 신봉하는 김대통령이 정상회담에도 경쟁원리를 적용하고 있는 것 같다"고 말하기도 했다.

초기에 평양을 방문하는 사업가들을 활용하려던 청와대의 정상회담 시도는 시간이 흘러감에 따라 국정원-아태(아시아태평양평화위원회)라인으로 단일화됐다. 아태는 1994년 10월에 처음 등장한 대남, 대외관계를 담당하는 노동당 외곽단체였다. 노동당 통일전선사업담당 김용순 비서가 사령탑이며 대남라인에는 전금철, 송호경, 리종혁 등 실무책임자들을 가동하고 있었다. 통일부의 모자를 쓰고 나간 국정원의 P국장과 아태의 K부위원장은 1998년 11월 28일 베이징에서 최초의 비밀 접촉을 갖기에 이르렀다.

C에 따르면 중국이 남북 비밀접촉에 상당한 기여를 했다고 한다. C는 남북한 사정은 물론 특히 베이징 정보에 밝은 50대 후반의 남성이었다. 중국당국은 북측 인사가 베이징을 찾을 때 이들을 '학생'이라는 코드명으로 부르며

비자 등 각종 편의를 제공했다. 이는 '대포동 요인'이 작용한 결과로 보인다. 1998년 8월 31일 북한의 대포동 1호 미사일 발사 여파로 일본이 전역미사일 방공망(TMD) 도입을 서두르는 등 동북아에 강경 기류가 흐르자 베이징은 내심 당황했다고 한다. 그 결과 베이징은 종전의 방관자적 자세에서 벗어나 남북대화에 적극 개입하기 시작한 것으로 풀이된다. 또 일본도 남북 접촉에 이어 북–일 접촉을 시도하는 등 협조적인 태도를 보였다.

베이징 호텔에서 만난 남측의 P국장과 북측의 K부위원장은 무슨 얘기를 나눴을까. C에 따르면 남북 밀사들은 '거의 모든 분야'에 걸쳐 자유롭게 이야기를 나누었다고 한다. 이들은 5개월 전 불발로 끝난 남북비료회담과 햇볕정책 전반에 대해 이야기를 나눴다. 물론 이 과정에서 남측은 북측에게 남북대화 재개에 대한 모종의 방안을 전달했다.

북측은 이 비밀 접촉을 시작할 때 자신의 입장을 분명히 밝혔다고 한다. K부위원장은 처음 얘기를 시작할 때 "여기서 밝힌 내용은 노동당이나 상부(김정일 국방위원장)의 의견이 아닌 어디까지나 아태의 입장"이라고 선을 그었다. 또 그는 "남측이 제시한 내용은 상부에 보고하겠지만 그대로 반영 안 될 수도 있다"고 말했다고 한다.

분위기가 아주 좋았다. 남북 밀사들은 오전, 오후로 나눠 3일간 모든 얘기를 나눈 후 저녁에는 자리를 옮겨 화기애애한 분위기 속에서 술잔을 기울였다고 한다. 남측 P국장과 북측의 K부위원장 간의 악수는 여러모로 의미 있는 자리였다. 청와대의 김대중 대통령과 노동당 1호 청사의 김정일 총비서는 이 채널을 통해 정상회담을 포함한 온갖 메시지를 교환할 수 있었다. 또 이때 개설된 채널은 그 후 서영교 단장–김보현 국장–임동원 국정원장으로 이어지는 남측 라인과 황철–송호경–김용순(통일전선사업담당비서)으로 이어지는 북측 라인으로 발전하면서 그 후 이어진 '6·3 비료회담'부터 정상회담까지

일관되게 호흡을 맞출 수 있었다.

DJ의 말·말·말

남북 간에 비밀채널이 가동됐다고 해서 정상회담을 겨냥한 서울—평양 관계가 모두 순조롭게 풀려간 것만은 아니다. 남북이 단숨에 정상회담이라는 목표점에 도달하기에는 50년 넘게 쌓여온 불신과 대립의 장벽이 너무나도 높았다. 특히 이 과정에서 평양은 정상회담을 워싱턴을 의식한 전술적 카드로 활용하려는 이중 플레이를 시도해 청와대를 답답하게 만들기도 했다.

1998년 11월 28일 시작된 남북 물밑 접촉이 우여곡절을 겪었음을 시사하는 가장 큰 근거는 대통령의 '말'이다. 김 대통령은 '말의 정치인'이다. 연설 문안을 본인이 직접 작성했다. 당연히 자신이 사용하는 단어의 톤과 맥락, 여운 등에 세세히 신경 썼다. 따라서 남북 정상회담과 관련된 대통령의 발언을 세심히 관찰하면 물밑 접촉에 대한 대체적인 감(感)을 잡을 수가 있다. 또 김 대통령은 자신의 말을 평양과 간접적 대화 수단으로 활용했다. 김 대통령이 북한에 대해 어떤 발언을 하면 그 발언 내용은 보도 매체를 통해 즉각 평양에 전파됐다. 이를 통해 김 대통령은 김정일 총비서에게 자신의 입장과 감정을 전달할 수 있었다.

김 대통령은 1997년 12월 대통령으로 당선된 이래 1999년 4월까지 남북 정상회담과 관련돼 모두 14번 발언했다. 발언 내용을 꼼꼼히 살펴보면 정상회담에 대한 김 대통령의 발언이 3가지 모드에 따라 상하로 굴곡을 나타내며 일정한 궤적을 그리고 있음을 발견할 수 있다. 임의로 그 개별 모드를 평탄기, 비관기, 희망기로 구분해 보자.

김 대통령이 당선된 1997년 12월부터 그 이듬해 8월까지 9개월간 김 대통령의 발언은 평탄기에 해당된다. 표현은 조금씩 다르지만 남북기본합의서 이행의 당위성을 강조하는 한편 이를 위한 특사교환과 정상회담 용의를 천명하는 모범답안 수준이었다.

그러나 김 대통령은 1998년 8월 15일부터 그해 11월까지 석 달간 비관기에 빠진다. 정상회담에 대한 기대감이 하락하고 있었다. 특히 1998년 9월 김정일 총비서가 북한체제의 정상인 국가주석이 아닌 국방위원장으로 취임하자 김 대통령은 "김정일 총비서가 국가주석에 선출되지 않았고 그럴 의사도 없기 때문에 기술적으로 정상회담이 어려운 상황"이라고 실망감을 표시했다. 특히 김 대통령이 "북한이 정상회담 의사가 없다"라고 언급한 것은 주목할 만한 대목이다. 이어 11월에 가진 인터뷰에서는 "이것은 내 느낌인데 내 임기 중에 북한의 김정일과 만나…"라고 언급한 것도 눈여겨볼 대목이다. 그 이전까지 김 대통령은 시한을 명시하지는 않았다.

그러나 대체적인 어감으로는 '1999년 중 남북정상회담' 정도의 느낌이었다. 그러나 여기서 최초로 '내 임기 중'이라고 시한을 늘려 잡았다. 김 대통령이 비관주의로 돌아선 것이다. 동시에 바로 이 시점은 김 대통령이 무바라크 이집트 대통령에게 이종찬 당시 국정원장을 밀사(密使)로 보낸 시기이기도 하다. 따라서 1998년 9월은 그동안 경제위기 극복에 전념했던 청와대가 김정일의 국방위원장 취임을 계기로 평양에 남북정상회담 가능성을 타진하기 시작한 시기로 보인다.

1월 1일 '속았나?'

1999년 1월 1일 청와대 외교안보실과 국정원 대북 전략국에는 허탈한 분위기가 감돌도 있었다. 2달 전 북측 K부위원장은 베이징 비밀 접촉을 마치고 평양으로 돌아가면서 한가지 귀띔을 해주었다. "1월 초(신년사)에 뭔가 나올 것"이라는 것이었다. 이 귀띔에 따라 청와대와 국정원은 북측 신년사에 촉각을 곤두세우고 있었다. 만일 신년사에 남북대화와 관련된 진전된 내용이 나오면 이는 남측이 앞서 제안한 남북대화 내용이 평양에 성공적으로 접수됐다는 신호였기 때문이었다. 그러나 북한이 이날 발표한 신년사에 남북대화와 관련 아무런 언급이 없었다. 북한의 신년 공동사설은 "제국주의자들의 사상 문화적 침투에 모기장을 든든히 치자"며 종전의 입장을 그대로 되풀이했다.

신년사는 아직도 남아있는 미스터리 중의 하나다. 굳이 해석을 가하자면 남측으로부터 남북대화 제의를 받은 북한이 내부적으로 이를 소화해 내느라고 한 달 정도의 시간적 여유가 필요했는지도 모른다.

북한의 의미 있는 반응은 그로부터 한 달 뒤에 나왔다. 평양은 2월 3일 남북고위급정치회담을 제의해왔다. 북한은 '대한민국 김대중 대통령'이라고 공식 호칭을 사용하면서 반북(反北)공조체제의 파기, 합동군사훈련 중지, 보안법 철폐, 자유로운 통일활동 보장 등의 조치를 취한다면 하반기에 고위급 정치회담을 열 수 있다고 제의했다.

흥미로운 것은 평양의 요구 중에 그들의 단골 메뉴인 '국정원 해체'와 '강인덕 통일부 장관 퇴진'이 빠져 있었다는 점이었다. 이는 자신들이 국정원 대표와 실질적인 협상을 하면서 국정원을 해체하라고 주장하는 것은 자가당착이라는 점을 깨달은 조치로 보인다.

2월 3일 북한의 백남순 외무상이 '하반기 남북 고위급 정치회담'을 언급하자 청와대는 낙관론으로 돌아섰다. 김 대통령은 평양의 반응이 나온 한 달 뒤인 3월 3일 "최근 북한이 남북대화에 적극적 의사를 표시하는 것으로 보아… 남북정상 간 대화도 배제할 수 없다.… 적극 응해 나갈 준비를 하고 있다"며 강한 기대감을 피력했다. 그러나 3월 20일을 기해 김 대통령은 다시 비관론으로 돌아섰다. 김 대통령은 청와대 월례 기자회견에서 "현재로서는 정상회담 전망이 서는 것이 없다. 서두르지 않겠다"고 말한 것이다. 23일 통일원 국정보고에서도 "북한과 대화를 구걸하지 않지만 실무자급이든 지도자급이든 정상회담이든 어떤 레벨의 대화도 할 용의가 있다"고 말했다.

이 발언에서 주목할 단어는 '구걸'과 '실무자급'이다. '구걸'은 김 대통령이 남북대화와 관련해 사용한 용어 중 가장 경멸감이 배어있는 단어였다. 김 대통령은 그동안 남북대화의 접촉 수준에 대해 주로 '특사'와 '정상' 두 가지를 언급했다. 그러나 이 자리에서 최초로 '실무자' 급을 언급했다. 약간 과도한 해석일지는 몰라도 이는 그동안 물밑에서 진행된 물밑접촉이 3월 3일~3월 20일 기간 중 암초에 걸렸음을 의미했다. 그 17일간 무슨 일이 있었을까?

금창리가 열쇠

금창리가 열쇠였다. 이 미스터리의 키는 금창리가 쥐고 있었다. 북·미 금창리 협상이 타결된 것이 바로 3월 17일(한국 시간)이다. 희망론에 사로 잡혔던 김 대통령이 비관론으로 돌아선 시점과 정확히 일치한다. 이는 남북대화에 대한 평양의 계산도 여실히 보여준다. 북한이 1998년 하반기 이래 정상회담을 겨냥한 물밑접촉에 응한 것은 단순히 남북관계 개선에 목적이 있었던 것이 아니었던 셈이다. 북한은 '금창리 보험'을 위해 청와대의 물밑접촉 신호에 호응했던 것이다. 즉 북한은 금창리 협상이 실패해 미국이 대북 폭격론 등 강경노선으로 선회할 경우 이를 막기 위한 방탄 카드로 남북대화를 활용할 생각이었다. 다른 한편으로는 북미협상이 잘되야 남북대화도 가능하다는 신호였다. 따라서 금창리 협상을 한 달 앞둔 2월에 백남순 외상이 '하반기 남북대화' 카드를 슬쩍 띄워놓은 것이다.

윌리엄 페리 대북정책조정관 : 진퇴양난(進退兩難)

청와대는 평양의 '물밑 배신'을 당하고도 포기하지 않았다. 서울이 제기한 남북정상회담 카드를 평양이 '정책 보험용'으로 활용하고 있다는 것은 입맛이 쓴 대목이었다. 그러나 현실은 현실이었다. 평양 발등에 떨어진 '금창리'와 '페리'라는 급한 불을 끄지 않고서는 남북정상회담은 언감생심 꿈도 꿀 수 없는 형편이었다. 이 대목에서 김 대통령과 임동원 외교안보수석은 다소 무모해 보이기조차하는 정책 목표를 설정했다. '페리보고서'를 한국정부의 대북정책인 햇볕정책에 맞추는 작업이었다. 실제로 김 대통령과 임동원 당시 청와대 외교안보수석은 그로부터 7개월간 남북정상회담 카드를 살리기 위해 혼신의 노력을 다했다.

돌이켜 보면 1999년 한반도 문제의 최대 변수는 '금창리'와 '페리'였다. 한 해 전인 1998년 8월 31일 북한이 장거리 미사일 대포동 1호를 발사해 그 파편이 알래스카 앞바다에 떨어지자 CIA와 미 의회 강경파들은 대북 총공세를 취하기 시작했다. 특히 CIA는 금창리 문제를 물고 늘어졌다. CIA는 북한이 평안남도 금창리에 파고 있는 거대한 지하 시설이 핵무기 은닉 시설일 공산이 크다고 의혹을 제기하고 나섰다.

이런 분위기에 힘입어 의회를 장악하고 있는 공화당도 윌리엄 페리 전 국방장관을 대북정책조정관으로 임명했다. 만일 금창리가 핵무기 저장소로 판명되거나 페리 조정관이 강경한 대북정책 보고서를 제출할 경우 1994년 10월 체결된 북미 제네바 핵합의가 휴지조각이 돼 버리는 것은 물론 최악의 경우 북한 핵시설 공습도 배제할 수 없는 상황이었다. 또 그런 상황이 실제로 벌어지면 김 대통령이 추진하는 햇볕정책은 말할 것도 없고 남북정상회담 카드는 꺼내 보이기도 전에 무산될 판이었다.

김 대통령과 임동원 외교안보수석은 필사적으로 페리에게 매달렸다. 청와대가 얼마나 페리 조정관 설득에 열심이었나를 알려면 임 수석의 행보를 살펴보면 된다. 임동원 외교안보수석은 1999년 1월 27일 워싱턴에서 페리를 만난 것을 시작으로 3월 9일(서울), 5월 24일(도쿄), 5월 29일(서울), 8월 27일(워싱턴), 9월 22일(워싱턴) 등 총 6회 이상 페리를 만났다. 외무장관도 아닌 임 수석이 페리를 평균 2달에 한 번 꼴로 만난 것은 대통령이 이 문제에 얼마나 관심을 갖고 있었나를 보여주는 사례였다.

C에 따르면 김 대통령은 1999년 3월 9일 청와대를 방문한 페리 조정관에게 '남북정상회담을 목표로 한 비밀접촉이 진행중이다' 라고 털어났다. 김 대통령의 귀띔은 페리를 진퇴양난에 빠트렸다. 의회로부터 한반도 조정관으로 지명된 페리는 공화당의 강경한 입장을 감안하지 않을 수 없었다. 그렇다고 해서 보고서에 공화당이 원하는 강경한 내용을 담아 제출할 경우 이는 청와대가 추진하는 남북정상회담의 싹을 자를 수도 있었다.

노회한 페리는 변증법적인 선택을 했다. 보고서 제출 시기를 늦춘 것이다. 당초 페리보고서는 5월 중에 나올 것으로 예상됐다. 그러나 실제 페리보고서가 나온 것은 그로부터 5개월이 지난 10월이었다. 김 대통령의 귀띔을 받은 페리가 청와대에게 5개월간 시간을 벌어준 것이었다. 결국 페리의 북한 보고서에는 김 대통령의 햇볕정책 개념이 상당 부분 반영됐다. 또 금창리 사찰도 무사히 지나갔다. 페리보고서가 나오고서야 청와대는 비로소 가슴을 쓸어 내릴 수 있었다.

우연의 파도

전혀 예기치 않은 우연의 파도가 그동안 쌓아온 남북정상회담 준비작업을 휩쓸어버린 적도 있었다. 남측 P국장과 북측 K부위원장 간에 개설된 P-K 라인을 대체한 김보현(국정원 대북전략국장)-전금철(아태부위원장) 비밀라인은 1999년 5월 몇 주간에 걸친 비밀 협상 끝에 이산가족상봉과 비료지원을 맞바꾸는 '6·3합의'에 도달할 수가 있었다. 그러나 이 합의는 그로부터 12일 후에 발생한 서해교전 사태로 물거품이 돼 버리고 말았다. 꽃게잡이로 시작된 서해사건은 결국 6월 15일 17분간의 해상교전으로 이어졌으며 동시에 금강산에서는 민영미 씨가 억류되는 사태도 발생했다. 국민감정은 들끓었으며 이는 비료제공→이산가족상봉→식량제공→남북당국 대화→특사교환→남북정상회담으로 이어지는 시나리오를 짜냈던 김대중 대통령과 임동원 통일부 장관의 남북정상회담 구상을 수포로 돌려놨다.

평양의 파워 시프트

1999년 6월~12월은 남북정상회담의 가장 은밀한 그리고 가장 흥미로운 기간이었다. 외관상 이 6개월 동안 남북 간에는 이렇다 할만한 사건이 없는 기간이었다. 오히려 이 시기는 비관론과 허탈감이 지배하던 시기였다.

햇볕론의 설계자인 임동원 외교안보수석과 그의 대북라인이 8개월간 공들여 만든 남북 대화 프로그램은 예기치 않은 서해교전으로 뚜껑을 열어보기도 전에 무산되고 말았다. 평양은 이 사건을 두고 "남측이 먼저 배신했다"고 가시 돋힌 비난을 가했다. 이어 북한 인민군 총참모부는 1999년 9월 2일 특별보도를 통해 북방한계선(NLL) 무효화를 선언해 한때 남북관계는 험악해지기도 했다.

돌이켜 보면 이 시기는 내부적으로 평양이 들끓고 있던 시기였다. 북한과 긴밀한 접촉을 유지하던 전 국무부 북한담당관 케네스 퀴노네스 박사에 따르면 1999년 하반기에 평양에는 심각한 논쟁이 벌어졌다고 한다. 논쟁의 핵심은 북한의 생존 전략이었다. 특히 경제문제와 대외관계가 집중 논의됐다.

"공화국의 생존을 위해서는 외부로부터 최소 2백만 톤의 식량지원과 1백만 톤의 석유가 필요하다. 그러나 중국은 북한에게 식량 15만 톤 등을 '우호가격'으로 대줄 뿐이다. 석유 사정은 더욱 빡빡하다. 북한은 함경도 선봉군의 승리화학과 평안북도 봉화화학 등 2개 정유공장을 갖추고 있다. 2개 시설을 합치면 1백 50만 톤 정도의 정제능력이 된다. 북한이 전력 등 최소한도로 공장을 가동하려면 100만 톤 이상의 석유가 필요하다. 그러나 중국이 대주는 석유는 연간 11만~20만 톤에 불과했다. 북한을 '흥하기도 망하지도' 않게 놔두는 것이 중국의 전략적 목표에 부합된다는 중국당국의 계산이 깔려 있다. 미국이 매년 중유를 50만 톤을 대주고 있었으나 이는 산업 및 난방용으로 쓸 수 없는 기름이다.

식량도 마찬가지였다. 북한은 한 해 6백만 톤 정도의 식량이 필요하다. 그러나 연이은 가뭄과 낙후된 영농방식으로 식량 생산량은 1996년 3백 45만 톤을 기록한 이래 1997년(3백 69만 톤), 1998년(3백 49만 톤), 1999년(3백 60만 톤)으로 정체돼 있다. 1999년 식량 부족량은 2백 40만 톤이다. 미국이 금창리 사찰을 조건으로 60만 톤, 중국이 15만 톤, 그리고 유럽과 유엔이 20~30만 톤 정도 지원하고 있으나 여전히 1백만 톤 이상이 부족한 형편이다.

페리보고서가 미국의 대북정책에서 획기적인 전환점이 될 수 있다. 1953년 7월 휴전 이래 미국의 대북정책은 억지력에 기초한 봉쇄정책뿐이다. 그러나 페리는 봉쇄 못지 않게 대북 포용의 문을 열어놓고 있었다. 이를 활용해야 한다. 또 공화당 정권이 백악관을 점령하기 전에 클린턴이 백악관에 있을 때 진전을 이뤄놓는 것이 유리하다. 그러나 단기적으로 미국으로부터 얻어낼 수 있는 것은 없다. 일본과 수교 협상을 벌여 청구권 등의 명목으로 50억~1백억 달러를 받아낼 수 있을지도 모른다. 그러나 이 돈 역시 바로 얻어낼 수 있는 돈이 아니다. 지난 1965년 일본과 국교정상화를 이룬 남조선의 경우도 협상에만 15년 넘게 걸렸다. 아무리 둘러봐도 당장 우리를 지원할 수 있는 것은 남조선밖에 없다."

노동당 1호청사에서 벌어진 이 논쟁에는 크게 두 그룹이 대립했다. 외무성(백남순), 통일전선사업담당비서(김용순) 등 대외·대남 관련 부서들이 한 그룹을 형성했으며, 국방위원회 등 군부 인사들이 또 다른 축(軸)을 이루었다. 비서국은 중도적인 입장을 취했다. 팔짱을 끼고 이 논쟁을 지켜보고 있던 김정일 위원장은 마침내 '주체적 결론'을 내렸다. 즉 남조선을 활용해서 경제난을 해결하고 적극적인 외교를 펼치는 한편 내부 단속은 더욱 철저히 강화하자는 것이었다.

남쪽으로서는 남으로부터 경제지원을 받아 북한경제를 회생시키자는 김정일 위원장의 결론은 하나도 신기할 것이 없었다. 이런 종류의 이야기는 김대통령의 전임자인 김영삼 대통령이 1993년부터 줄곧 해오던 얘기였다. 그러나 1945년 해방 이래 남한을 '미제의 식민지'로 간주해온 조선노동당이 이 뻔한 결론을 내리기 위해서는 50년 이상의 시간이 필요했다.

북한이 1999년도 하반기에 생존 전략을 둘러싸고 심각한 내부 진통을 겪었음을 시사하는 징후가 있었다. 1999년 11월 15일 베를린에서 열렸던 김계관-카트먼 회담이었다. 당초 워싱턴은 이 회의에서 북한의 고위급 인사의 방미 문제를 협의하고자 했다. 그러나 막상 뚜껑이 열리자 회담 분위기가 이상하게 돌아갔다. 김계관은 별다른 이유도 없이 회담을 공전(空轉)시켰다. 회담 분위기가 나쁜 것은 아니었다. 그러나 북측은 고위급 인사의 방미에 대해 가타부타 딱 부러지는 대답을 주지 않았다. 워싱턴의 북한 관측통들은 이것을 당시 평양에서 대미 노선과 관련된 일련의 논쟁이 벌어진 증거로 보았다.

평양의 경협 카드

  일단 실용주의 노선이 채택되자 평양은 각종 채널을 통해 '경협' 시그널을 서울로 보내기 시작했다. 북한은 LG그룹을 통해 경의선 복선화(複線化)사업을 제의했으며, 현대에게는 서해공단과 전력, 플랜트 사업을, 그리고 삼성 그룹에게는 전자단지를 요청했다. 경의선을 복선화해서 남한 물자를 바로 시베리아로 실어 나를 경우 연간 5억 달러 이상이 고스란히 떨어진다는 점을 북측은 강조했다고 한다. 또 이 과정에서 북측이 현대에게 북일 수교 때 일본으로부터 받아낼 100억 달러 청구권을 담보로 잡고 현대가 우선 일본으로부터 돈을 빌려달라는 요청이 있었다는 얘기가 나돌기도 했다.

  현대를 비롯한 민간채널을 통해 평양이 보내오는 경협 시그널을 읽으면서 무릎을 친 사람은 임동원 국가정보원장이었다. 청와대 외교안보수석시절과 통일부 장관 시절 이미 두 차례나 시도한 남북대화가 무산된 경험이 있는 임 원장은 사회간접자본 등 남북경협을 중심고리로 한 남북정상회담 프로젝트를 짜기 시작했다. 임 원장은 한국개발원(KDI)과 대외경제정책연구원(KIEP), 청와대 경제수석실 등을 동원해 대북 지원프로그램을 마련했다. 미국인들이 햇볕정책의 설계자(Architecture)라고 불렀던 임 원장은 다시 김보현 국장, 서영교 단장 등 대북라인을 투입했다. 북한도 적극 호응해 나왔다. 한 가지 흥미로운 점은 북한이 이때부터 대남 라인을 전금철에서 송호경으로 교체했다는 점이다. 캄보디아 대사 출신인 송호경은 정주영 명예회장의 방북과 서해공단을 추진해온 현대의 대표적인 대북 창구였다. 이는 북한이 정상회담에 앞서 현대와 사전에 깊숙한 사전 교감이 있었음을 암시하는 대목이다.

  김대중 대통령과 임동원 국정원장은 남북정상회담 성사를 위해 작업을 '물위'와 '물밑' 두 가지로 분리해 추진해 나갔다. 임 원장이 대북라인을 가동해 북한과 비밀 접촉을 통해 밑그림을 그리면 김 대통령이 공개적인 물위 작업을 통해 공론화 시켜간다는 양동작전이었다.

김대중 대통령의 '베를린선언'

2000년 새해 벽두부터 김 대통령은 우선 '경제공동체'로 운(韻)을 띄우기 시작했다. 김 대통령은 1월 신년사를 통해 '남북경제 공동체'를 제의하면서 '남북국책기관과 협의를 갖자'고 제의했다. 이어 남북은 물밑에서 활발한 비밀 접촉을 갖기 시작했다. 이 기간 중 남측의 모 인사가 평양을 방문한 것을 포함해 남북은 베이징, 상하이, 싱가포르 등을 오가며 일련의 비밀접촉을 가졌다. 이 과정에는 정상회담 발표 시점, 경협 조건과 규모, 분위기 조성 등의 문제가 집중적으로 논의됐다.

주목할 것은 김 대통령이 2000년 2월 9일 가졌던 일본 TV와의 회견이었다. 김 대통령은 이날 일본 도쿄방송(TBS)과의 회견에서 북한의 김정일 국방위원장이 "지도자로서 판단력과 식견을 갖췄다"고 평가했다. 김 대통령이 취임 이후 남북정상회담 의사를 밝힌 것은 10여 차례 있었지만 김정일 국방위원장 개인에 대한 긍정적 평가를 공개적으로 밝힌 것은 처음 있는 일이었다. 김 대통령이 국가보안법 7조의 고무, 찬양에 가까운 발언을 한 것은 사전에 어떤 특정 메시지가 대통령의 머리 속에 입력됐다고 봐야 했다.

이어 김 대통령은 '경협 메시지 접수' 신호를 평양으로 보냈다. 김 대통령은 이를 위해 우회적인 방법을 택했다. 김 대통령은 지난 2000년 2월 28일 보수적인 《조선일보》 창간 인터뷰에서 "남북정상회담을 아직 단언할 수 없다"고 전제하면서 흥미로운 얘기를 했다.

"금년부터는 현대, 삼성, 통일그룹이 북한에 본격 투자할 가능성이 있습니

I 2000년 4월 8일 박지원 문화관광부 장관과 송호경 조선아시아태평양평화위원회 부위원장이 남북정상회담 합의서에 서명한 후 악수를 나누고 있다.

다. 그러면 자연히 남북 간에 투자보장협정이나 이중과세방지협정이 필요합니다. 또 공장이 돌려면 전력이 필요하고, 수송을 하려면 철도가 연결돼야 합니다. 그러자면 북한철도 복선화 문제도 있습니다."

이 가운데 특히 눈여겨볼 대목은 '복선화'였다. 철도문제는 기자가 묻지도 않은 부분인데 대통령이 먼저 얘기해 버렸다. 이것은 김 대통령이 《조선일보》 지면을 빌어 평양에게 다음과 같이 얘기하고 있는 것이었다.

'김정일 위원장, 당신들이 사람을 시켜 전달해온 투자, 전력, 철도 지원 메시지는 나에게 다 접수됐네. 그러나 이것을 추진하려면 남북 간에 협정을 맺어야 하고 정상회담 문제에 대한 약속이 있어야 돼.'

그로부터 11일 후인 3월 9일 김 대통령은 비슷한 내용을 '베를린선언'으로 재포장해서 천명하면서 다시 한 번 평양을 남북정상회담 테이블로 유도했다. 주목할 점은 청와대가 베를린선언 내용을 미국 측에 사전에 알려주지 않았다는 사실이다. 베를린선언의 내용 자체는 특이한 것이 없었다. 김 대통령이 평소 지론(持論)인 '남북경협 활성화'를 선언 형태로 포장한 것에 불과했다. 그러나 청와대는 이 사실을 사전에 미국 측에 알려주지 않았다. 아마 김 대통령은 내심 베를린선언을 미리 알려줄 경우 워싱턴이 이 문제에 개입할 수 있으며 그럴 경우 남북정상회담이라는 공든 탑이 성사 직전에 무너질 수 있다고 판단했을 수 있다. 결과적으로 김 대통령의 이런 판단은 워싱턴의 심기를 불편하게 만든 것이 사실이었다. 주한미국대사관의 크리스텐슨 부대사는 나중에 "베를린선언을 사전에 알려주지 않아 화가 난 것은 사실"이라고 털어놨다.

박지원 문화관광부 장관은 2000년 4월 10일 남북정상회담 합의 사실을 발표하면서 "지난 3월 17일 상하이에서 처음 만난 이후 베이징에서 비공개로 만났다"고 말했다. 그러나 이는 사실이 아니었다.

남북은 이미 3월 9일에서 11일까지 싱가포르에서 만나 정상회담을 집중 논의했다. 싱가포르 중심가 마리나 센터 라플레 애비뉴 7번가에 소재한 리츠 칼튼호텔에서 하루종일 머리를 맞대고 정상회담 문제를 논의했다. 남측에는 김보현, 서영교 단장이 참여했으며 북측에는 송호경 대표와 황철 실장, 권민 참사 외 1명이 더 참가했다. 이는 박 장관이 밝힌 것처럼 북한이 갑자기 '베를린 선언을 중대하게 생각해서' 남북정상회담에 합의한 것이 아니라는 것이다. 논리적으로도 4월 9일 발표된 베를린선언 당일 그 선언에 대해 신뢰가 생겼다는 것 자체가 어불성설이었다.

1998년 11월 28일 시작된 서울의 국정원과 평양 3호청사 간 비밀접촉은 17개월간의 물밑흥정을 통해 남북정상회담이라는 작품을 낳았다. 또 이 과정을 통해 김대중 대통령과 김정일 노동당 총비서는 임동원-김용순이라는 파이프라인을 구축하게 됐다. 서울 청와대와 평양 중구역 1호청사(김정일 집무실)를 잇는 이 파이프 라인은 작게는 두 정상 간의 메시지 교환을, 크게는 남북관계 전반을 조율하게 된다. ✿

2.
한반도에서 가장 길었던 72시간

철저했던 정상회담 준비

2000년 6월 6일 오후 2시. 청와대 대통령 집무실에는 다소 특별한 회의가 열리고 있었다. 이것이 예사로운 회의가 아니라는 것은 집무실 좌석 배치만 봐도 알 수 있었다. 보통은 회의를 주재하는 대통령이 테이블 머리 쪽에 앉는 것이 통상적인 좌석 배치다. 그러나 이날은 달랐다. 김대중 대통령은 회의용 테이블 중앙으로 자리를 옮겨 잡고 그 왼쪽에는 임동원 국가정보원장이 앉아 있었다. 이날 아침 현충일 행사로 동작동 국립묘지를 다녀온 김 대통령은 검은 싱글에 검정 넥타이 차림이었다.

김 대통령 맞은 편에는 김달술 전 중앙정보부 북한국장이 앉아 있었다. 파마 머리에 금속테 안경 그리고 다소 짧은 듯한 눈썹과 도톰해 보이는 볼을 가진 그는 감색 싱글 양복에 스트라이프 무늬의 넥타이도 그렇고 흔히 지하철 1호선에서 대할 수 있는 그런 평범한 얼굴이었다. 김 대통령은 그를 처음 대하는 자리였다. 반면 나머지 사람들 대부분은 그와 안면이 있거나 짐작하고 있는 눈치였다. 김달술 오른쪽에는 정세현 전 통일부 차관이 앉아 있었다. 그리고 테이블에 앉은 4명으로부터 3m쯤 떨어져 벽쪽으로 황원탁(黃源卓) 청와대 외교안보수석, 이기호(李起浩) 청와대경제수석, 김보현(金保鉉) 국정원 대북전략국장, 이봉조(李鳳朝) 통일비서관과 기록을 담당한 부속실 소속 비서 등 5명이 배석하고 있었다. 반들반들한 장방형 마호가니 테이블에 앉은 4명 앞에는 각각 비(秘) 자가 찍힌 얇은 파일과 필기구, 그리고 청와대 문양(紋樣)이 인쇄된 메모용지가 놓여있었다. 메모광으로 소문이 난 임 원장은 청와대 메모지 대신 그가 애용하는 작은 수첩을 꺼내 들고 있었다.

김 대통령 건강은 좋아 보였다. 29개월 전 대한민국 15대 대통령으로 선출된 75세의 김 대통령은 허리를 꼿꼿이 편 채 자리에 앉아 있었다. 이날 청와대 비서실의 일정표에는 '오전: 현충일 행사(국립묘지), 오후: ―' 라고만 돼 있었다. 청와대 공보관실은 대통령 일정을 캐묻는 청와대 기자들에게는 '정책구상 및 결재' 라고만 둘러댔다. 그런데 대통령 앞에 버티고 앉아있는 김달술의 역할은 무엇이었나?

'가케무샤'

그는 '가케무샤' 였다. 1950년 총 4백만의 사상자가 발생한 6·25라는 열전(熱戰)과 그 후 50년에 걸친 냉전(冷戰)을 겪어온 대한민국 정부는 전 세계에서 단 하나 밖에 없는 직제와 공무원을 운영하고 있었다. '김정일 대역(代役)'이라는 보직(補職)이었다. 공무원 직제표에 등재된 그의 직함은 '상근위원' 또는 '자문위원' 같은 두리 뭉실한 것이었다. 그러나 실제로 그의 업무는 조선민주주의인민공화국 최고지도자 김정일 국방위원장을 체화(體化)하는 것이었다. 그의 업무는 김정일처럼 말하고, 김정일처럼 생각하고, 김정일처럼 행동하는 것이었다. 그의 일과는 아침에 출근해 북한의 《로동신문》을 읽는 것으로 시작한다. 특히 김정일 위원장이 《로동신문》 1면에 등장하는 날이면 커다란 확대경을 들고 김정일 위원장 사진이 게재된 신문을 꼼꼼히 살펴보았다. 《로동신문》을 읽은 다음 그는 전날 밤 녹화된 북한 중앙TV 화면과 북한 방송, 북한 서적과 화보는 물론 정보기관이 제공한 김정일 위원장 동향을 분석하는 등 하루 24시간을 '김정일 위원장 되기'에 바쳐왔다. 일본식으로 표현하자면 그는 현대판 '가케무샤'였다. 차이가 있다면 일본의 가케무샤는 주군(主君)을 보호하기 위해 존재하는 것이지만 그는 반대편을 위해 존재했다. 그리고 청와대 집무실에 김 대통령 맞은편에 앉아있는 그가 바로 김정일 위원장의 '가케무샤'였다.

김달술 전 국장이 처음부터 김정일 위원장 대역(代役)을 목표로 한 것은 아니었다. 당초 그의 업무는 김일성 주석의 대역이었다. 그는 지난 1970년대 중반부터 '김일성 주석 닮기'에 주력해왔다. 그러나 1994년 7월 8일 김 주석이 사망하고 김정일 위원장이 권력을 장악하자 그의 업무도 김정일 위원장으로 바뀌었다. 실제로 그는 6년 전 김일성 주석과 정상회담을 벌이려던 김영삼(金泳三) 대통령을 상대로 청와대에서 김일성 주석 역할을 하기도 했다.

1972년이래 북한과 남북대화를 해온 한국정부는 남북회담을 위해 특별제도도 운영하고 있었다. 정부 관계자들이 시뮬레이션(Simulation)이라고 부르는 모의회담(模擬會談) 제도다. 북한과 남북회담을 해야할 필요가 생기면 국정원과 통일부 전문가들이 모여 1차로 회담 의제, 전략과 목표, 그리고 회담 컨셉을 설정한다. 그런 후 전문가들은 2차로 남북회담 세부 시나리오를 마련한다. 대개 긍정적 내용인 시나리오 A안(案)와 부정적 시나리오인 B안(案), 두 가지가 마련된다. 시나리오는 환담, 기조 연설, 협상, 마무리 등 4가지 단계로 구성돼 있으며 그 안에는 인사말, 연설문, 돌발사태 대처요령, 작별 인사말에 이르기까지 온갖 시시콜콜한 내용을 다 담고 있다.

세부 시나리오가 완성되면 이미 선발된 회담대표들은 남북회담 사무국에 집결한다. 세종로에서 청와대를 향해 가다가 오른쪽 감사원 쪽으로 방향을 틀어 가보면 언덕에 커다란 대문이 보인다. 마치 초등학교 건물을 연상케 하는 남북회담사무국은 1972년 7·4공동성명을 발표한 이후락 중앙정보부장이 건설해 놓은 것이다. 회담사무국에 집결한 회담 대표단은 정부가 확보해 놓은 회담 전문가들과 실전과 똑같은 모의회담을 실시한다. 물론 회담 진행 장면은 처음부터 끝까지 벽에 부착된 CC-TV(폐쇄회로TV)로 하나도 빠짐없이 녹화된다. 몇 시간에 걸친 모의 회담이 끝나면 책임자가 나와 회담 진행상 잘된 점과 잘못한 점, 개선 방향 등에 일일히 분석하고 평가한다.

두 달 전 남북정상회담 발표가 있을 때만 하더라도 남북회담사무국 전문가들 사이에서는 '설마 대통령에게 시뮬레이션을 하자고 할 수 있나' 라는 분위기가 지배적이었다. 다른 사람도 아니고 지난 40년을 정치협상과 연설 그리고 사람 만나는 일로 보내온 김 대통령에게 시뮬레이션을 하라고 한다는 것은 다소 '무례한' 일로 생각됐기 때문이었다. 그러나 국정원 쪽에서 시뮬레이션에 대해 조심스럽게 건의를 해오자 김 대통령은 적극적으로 이 건의를 수용했다. '이렇게 좋은 제도가 있는데 왜 안 하느냐' 는 것이었다.

DJ의 순발력 "압살 너무 겁내는 것 아닙니까?"

김 대통령의 OK사인이 떨어지자 시뮬레이션은 일사천리로 진행됐다. 날짜는 정상회담 일주일 전인 6일 날 오후로 정해졌다. 그리고 김정일 위원장에 김달술 전 국장이 선정됐다. 그리고 회담에 김용순 통일전선사업담당비서가 배석할 것을 예상해 북한의 대남정책에 밝은 정세현 전 차관을 불러온 것이다. 우리 측에서는 김 대통령 옆에 임동원 국정원장을 앉도록 했다.

시뮬레이션은 임동원 국정원장의 눈짓으로 시작됐다. 김정일 위원장 역할을 맡은 김달술 전 국장이 입을 열었다.

"김대중 대통령 각하, 원로에 오시느라고 얼마나 수고가 많으셨습니까. 평양에 오신 것을 환영합니다. 나는 이전부터 김 대통령을 민주주의를 위해 싸우고 참된 민족주의자로 존경해 왔습니다. 이렇게 뵙고 보니 퍽 반갑습니다. 우리가 준비를 하느라고 했으나 초대소에 묵으시면서 불편한 것은 없는지 걱정이 됩니다. 먼저 말씀을 하시죠."

김 대통령도 입을 열었다. 조금 쉰 듯한 그리고 어절(語節) 사이를 반 박자씩 쉬어 가는 김 대통령 특유의 목소리였다.

"고맙습니다. 내 평생 소원이 평양에 한번 와보는 것인데 이렇게 실제로 평양에 와보니 감개무량합니다. 특히 김정일 국방위원장께서 이렇게 열렬히 환영을 해주니 고맙기 짝이 없습니다. 숙소도 편안하고 음식도 다 좋습니다. 김정일 국방위원장이 김일성 주석이 돌아가신 후 우리의 전통 미풍양속에 따라 3년상을 치르고, 그 후에도 김 주석의 유훈을 잘 이어받아 지도하시는 것을 보니 효심이 각별하십니다."

두 사람 모두 단단히 준비를 한 것 같았다. 테이블 위에는 1급 비밀로 분류된 회담 시나리오가 있었으나 둘 다 거들떠보지도 않았다. 리허설이 시작되자 40평 남짓한 실내는 물을 뿌린 듯 조용해졌다. 김 대통령 옆에 앉은 사람들과 배석한 사람들은 부지런히 메모를 하기 시작했다. 묘한 분위기였다. 팽팽한 긴장감과 함께 호기심이 뒤엉킨 분위기였다. 정상회담이라는 사각의 링에 글러브를 끼고 올라간 한반도 남측을 통치하는 김 대통령과 북측을 통치하는 김정일 위원장의 대격돌에서 승자는 누구일까 하는 호기심.

이날 청와대 집무실에서 진행된 김대중–김정일 가상 대결의 하이라이트는 '압살 논쟁'이었다. 한 시간쯤 경과했을까. 김정일 위원장 대역을 맡은 김달술 전 국장이 목소리를 높였다.

"우리는 동맹이 없습니다. 그러나 남조선은 미국, 일본과 동맹을 맺고 있습니다. 미군이 남조선에 주둔하고 있습니다. 3만 7천 명이나 있습니다. 그러나 북조선에는 외국 군대가 한 명도 없습니다. 이른바 햇볕정책도 이중적입니다. 겉으로 남조선은 햇볕정책이 우리를 도와주는 정책이라고 말하지만 실제로는 미국, 일본 적들과 손잡고 우리를 압살하려 하고 있습니다. 이는 그 이전의 반공정책보다 더 교활하고 간교한 것입니다."

그러자 김 대통령이 상대방 눈을 똑바로 쳐다보면 입을 열었다.

"북한이 압살에 대해 너무 겁을 내고 있는 것 아닙니까?"미국, 일본 같은 자본주의가 북한을 압살하려 한다고 칩시다. 그렇다면 자본주의는 북한뿐만 아니라 중국, 베트남도 압살하려 했습니다."

김 대통령 답변이 시작되자 참모들은 서로 얼굴을 쳐다봤다. 대통령 발언은 당초 준비한 회담 시나리오에 전혀 없는 대사였기 때문이다. 그러나 대통령은 아랑곳 않고 계속 말을 이어갔다.

"그러나 지금 중국을 보십시오. 체제를 지키면서 자본주의를 잘 배워서 이제는 오히려 미국, 일본이 중국을 두려워할 정도입니다. 베트남도 마찬가지입니다. 처음에 자본주의가 베트남을 압살하려 했지만 지금 베트남은 경제도 잘 이끌고 압살도 안 당하지 않았습니까. 너무 압살을 겁내지 마십시오."

김 대통령이 답변을 마쳤다. 갑자기 집무실이 환해진 것 같았다. 조금 전까지만 하더라도 '대통령이 김정일 위원장을 상대로 잘해낼 수 있을까' 하는 우려 반 호기심 반의 분위기였다. 그러나 김 대통령이 김정일 위원장이 제기한 압살문제에 대해 시나리오에도 없는 즉석 답변으로 대응하자 분위기는 180도로 바뀌었다. 우려의 분위기는 순식간에 '과연!' 하는 김 대통령에 대한 신뢰감과 자신감으로 전환됐다. 이날 리허설에 참석했던 청와대 한 고위간부는 "김 대통령이 김정일이 제기한 '압살 공세'에 순발력 있게 대처하는 것을 보고 우리가 최소 밀리지는 않겠구나' 하는 감(感)이 들었다"라고 털어놨다.

김 대통령의 전임자인 김영삼 대통령(1993~1998) 시절에도 남북회담에 간여했던 이 인사는 모든 회담은 수석대표의 개인적인 역량에 의해 좌우되는 바가 많다고 지적했다. 아무리 회담 전략과 시나리오를 잘 짜도 회담 대표가 이를 소화해 나갈 역량과 순발력이 없으면 회담을 망치는 경우가 왕왕 발생한다는 것이다. 김영삼 대통령이 그 대표적인 경우였다.

1994년 7월 김일성 주석과 정상회담을 계획한 김영삼 대통령도 통일부를 비롯한 관련 부처에서 회담 전략 및 자세한 회담 시나리오를 짜서 준비했다. 당시 김 대통령이 김 주석에게 강조할 주제는 '열린 민족주의'였다. 즉 평양이 통미봉남(通美封南) 정책에 따라 워싱턴하고만 손을 잡으려 할 것이 아니라 서울과 손을 잡고 민족의 이익을 도모하자는 내용이었다. 문제는 YS 본인이 그 의미를 잘 모른다는 것이었다. 당시 회의에 참석했던 한 인사는 "YS는 김 주석에게 '열린 민족주의'를 역설하려 했는데 이게 철학 강의도 아니고…그리고 가만히 들어보니 YS 자신도 그게 무슨 뜻인지 잘 모르는 눈치 같더라"라고 말했다.

주연은 DJ, 기획은 국정원

김대중 대통령은 남북정상회담 준비에 혼신의 노력을 다했다. 김 대통령은 남한 정치인으로는 드물게 1970년대 초반부터 남북문제에 관심을 가져온 정치인이었다. 대통령은 본능적으로 이 남북정상회담이 지난 정치적 폭발성과 이 회담이 자신의 40년 정치 역정의 최대 하이라이트가 될 것을 감지하고 있었던 것 같았다.

대통령의 그런 자세는 시뮬레이션 과정에서도 그대로 드러났다. 김 대통령은 테이블 위에 놓여진 메모 용지에 김정일 위원장 대역의 발언 요지를 깨알같이 적는 것은 물론 그때그때 떠오르는 아이디어를 적는 등 대단한 집중력을 보였다. 김 대통령의 건강도 아주 좋아 보였다. 이날 시뮬레이션은 총 4시간에 걸쳐 진행됐다. 오후 일정 전체를 시뮬레이션에 투입한 것이다. 두 시간쯤 지나자 대역이 지치기 시작했다. 테이블 위에 놓인 물을 다 마셨지만 입술이 마르고 허리가 조금씩 앞으로 굽어지기 시작했다. 반면 김 대통령은 요지부동이었다. 처음과 마찬가지로 시뮬레이션이 마칠 때까지 허리를 꼿꼿이 편 채 자세를 흐트리지 않고 앉아 있었다.

김대중 대통령의 정상회담 컨셉 "평화"

김대중 대통령이 김정일 위원장과의 단독정상회담에서 역설할 중심 컨셉은 '평화' 였다. 국정원 전략국이 청와대에 보고한 정상회담 전략 시나리오는 김 대통령의 정상회담 주제를 '평화' 로 설정하고 있었다. 또 이 계획은 화해와 통일, 평화정착, 교류협력, 이산가족상봉 등 4개 항목을 주요 의제로 설정하고 있었다. 이 시나리오에는 가급적 회담 분위기를 '친밀하고 우호적인' 분위기 속에서 진행시켜야 한다는 대목이 있었다.

또 국정원 시나리오에는 김정일 위원장을 '김정일 총비서' 가 아니라 행정부 개념이 반영된 '국방위원장' 또는 '김 위원장' 이라고 호칭할 것을 권고하고 있었다. 시나리오에는 김정일 대면 때 그에 대한 다수의 덕담도 포함돼 있었다. 그중에는 "김정일 국방위원장이 김일성 주석이 돌아가신 후 우리의 전통적인 미풍양속에 따라 3년상을 치르고, 그 후에도 김 주석의 유훈을 잘 이어받아 지도하시는 것을 보니 효심이 각별하십니다"라는 내용도 포함돼 있었다.

북의 회담 전략 "통일"

서울 국정원의 남북회담 전문가들은 자신들의 카운터 파트인 노동당 통전부가 '통일'에 초점을 맞춰 회담 전략을 짜고 있을 것으로 예상했다. 통전부 제1부부장 임동욱이 주축이 되어 북측은 '통일'을 주제로 주한미군철수, 외세공조 파기, 한미군사훈련 중단, 보안법 철폐 등을 핵심 의제로 주장할 것으로 예상했다. 또 북측은 김정일 총비서의 이미지 쇄신을 위해 서울을 거쳐 전 세계로 실황 중계되는 TV를 통해 '장군님'이 가급적 많은 농담을 해서 그동안의 부정적인 이미지를 불식시키려 할 것이라고 분석했다. 또 북측은 김 대통령을 기분 좋게 맞이하기 위해 "김 대통령은 민주투사일 뿐 아니라 참된 민족주의자로서 평소 존경해왔다"는 얘기를 환담 시간에 던질 것이라고 예상하는 내용도 포함돼 있었다.

희미한 신호 "궁중 요리를 먹을 수 있겠는가?"

임동원 국정원장, 황원택 청와대 외교안보수석, 박재규 통일부장관 등 정상회담 핵심 실무팀장들의 최대 고민은 '일정'이었다. 두 달 전인 4월 10일 남북정상회담 개최를 발표하고 판문점에서 몇 차례 준비접촉도 가졌지만 정작 확정된 것은 아무것도 없었다. 청와대가 걱정한 것은 김정일 위원장과의 정상회담, 도착성명, 만찬사 등 정상회담의 세부 스케줄이었다.

당시 국내 일간신문들은 정상회담에 대한 발표문에 '정상회담'과 '상봉'을 분리, 표기한 것에 주목했다. 법적으로 북한을 대외적으로 대표하는 것은 김영남 최고인민회의상임위원장이다. 따라서 북한 입장에서 보면 정상회담을 뜻하는 최고위급회담은 김대중-김영남 회담이라고 해도 무방했다. 반면

서울 입장에서 보면 김영남과의 정상회담은 '정치적 재앙' 에 해당됐다. 만일 김영남과 정상회담을 할 경우 서울에서 당장 '김정일 위원장에게 사기 당했다' 는 소리가 터져 나올 것이 뻔했다. 청와대도 이 점을 우려했다. 따라서 정상회담의 핵심 사항인 김정일 위원장과의 회담 시간, 장소, 의제 등을 확정하고자 했다.

문제는 평양의 침묵이었다. 평양은 우리 측의 요청에 대해 가타부타 아무런 언질을 주지 않았다. 참다못해 정상회담의 기획자인 임동원 국정원장이 김보현 전략국장을 대동하고 5월 27일 평양을 방문한 것을 비롯해 두 차례나 평양을 비밀 방문했다. 당시 임 원장이 평양에 들고 간 검은색 007 가방 속에는 당시 청와대가 구상 중이던 정상회담 의제, 남북공동선언 초안, 일정, 경호, 의전 등에 대한 주문 사항이 빼곡히 들어있었다. 청와대가 정상회담과 관련해 이런 구상을 갖고 있으니 노동당 1호청사(김정일 집무실)와 사전 절충을 하자는 생각이었다.

물밑에서 가동한 임동원-김용순 비밀채널은 몇 가지 사항을 해결했다. '도착성명' 이 그 대표적인 경우다. 당초 김 대통령은 평양 순안공항에 도착해서 1착으로 도착성명을 발표하고 싶어했다. CNN 등 전 세계 언론매체가 지켜보는 가운데 남북문제에 대한 자신의 입장을 천명하고자 했다. 그러나 북측은 '곤란하다' 는 입장을 보였다. 공항 영접행사는 북측 나름대로 준비하고 있으니 협조해 달라는 것이었다. 또 김 대통령의 방문 장소와 몇몇 의전절차에 대해서도 합의가 이뤄졌다. 예컨대 북측은 김 대통령을 맞이하면서 대통령 어깨에 붉은 소년단 스카프를 매어주는 것은 생략했는데 이는 임동원-김용순 채널의 사전 절충에 따른 것이었다.

그러나 정작 문제의 핵심인 '김정일 위원장' 은 블랙박스에 담겨져 있었다. 청와대가 김정일 위원장과의 정상회담 시간, 장소에 대해 아무리 문의를 해도 북측은 묵묵부답으로 일관했다. 나중에 통일부의 양영식 차관은 "김정일 위원장이 공항이 나올 줄 알고 있었다"라고 해서 말썽이 나기도 했지만 이는 사실이 아니었다. 실제로 청와대는 김정일 위원장의 공항영접 여부는 물론이고 심지어 정상회담이 몇 차례 열리는 지도 모른 채 평양행 특별기에 올라야만 했다.

흥미로운 사건은 5월 첫째 주에 발생했다. 평양은 이때 국정원 비밀 채널을 통해 청와대에 한 통의 메시지를 보내왔다. 아주 짤막한 메시지였다. "궁중요리를 먹어 볼 수 있겠는가"하는 것이었다. 평양으로부터 날아온 메시지를 읽은 청와대 팀들은 서로 얼굴을 쳐다봤다. 이게 무슨 뜻이지?

원래 만찬은 두 번 계획돼 있었다. 정상회담의 관례상 도착 첫날은 주최측(북한)이 만찬을 베푼다. 그리고 둘째 날은 손님(남한)이 환대에 대한 감사의 표시로 답례 리셉션을 베푸는 것이 관례다. 물론 리셉션을 베푼다고 해서 우리가 일일이 음식을 준비해 가는 것은 아니다. 대개 상대국에 주재한 한국대사관이 사전에 유명 호텔 볼룸 등을 예약해 만찬을 준비하는 것이 통상적인 관례다.

그런데 북한이 밑도 끝도 없이 "궁중요리를 먹을 수 있겠는가"는 메시지를 보내왔다. 청와대는 이 메시지를 김정일 위원장이 나올 것이라는 '희미한 징후'로 해석했다. 도대체 평양에서 '궁중요리를 먹고 싶다'고 메시지를 보낼 사람이 김정일 위원장 외에 누가 또 있겠는가!

55년도 기다렸는데 하루 더 못 기다리겠느냐

정상회담을 이틀 앞둔 10일 저녁. 김대중 대통령은 긴급 보고를 받았다. 보고 내용은 북측의 긴급 전화 통지문. 내용은 간략했다. "기술적 준비관계로 불가피하게 평양방문 일정을 하루 늦추자"는 내용이었다. 김 대통령은 황원탁 외교안보수석 등을 찾았다. 북측의 정확한 의도를 파악하라는 지시가 떨어졌다. 관계당국자들의 비상 대책회의가 소집됐다. 전통문이 평양의 백화원초대소에 묵고 있는 우리 측 선발대에게 전달됐다.

북측이 판문점 연락관에게 전달했던 통상적 방식이 아닌 이례적인 연락이었다. 선발대는 서울~평양 간 직통전화를 통해 남북대화사무국 상황실로 통보했고, 청와대로 숨가쁜 릴레이 보고가 이어졌다. 우리 측 대책 협의에는 박재규 통일부장관, 황 수석, 한광옥(韓光玉) 청와대비서실장, 박지원 문화관광부장관, 그리고 임동원 국가정보원장 등이 참석했다. 고위 당국자들은 북측이 언급한 '불가피한 기술적 준비'가 무엇인지, 그리고 북한 내부 정세와 돌발사태 가능성 여부를 정밀 분석했다. 그 과정에서 "북측은 우리 언론들이 김정일 국방위원장의 일정을 보도해 경호에 문제가 있다고 생각했기 때문일 것" "북측이 행사 준비 과정에서 우리가 모르는 차질을 빚고 있는 것 아니냐"는 분석이 제기됐다. 북측은 우리 일부 언론에 김 위원장의 참여행사, 시간, 장소, 참석자 등이 보도된 데 대해 강한 불만을 표시했다. 오전 1시쯤 그 날짜의 우리 신문을 보고 몇 차례나 항의 전화를 해왔다는 것이다. 그러나 최종 결론은 "북측을 믿는 수밖에 없다" 쪽으로 났다. "정상회담을 거부하거나 심각한 문제라면 회담을 하루만 연기하지 않았을 것"이라는 판단이 내려진 것이다.

이런 정세판단은 즉각 김 대통령에게 보고됐다. "정상회담의 기본 틀을 흔드는 사안이 아니며, 양측 정상의 경호를 우선하는 북측의 요청을 수용해야 한다"고 건의했다. 김 대통령도 "55년을 기다렸는데 하루를 더 기다리지 못하겠느냐"며 연기를 받아들였다. 이날 밤 늦게 정부는 연기요청을 수락하겠다는 의사를 북측에 통보했다. 그 뒤로도 통일부, 외교통상부는 11일 새벽까지 바쁘게 움직였다. 미, 중, 일, 러시아의 주한(駐韓) 대사에게도 회담연기 사실을 통보했다.

D-Day

정상회담 첫날인 13일 김 대통령은 새벽 5시께 일어났다. 김 대통령은 여느 때와 마찬가지로 조간신문 10여 개를 두 시간에 걸쳐 꼼꼼히 정독했다. 대통령 영부인 이희호 여사는 의상 담당 코디네이터의 추천에 따라 짙은 감색 싱글에 흰색 와이셔츠 그리고 은색 스트라이프 무늬가 새겨진 빨강 넥타이를 골랐다. 대통령의 권위와 품위를 상징하는 정상회담의 기본 복장이었다. 한광옥 비서실장이 들어와 대통령 일정표를 보여줬지만 김 대통령은 별다른 표정을 짓지 않았다. 청와대의 이날 아침 식사 메뉴는 콩나물국과 계란반숙 반쪽, 딸기 샐러드 그리고 커피였다.

오전 8시 15분 김 대통령은 부인 이희호 여사와 함께 대통령 전용차에 올랐다. 청와대 본관에서 정문에 이르기까지 비서실 직원들의 열렬한 환송을 받으며 출발한 승용차는 정문 앞 효자동 분수대 근처 연도에 운집한 실향민 앞에 잠시 멈춰 섰다. 김 대통령은 태극기를 흔들며 환호하는 이들과 일일이 손을 잡으며 '잘 다녀오겠습니다'라고 인사했고, 시민들은 '성공하고 돌아오요', '몸 편히 다녀오십시오'라며 역사적 방북길을 환송했다.

8시 45분 서울공항에 도착한 김 대통령은 환송식에서 간단한 출발 인사를 했다. 미리 준비된 연단에 오른 김 대통령은 "존경하고 사랑하는 국민 여러분, 저는 민족을 사랑하는 뜨거운 가슴과 현실을 직시하는 차가운 머리로 방북길에 오른다"고 시작되는 출발 인사 연설을 했다. 남한 대통령으로 최초로 방북길에 오르는 자신의 심정을 밝히고, 정상회담 그 자체를 중시하고 한반도 평화와 화해협력, 그리고 이산가족상봉을 위해 노력하겠다는 평이한 내용이었다. 5분여에 걸쳐 연설을 한 김 대통령은 활주로 양편에 도열한 3부요인 등 정부 인사들과 차례로 악수를 하며 인사를 나눴다. 김 대통령이 환송객들과 인사를 하는 동안 서울시립소년소녀합창단은 '우리의 소원'과 '고향의 봄'을 불렀다. 김 대통령은 이어 3군 의장대와 전통 의장대, 취타대의 사열을 받은 뒤 공군 1호기 탑승대를 올랐다. 김 대통령은 탑승대에서 이 여사와 나란히 선 채 활짝 웃는 얼굴로 손을 흔든 뒤 비행기 안으로 들어갔다.

머릿 속이 하얘지는 느낌

김대중 대통령 내외를 태운 공군 1호기가 평양공항에 내려앉기 몇 분 전부터 서울 프레스센터로 TV화면이 수신되기 시작했다. 까만 아스팔트 활주로 위에 환영 행사를 위해 두 갈래로 선홍색 카펫이 펼쳐져 있었다. 그런데 그 아스팔트 까만 색과 선홍색 카펫이 독특한 분위기를 자아내고 있었다. 활주로 중앙에는 북한군 의장대가 서 있었다. 갈색 군복에 머리에 비해 너무 큰 모자를 쓴 것 같은 의장대원들이 군복 주름을 잡고 발을 굴러보는 모습이 TV화면에 잡혔다.

북측 유도요원의 수신호에 따라 비행기기 정위치에 멈추고 트랩이 비행기 왼쪽 해치에 부착됐다. 북측 공항 요원 2명이 무릎을 꿇은 채 트랩과 카펫의 이음매 부분을 손으로 꽉꽉 눌렀다. 아마 김 대통령이 땅에 내려올 때 발에 걸리지 않게끔 카펫을 직각으로 펴는 모양이었다.

바로 그때였다. "만세, 만세"하는 함성이 터져 나왔다. 환영객으로 나와있는 한복차림의 여자들이 꽃술을 흔들면서 외치는 소리였다. 동시에 군악대가 음악을 연주하기 시작했다. 공항 분위기는 순식간에 바꿨다. 조금 전까지만 하더라도 한가로운 공항에 불과하던 평양국제공항은 순식간에 남북정상회담 영접장소로 변모했다. 선홍색 카펫 위를 걸어간 김정일 위원장은 트랩 밑에 도착해 비행기를 올려다보고 있었다.

해치가 열리고 김하중(金夏中) 청와대 의전수석의 얼굴이 잠시 보였다. 앞이마가 살짝 벗겨지고 구부정한 사나이가 트랩을 올라가 기내로 사라졌다. 우리의 의전장에 해당되는 전희정(全熙正) 주석부 외사국장이었다.

김 대통령 얼굴이 보였다. 공군 1호기 출구에 나타난 김 대통령은 밑에서 기다리고 있는 김정일 위원장에게 시선을 주지 않고 오른쪽으로 고개를 돌려 먼 곳을 응시했다. 나중에 김 대통령은 '내가 북녘 땅을 바라본 것은 내 조상이 묻힌 곳, 내 동포가 사는 곳'이란 심정으로 마음속의 큰절을 한 것'이라고 설명했다. 그리고 몇 초 후 다시 시선을 왼쪽으로 돌려 김정일 위원장을 발견했다. 이때 김 위원장은 김 대통령을 올려다보며 박수를 치고 있었다. 김 대통령도 트랩 위에 선 채로 박수를 쳤다. 두 정상이 최초로 상대방과 같은 행동을 한 것이었다. 김 대통령은 천천히 트랩을 내려왔다. 트랩을 다 내려온 김 대통령은 밑에 서있는 김정일 위원장과 두 손을 잡았다. 2000년 6월 13일 10시 27분이었다.

이날 김대중 대통령과 김정일 위원장이 트랩 밑에서 두 손을 잡는 장면은 정상회담이 만들어낸 가장 빛나고 감동스러운 장면이었다. 나이와 계층 그리고 좌우를 불문하고 이 장면을 목격한 한국 사람들은 자신도 모르게 가슴속 저 밑바닥에서 '울컥' 하는 감정을 느꼈다. 그것을 '민족주의' 또는 '감상주의', '심리전' 또는 그 어떤 명칭으로 부르던 간에. 이튿날 한국 조간신문은 물론 전 세계 신문 1면을 장식한 사진도 바로 이 장면이었다.

특별 수행원 자격으로 몇분 먼저 순안공항에 도착해 이 장면을 목격한 당시 자민련의 이완구(李完九) 의원도 "마치 고압 전류에 감전된 기분이었다. 머

릿속이 하얗게 지워지는 느낌이었다"고 자신의 받은 충격을 표현했다. 이 의
원만 머릿속이 하얘진 것이 아니었다. 서울에서 TV를 통해 이 장면을 목격
한 시청자들도 마치 전기에 감전된 것 같은 충격을 받았다. 누구나 '울컥' 했
고 누구나 '찡' 했다. 서울역 대합실에서 기차를 기다리다가 이 장면을 목격
한 시민들도 일제히 환성을 올리며 박수를 쳤다.

김대중 대통령과 김정일 위원장은 나란히 북측 의장대로부터 사열을 받았
다. 《중앙일보》 통일문화연구소 사무실에서 이 장면을 TV를 통해 보고있던
김달술 전 국장은 "남북회담 업무에 30년 넘게 종사해온 나로서는 대한민국
대통령이 평양공항에서 조선인민군을 사열하는 것을 직접 보니 감회가 새롭
다"라고 남다른 소감을 피력했다.

계속되는 파격

파격적인 장면은 공항 환영 행사 끝에 다시 한번 발생했다. 오전 10시 49분 환영군중 앞에 손을 흔들며 통과하는 것으로 영접행사를 마친 두 정상은 대기하고 있는 승용차를 향해 천천히 걸어갔다. 의전용 승용차에 다가간 김 위원장은 승용차 왼편에서 문을 연 채 김 대통령을 기다렸다. 김 대통령이 승용차 오른쪽 문에 다가가 바로 승용차에 올랐다. 그러자 김 위원장도 승용차에 들어갔다. 두 정상이 같은 승용차에 동승한 채로 평양 시내로 향하는 것이었다.

김 대통령과 김 위원장이 동승한 자동차 행렬은 공항을 떠나 평양 시내 중심지로 들어가는 입구인 서성구역 버드나무거리 연못동을 거쳐 룡흥사거리에서 4·25문화회관이 있는 서성구역 비파거리 쪽으로 향해 방향을 틀었다. 거리에는 60만에 이르는 평양 주민들이 한복과 양복을 입고 나와 꽃술을 흔들면서 삼삼칠 박수 리듬에 맞춰 "김정일" "만세"를 외쳤다. 건물 외곽에는 '강성대국' '자주평화친선' 등의 구호가 붙어있었다. 총 181명에 이르는 수행원들은 세 군데로 분산됐다. 김 대통령과 청와대 팀들은 백화원 초대소에 묵었다. 민간인으로 구성된 특별 수행원 24명은 주암산 초대소로, 기자단 50명은 고려호텔로 향했다.

1차 환담 "공산주의자도 도덕이 있습니다"

이날 오전 공항에서 이뤄진 김대중-김정일의 악수가 정상회담 첫날 가장 빛나는 그림이라면 이날 백화원초대소에서 행해진 두 정상 간의 환담은 '이날의 특종'이었다. 서울에서 TV를 시청하던 남측 국민들은 이 장면을 통해 한반도 북측을 지배하는 최고 통치자의 표정과 목소리를 사상 최초로 보고들을 수 있었다.

오전 11시 45분 평양. 넓은 호수가 시원하게 보이는 백화원영빈관에 남북 정상이 도착했다. 두 정상은 이미 55분에 걸쳐 차중(車中) 환담을 나눈 상태였다. 차안에서는 주로 김일성 주석과 평양 시가지에 대한 얘기를 나눈 것으로 알려졌다. 백화원에 도착한 김 대통령 일행은 다시 한번 김 위원장의 극진한 영접을 받았다. 두 정상은 기념촬영을 마친 후 접견실에서 회담장으로 이동했다. 김 위원장은 남측 손님을 맞이하는 입장에서 비교적 많은 말을 건넸고, 김 대통령은 김 위원장의 말에 진지하게 대응했다.

김 위원장 : (김용순 통일전선사업담당비서를 보고) 용순 비서, 김 대통령과 자동차를 같이 타고 오느라고 수행한 장관들과 인사를 못 나눴어요. (남측 공식수행원을 향해)평양 방문을 환영합니다 (박재규)통일부장관은 TV로 봐서 잘 압니다. (박지원 문화관광부장관을 보고) 남북정상회담 북남 합의 때 TV로 많이 봤습니다. (김용순 위원장이 임동원 대통령특보에게 공식수행원 소개를 부탁했고, 임 특보가 차례로 장관을 소개할 때마다 김 위원장은 "반갑습니다"라고 인사했다.)

김 위원장 : 날씨가 대단히 좋고 인민들한테는 그저께(11일) 밤에 김 대통령의 코스를 대줬습니다(알려줬다는 뜻). 대통령이 오시면 어떤 코스를 거쳐 백화원초대소까지 가는지 알려줬습니다. 준비관계를 금방(늦게) 알려줬기 때문에 외신들은 미처 우리가 준비를 못해서 (김 대통령을 하루 동안) 못 오게 했다고 하는대 사실이 아닙니다. 인민들은 대단히 반가워하고 있습니다. 여러분들이 와서 보고 알겠지만 부족한 게 뭐가 있습니까.

김 대통령 : 이렇게 많은 분들이 환영 나와 놀라고 감사합니다. 평생 북녘 땅을 밟지 못할 줄 알았는데 환영해줘서 감개무량하고 감사합니다. 7천만 민족의 대화를 위해 서울과 평양의 날씨도 화창합니다. 민족적 경사를 축하하는 것 같습니다. 성

공을 예언하는 듯 합니다. 김정일 위원장에게 진심으로 감사드립니다. 마중나온 시민들에게도 감사드립니다.

김 위원장 : 오늘 아침 비행장에 나가기 전에 TV를 봤습니다. 공항을 떠나시는 것을 보고 대구 관제소와 연결하는 것까지 본 뒤에 비행장으로 갔습니다. 아침 (김 대통령이) 기자회견에서 계란반숙을 절반만 드시고 떠나셨다고 하는데 구경오시는데 아침 식사를 적게 하셨나요.

김 대통령 : 평양에 오면 식사를 잘할 줄 알고 그랬습니다. (수행원들 모두 웃음)

김 위원장 : 자랑을 앞세우지 않고 섭섭치 않게 해드리겠습니다. 외국 수반도 환영하는데요 (우리는) 동방예의지국이라는 도덕을 갖고 있습니다. 김 대통령의 방북길을 환영 안 할 아무 이유가 없습니다. 예절을 지킵니다. 동방예의지국을 자랑하고파서 인민들이 많이 나왔습니다.

김 대통령의 용감한 방북에 대해 인민들이 용감하게 뛰쳐 나왔습니다. 신문과 라디오에는 경호 때문에 선전하지 못했습니다. 남쪽에선 광고를 하면 잘되는지 모르지만 우리는 실리만 추구하면 됩니다. 왜 이북에선 TV와 방송에 많이 안 나오고 잠잠하느냐고 하는데 천만의 말씀입니다. 와서 보면 알게 됩니다. 우리가 어떤 마음으로 방북을 지지하고 환영하는지 똑똑히 보여 드리겠습니다.

장관들도 김 대통령과 동참해 힘든, 두려운, 무서운 길을 오셨습니다. 하지만 공산주의자도 도덕이 있고 우리는 같은 조선민족입니다. (김용순 위원장을 향해 "오늘 연도에 얼마나 나왔나"고 물었고, 김용순 위원장이 "60만 명 가량인 것 같습니다"라고 답변. 이에 김 위원장은 "나는 40만 명 정도 되는 것 같던데"라고 했음.)

김 대통령 : 나는 처음부터 겁이 없었습니다. (웃음) 김 위원장 이 공항까지 나온 것에 다시 한번 감사합니다. 성심을 갖고 있음을 느꼈습니다. 그렇게 많은 인파가 나온 줄 몰랐습니다.

김 위원장 : "그저께 생방송을 통해 연못동에서 초대소까지 (김 대통령의) 행로를

알려 주니까 여자들이 명절 때처럼 고운 옷들을 입고 나왔습니다. 6월 13일은 역사에 당당하게 기록된 날입니다.

김 대통령 : 이제 그런 역사를 만들어 갑시다.

김 위원장 : 오후부터는 공식 합의된 일정이 진행됩니다. 이 백화원초대소는 (김일성) 주석님께서 생전에 이름을 지어준 것인데 백가지 꽃이 피는 장소라는 뜻입니다. 한번 산보 삼아 둘러 보십시오. 주석님께서 생존했다면 주석님이 대통령을 영접하셨을 것입니다. 서거 전까지 그게 소원이셨습니다. (1994년에) 김영삼 대통령과 회담한다고 했을 때 많이 요구했다고 합니다. 유엔에까지 자료를 부탁해 가져왔다는데 그때 김영삼 대통령과 다정다심한 게 있었다면 직통전화 한 통화로 자료를 다 줬을텐데. 이번엔 좋은 전례를 남겼습니다. 이에 따라 모든 관계를 해결할 것으로 확신합니다.

김 대통령 : 동감입니다. 앞으로는 직접 연락해야지요.

김 위원장 : 지금 세계가 주목하고 있죠. 김 대통령이 왜 방북했는지, 김 위원장은 왜 승낙했는지에 대한 의문부호입니다. 2박 3일 동안 대답해줘야 합니다. 대답을 주는 사업에 김 대통령뿐 아니라 장관들도 기여해 주시기를 부탁합니다.

회담을 마친 김 위원장은 김 대통령 일행과 "잘 편히 지내시길 바랍니다"라며 일일이 악수를 나누고 영빈관을 떠났다. 특히 안주섭(安周燮) 경호실장과 악수를 하면서 "(김 대통령의 신변안전 문제를) 걱정하지 마십시요"라고 해 주변에서 웃음이 터졌다.

살얼음 위를 걷는 심정이 된 국민들

전반적으로 두 정상의 1차 환담은 무난한 편이었다. 김 위원장은 격의 없는 분위기를 만들려고 했고 김 대통령은 가급적 말을 아끼는 아웃복싱 스타일로 대응했다. 이 장면을 TV를 통해 남측 시청자들과 언론들은 만족스럽게 지켜봤다. TV 화면을 지켜본 국민들은 한눈에 알아차렸다. 이 정상회담이 얼마나 어렵사리 성사됐는지, 이 회담이 얼마나 힘들겠는지를, 그리고 이 회담이 얼마나 이질적인 두 문화의 충돌인지를. 이 장면을 지켜본 사람들은 너나할 것없이 모두 살얼음 위를 걷는 심정이 됐다. 모쪼록 잘되야 할텐데.

"그냥 돌아가시라"

그러나 TV를 통해 비춰지는 정상회담과 실제 정상회담 내용은 사뭇 달랐다. 앞서 소개한 대화 내용은 TV를 통해 공개된 환담 내용이다. 그러나 TV 카메라가 백화원초대소 회의실에서 빠져나간 후 두 정상 간의 분위기는 급속히 냉각되기 시작했다. 배석했던 황원탁 청와대 외교안보수석에 따르면 김정일 위원장은 뜻밖의 발언을 해서 남측 대표단을 당황케 했다. 김 위원장은 이날 김 대통령과 대좌하자마자 "섭섭한 말씀을 드려야겠다"면서 남측 대학가의 인공기 게양사건을 끄집어냈다.

"오늘 아침 남조선 TV를 보니 (남측) 학생들이 대학 교내에 인공기를 걸었다 하여 검사들이 관련자를 색출해 사법처리 하겠다고 하는데 지금 여기서 정상회담이 열리고 있는데 이럴 수가 있습니까?"

남북정상회담 당일인 13일 서울대, 고려대, 한양대, 건국대등 전국 10여개 대학에서 태극기와 인공기 그리고 한반도 지도가 그려진 한반도기가 나란히 걸렸다. 이에 대해 서울지검 공안2부는 "주동자들을 색출해 엄벌하겠다"고 밝혔다는 내용이 전날 신문 사회면에 작게 실렸다. 그런데 김정일 위원장이 바로 이 문제를 거론하고 나선 것이다.

김 위원장은 "대한민국 대통령이 여기(평양)에 와서 나와 정상회담을 하겠다는 것은 서로 믿고 존중하겠다는 것이 아니냐. 지금 남측 수행원 모두가 태극기를 달고 있으나 북측에서 시비를 걸고 있지 않다"고 말했다.

김 대통령은 고개를 돌려 수행원들에게 인공기 건에 대해 물어봤다. 당황한 수행원들은 아직 보고를 받지 못했으며 TV를 보지 못해 알지 모르는 상황이라고 대답했다. 김 대통령은 김 위원장에게 인공기 문제와 관련 국내 상황을 보고 받지 못했음을 설명했다. 이에 김 위원장은 한참을 생각한 후 "적어도 정상회담 기간에 발생한 문제에 대해서는 학생들을 처벌하지 말아달라"고 말했다.

그러나 인공기 건은 약과였다. 이어 김 위원장은 더 기막힌 얘기를 했다. 김 위원장은 "이런 분위기에선 회담을 할 수 없습니다. 대통령께서는 환대를 받으신 걸로 만족하시고 푹 쉬신 뒤에 돌아가시지요. 대통령께서도 만남 자체가 중요하다고 하셨잖습니까"라고 말했다. 말하자면 이산가족 문제를 비롯해 남북 간의 현안에 대한 구체적인 합의 도출은 어렵다는 통고였던 셈이다. 김 대통령 일행으로서는 맥이 탁 풀리는 순간이었다.

막후채널

김대중 대통령은 김정일 위원장과의 1차 정상회담을 마치기가 무섭게 임동원 특보에게 북한의 김용순 아태평화위 위원장과 막후협상을 하도록 지시했다. "도저히 그냥 돌아갈 수 없다"는 입장을 김 위원장에게 전달토록 한 것이다. 13일 밤과 14일 새벽 사이 임동원-김용순 막후채널이 밤새 가동됐다. 이 라인을 통해 김 대통령의 메시지가 김정일 위원장에게 전달됐다. 남쪽은 정상회담 시간을 충분히 갖기 위해 가급적 오후에 회담을 열자고 제안했다.

북쪽은 13일 저녁 다음날 일정을 통보해왔다. 그러나 북측이 보내온 일정 표에는 오전 일정은 있었으나 오후 일정은 공란(空欄)으로 비어있었다. 정상 회담에 대해 아무런 언급이 없었다. 오후 일정이 비어 있는 것은 정상회담 가 능성을 암시한다고 볼 수가 있었다. 그러나 구체적인 시간과 장소가 명기 안 돼 불안할 수밖에 없었다. 또 회담이 열리더라도 구체적인 성과가 없이 돌아 갈 수도 있다는 불안감이 남쪽 수행원들의 머리를 무겁게 짓눌렀다.

2000년 6월 14일 – 평양의 둘째 날 "가장 긴 하루"

평양 방문 이틀째. 김대중 대통령에게 6월 14일은 '길고도 긴' 하루였다. 김 대통령은 오전에는 김영남(金永南) 최고인민회의 상임위원장과 대좌하고, 오후에는 김정일 국방위원장과 마라톤 협상을 벌였다. 그리고 분단 55년 역 사에 새 이정표를 세울 남북공동선언을 이끌어냈다. 공동선언이 나오기까지 장시간의 토론이 있었고 논쟁도 있었다. 이견이 드러나면서 회담장은 긴장감

| 2000년 6월 14일 김대중 대통령이 김영남 최고인민회의 상임위원장과 환담하고 있다.

에 휩싸이기도 했다. 회담시간 3시간 50분 중 3시간 40분은 긴장의 연속이었다. 드러나지 않는 긴장감 속에서 극적인 선언을 도출했다는 사실은 정치역정 내내 '색깔론' 시비의 대상이 됐고, 통일연구에 남다른 열정을 보여온 김 대통령에게는 만감이 교차하는 사건일 수밖에 없었다.

김 대통령에게 이날은 1973년 '도쿄(東京) 납치사건' 때와 1980년 '내란음모사건'으로 사형 언도를 받았을 때를 제외하면 아마도 가장 긴 하루였을 것이다. 긴장감이 최고조에 도달했던 만큼 기쁨도 컸다. 공동선언에 합의하고 김정일 위원장과 손을 마주잡고 활짝 웃은 김 대통령은 30여 년의 통일역정에 새로운 장을 열었다.

김영남 상임위원장과 공식면담 : 탐색전

오전 내내 김 대통령과 공식수행원들 사이에서는 팽팽한 긴장감이 돌았다. 북쪽이 오전 일정은 알려줬으나 오후 일정에 대해서는 아무런 언급을 하지 않았기 때문이었다. 밤새 임동원-김용순 막후협상라인을 통해 정상회담 시간을 충분히 갖기 위해 가급적 오후에 회담을 열자고 제안했으나 북측은 확답을 주지 않았다. 김 대통령을 수행했던 한 인사는 "앞이 캄캄했다. 공식 수행원들이 대통령과 함께 아침식사를 같이 할 때 다들 한숨만 쉬었다"고 당시를 회고했다. 실제로 오전 내내 김 대통령의 표정은 굳어있었다.

오전 9시 30분 김 대통령 일행이 만수대의사당 입구에 도착하자 남북정상회담 준비 접촉 북측 수석대표였던 김령성 최고인민회의 상임위원회 참사가 회담장까지 안내했다.

9시 45분부터 김 대통령 일행은 만수대 의사당에서 북측 김영남 최고인민회의 상임위원장과 공식면담을 가졌다. 면담 시작과 함께 큰 테이블을 사이에 두고 악수를 건네던 김 상임위원장은 "회담이 성공적으로 이뤄지면 더 가까워질 것으로 생각한다"면서 "편안히 주무셨느냐"고 물은 뒤 김 대통령이 "그렇다"고 대답하자 "한시름 덜었다"고 말했다. 양측이 서로 배석자들을 소개하는 도중 김 대통령이 임동원 대통령 특별보좌역을 소개하자 김 상임위원장은 "말을 많이 들었다"며 친숙감을 표시했다.

이날 면담에는 남측의 공식수행원 전원과 북측의 양형섭(楊亨燮)·김영대 최고인민회의 상임위 부위원장, 최태복(崔泰福) 최고인민회의 의장, 여연구 최고인민회의 부의장, 안경호 조국평화통일위원회 서기국장, 이삼로 최고인민회의 상임위 부장, 김영성 최고인민회의 상임위 참사, 정운업 민족경제협력연합회(민경련) 회장 등이 배석했다. 북측은 정운업을 제외하고는 모두 최고인민회의 간부들로 짜여졌고, 내각에서는 한 명도 참석하지 않았다. 북측은 공식회담(북측은 최고당국자 회담이라고 표현) 주체가 김영남 최고인민회의 상임위원장인 점을 감안 최고인민회의 상임위원회 최고위 간부들로 이날 회담진용을 짠 것이다.

김 상임위원장은 본격 논의가 들어가자 한·미·일 공조체제, 국가보안법, 외세문제를 거론했고, 김 대통령은 예상된 질문에 거침없이 답변했다. 양측은 회담에서 정부차원의 남북 교류협력, 상호 불신 및 대결의식 완화, 당국 간 대화 활성화, 인도적 문제 등 남북문제를 해결하기 위한 실질적 방안과 이에 대한 실천문제를 주고받았다.

김 상임위원장은 먼저 "지금까지 우리 민족이 서로 갈라져 살아온 것은 우리 민족 탓이 아니고 전적으로 외세 탓"이라며 "우리 민족이 외우내환(外憂內患)을 겪은 적은 있지만 1천 년 이상 통일국가를 유지해 왔다"고 '반외세 통일론'을 주장했다. 김영남 상임위원장은 김 대통령에게 "대북 3국 공조에 대해 우리의 자주문제와 어떤 관계가 있다고 생각하느냐", "국가보안법이 교류 협력에 방해가 된다고 생각하지 않느냐"며 다소 답변하기 곤란한 질문을 던졌다.

그러나 김 대통령에게는 이미 예상했던 질문이었다. 김 대통령은 '실천할 수 있는 합의'와 '단계적 의견 접근'을 강조했다. 김 대통령은 "3국 공조는 대북정책에서 바로 북한에도 유리하고 우리에게도 좋은, 모두 이기는 원-원 정책을 추진하기 위해 이뤄진 것이며, 결코 북측을 해롭게 하려는 것이 아니다"라고 설명했다. 또 국가보안법에 대해서도 국회에 개정안이 제출돼 논의 중이라고 받아넘겼다.

그러면서 김 대통령은 "앞으로 남북 간에 대화와 교류, 협력을 강화하고, 많은 대화를 통해 이견이 있는 부분은 해소해나가야 한다"며 단계적인 의견 접근이 필요하다고 밝혔다. 특히 김 대통령은 "우리에게 중요한 것은 화해와 교류, 협력을 하는 것이다. 그리고 통일의 길로 가는 것이다. 한반도 긴장완화, 이산가족상봉문제 등에 대해 허심탄회하게 기탄 없이 의견을 개진해 신뢰를 높여나가야 한다"며 진지한 대화의 필요성을 다시 강조했다.

이어 김 대통령은 "우리는 통일을 주장하면서 55년을 분단 상태로 살았다"면서 "7·4 공동성명에 합의한 지 28년이 지났고 남북기본합의서에서 화해, 불가침, 비핵화 등에 합의한 지 8년이 지났으나 진전이 없다. 남북관계는 말이 부족한 게 아니라 실천과 행동이 필요하다"고 강조하고 "서로 만나 오해를 풀고 우리끼리 협력해 나간다면 서로 안심하고 살 수 있다"고 지적했다.

김 대통령은 이날 면담에서 사전에 준비해간 '속내'를 털어놓고 김정일 위원장이 이를 진지하게 수용해 줄 것을 간접적으로 요청한 것이다. 따라서 두 사람의 대화는 오후의 2차 단독정상회담을 위한 의례적인 만남과 탐색전에 불과했다.

그러나 이날 면담 장면을 TV로 본 남쪽의 시선은 곱지 않았다. 혹시나 하며 우려를 했던 정상회담이 결국 김영남과의 회담으로 끝나는 것이 아닌가 하는 의혹이 제기됐다. 우리 측 회담 관계자는 "김 대통령과 김 상임위원장이 14일 오전 김일성-김정일 사진이 나란히 걸린 만수대 의사당에서 회담하는 사진이 실린 석간신문이 깔리기 시작할 때 가장 힘들고 긴장했다"고 털어놨다.

우리 측은 '김대중-김정일' 두 정상과 관계장관이 참석하는 확대정상회담을 기대했지만, 김정일 위원장을 대신해 김영남 상임위원장이 나온 것이다. 이 때문에 서울 상황실은 확대정상회담을 확대회담으로 고쳐 달라고 언론에 주문했다가 다시 '공식면담'으로 바꿔줄 것을 요청하기도 했다. 김정일 위원장이 빠진 회담은 정상회담이 아니라는 취지였다. 당초 예정으로는 오전에 김정일 위원장과 회담을 갖고 오후에 김영남 상임위원장과 면담을 하는 순서로 일정이 짜여져 있었으나 하루 전날 북측이 일정 변경을 통고했다. 당연히 남측대표단에서도 혹시 김 위원장과의 회담이 무산되는 것이 아닌가 긴장하기 시작했다. 더구나 북측은 이날 면담을 남북 최고위급회담이라고 지칭했다. 남쪽 언론들은 이를 두고 "모양새가 좋지 않다"고 논평했다.

그러나 이것은 '국가대표 따로, 실권자 따로'인 북한 권력체계 때문에 발생한 해프닝에 불과했다. 1998년 9월 개정된 북한 헌법은 '최고인민회의 상임위원장이 국가를 대표한다'고 못박고 있다. 그렇지만 헌법 개정 직후 김영남 상임위원장 스스로 "국가의 '최고 직책'은 국방위원장"이라고 말했다. 실질적인 정상은 김정일 위원장이라는 뜻이었다

모래를 씹는 것 같았던 옥류관 냉면

김영남 상임위원장과의 면담이 끝나고 김 대통령 일행은 11시 35분경 만

경대학생소년궁전을 참관했다. 점심식사 장소에 도착한 것은 오후 1시가 다된 시간이었다. 점심메뉴는 유명한 옥류관 냉면. 그러나 맛을 느낄 겨를이 없었다. 대부분의 남측특별수행원들은 맛있기로 소문난 평양냉면을 맛있게 먹었지만 김대중 대통령과 측근 수행원들은 제대로 맛을 느낄 상황이 아니었다. 마치 모래를 씹는 기분이었다.

공식면담이 끝나고 정오가 넘었는데도 북쪽에서 2차 단독정상회담의 구체적인 시간과 장소를 알려오지 않았기 때문이었다. 남쪽 수행원들로서는 초조감이 들 수밖에 없었다. 옥류관에서의 오찬도 남쪽 일행만의 식사였다. 겉으로 태연한 표정으로 냉면을 먹고 있었지만 속은 바싹바싹 타들어 갔다.

이날 김 대통령이 첫 번째 날과 마찬가지로 말수가 적었던 이유를 짐작할 수 있는 대목이다. 사실 김 대통령은 누구와 만날 때 너무 말이 많은 것이 탈이라는 지적이 나올 정도로 달변이다. 그런데도 공개석상에서 김 위원장과 만날 때 주로 말을 하는 사람은 김 위원장이었다. 수행원으로 참가한 한 인사는 "김 대통령을 안 지가 30년이 넘었는데 그처럼 말을 적게 하는 모습은 처음 봤다"고 말했다.

청와대의 한 관계자는 김 대통령의 이런 모습은 이미 평양으로 떠나기 전부터 결정된 전략이었다고 설명했다. '공개된 자리에서는 최대한 말을 아끼고, 비공개 회담에서는 최대한 할 이야기를 한다'는 원칙을 세우고 떠났다는 설명이다. 공개된 자리에서 말을 아끼기로 한 이유를 김 대통령은 세 가지로 설명했다고 한다.

"이번 회담의 중요한 목표 중 하나는 김정일 위원장을 띄워주는 것이다. 따라서 김 위원장이 주로 말을 하도록 하겠다. 둘째는 저쪽은 나를 잘 아는데 나는 저쪽을 잘 모른다. 셋째는 저쪽은 나이가 적고 나는 나이가 많은데 나이 적은 사람이 활발하게 말을 해야 하지 않겠는가."

그러나 김정일 위원장과의 정상회담이 이뤄지지 않을지도 모른다는 불안감 때문에 말이 없었던 것은 아닐까. 그 정도로 이날의 일정은 하루종일 불분명했다. 김 대통령 자신도 절망감을 느낄 정도였다. 이날 정상회담장도 당초 김 위원장의 집무실로 예상됐으나 백화원영빈관으로 갑자기 바뀌었다. 대표단은 "북측에서 우리 민족은 동방예의지국으로 젊은 김 위원장이 가는 것이 좋겠다는 뜻을 전해와 갑자기 변경된 것"이라고 설명했다.

북측에서 정상회담 시간을 통보해온 것은 김 대통령과 수행원들이 점심식사를 하던 오후 1시 50분경이었다. 시간도 촉박했다. "2시에 만나자"는 전갈이었다. 식사 중이어서 도저히 2시까지 백화원영빈관에 도착할 수 없다고 판단한 남쪽 관계자는 회담시간을 3시로 연기할 것을 제의했다.

첫날 회담에 대한 남쪽 언론의 대대적인 보도와 오전 공식면담 석상에서 김 대통령이 발언한 내용을 긍정적으로 평가한 것일까? 아니면 기선제압에 성공했다는 판단 때문이었을까? 김정일 위원장은 오후부터 정상회담에 적극 자세로 나왔다.

지옥에서 천당으로

김정일 위원장은 어떤 결심이 선 듯 "좋다. 모든 현안을 다루겠다"는 메시지를 전해왔다. 북측에서는 김용순 통일전선사업담당 비서만 배석하겠다는 말도 덧붙여졌다. 김 위원장은 남쪽 공식수행원 모두가 들어오기를 바랐지만, 남쪽에서는 "그럴 필요가 있겠느냐"면서 임동원 대통령 특보와 황원탁 외교안보수석, 이기호 경제수석만 배석시켰다.

김대중 대통령 일행에게 이날 하루는 마치 천당에서 지옥으로 떨어졌다가 다시 천당으로 올라가는 기분을 맛본 하루였다.

마침내 김대중 대통령과 김정일 국방위원장 간의 2차 단독정상회담이 14일 오후 3시 김 대통령의 숙소인 백화원영빈관에서 시작됐다. 김 대통령이 머물고 있는 영빈관 1각 1층은 대리석 바닥에 연두색 카펫이 깔려있었으며 회담 시간이 가까워진 2시 45분경부터 남측 배석자인 황원탁 외교안보수석과 이기호 경제수석 등이 속속 김 대통령이 쉬고 있던 방으로 들어갔다.

양측 경호팀도 바쁘게 움직였다. 북측은 회담을 취재하러온 기자들을 상대로 철저한 몸 검색을 벌였다. 김 대통령은 56분께 우리 측 공식수행원들의 안내를 받으며 현관 앞 카펫 중앙에 들어섰으며 이곳에서 김 위원장을 기다리는 약 1분 동안 임동원 특보로부터 간단한 보고를 받았다.

곧이어 닫혀 있던 현관문이 열리면서 김 위원장이 먼저 들어섰고 김용순 아태위원장 등이 뒤를 따랐다. 김 국방위원장은 전날 점퍼차림이던 것과 달리 회색 인민복을 입고 나왔으며 안경도 색깔 없는 안경을 끼고 나왔다.

김 위원장은 들어서자마자 "편히 주무셨습니까"라고 큰 목소리로 인사를 했고, 김 대통령은 낮은 소리로 "잘 잤습니다"라고 대답했다. 이날도 김 위원장의 행동이나 표정은 전날 첫 만남 때와 마찬가지로 거침이 없었다.

그는 "테레비(TV)로 (오셔서 여러 곳 방문하는 것 등을) 봤습니다"고 다시 말을 이었고, 이때 카메라 기자들이 "이 쪽을 좀 봐 달라"고 부탁하자 3초가량 간단히 포즈를 취한 뒤 회담장으로 자리를 옮겨 공식 회담에 들어갔다.

회의장 중앙에는 20명 정도가 앉을 수 있는 장방형 테이블이 놓여 있었으며 그 위에는 펜 2자루와 메모지가 놓여 있었다. 두 사람은 중간에 마주 보고 앉았고 김 위원장은 비닐에 담겨 있는 10여 쪽 분량의 자료를 자신의 앞에 놓았으며 이어 배석자들이 두 사람의 양쪽 옆에 자리를 잡았다. 곧이어 6분간의 환담이 이어졌다.

김 위원장은 다시 큰 목소리로 "오늘 일정이 아침부터 긴장되지 않았습니까"라며 간밤과 이날 오전의 안부를 물었으며 김 대통령은 여전히 차분한 목소리로 인사를 받았다. 김 위원장은 남측의 TV 방송을 본 얘기를 하면서 "남측 인민들도 다 환영하더라"며 반가움을 표시하는 등 흥분된 목소리로 말을 이어 나갔다.

이날 환담의 하이라이트는 단연 김 위원장의 '은둔' 발언이었다. 김 위원장은 외국 언론이 자신을 '은둔자'로 표현하는데 대해 "구라파 사람들이 내가 은둔생활을 한다고 하는데 중국도 가고 인도네시아도 여러 번 갔다왔다"면서 그 같은 보도가 사실이 아님을 강조해 좌중에 웃음이 터졌다. 김 위원장이 이어 "김 대통령이 오셔서 은둔생활을 해방했다고 하는데 그런 말 들어도 좋다. 비공식으로 갔으니…."라고 말했다.

김 위원장은 말을 아끼지 않으며 환담 내내 회담장 분위기를 주도해 정상회담 성과에 대한 기대를 높였다. 6분가량의 환담을 마친 두 정상은 남측에서 임동원 대통령특보, 황원탁 외교안보수석, 이기호 경제수석 등 3명, 북측에서 김용순 아태위원장만 배석한 가운데 비공개 정상회담에 들어갔다.

"4~5차례 절망적인 상황"

이날의 단독회담은 남북정상회담의 최대핵심이었다. 단독회담에서 두 정상은 평소 서로에 대해 하고 싶었던 이야기, 섭섭하게 생각했던 것 등 남북 간의 모든 문제를 하나도 빠짐없이 다 이야기했다. 지금으로서는 두 사람이 나눈 대화 내용을 모두 확인하기란 쉽지 않다. 김 대통령과 남쪽 공식수행원들의 증언을 토대로 이날 두 정상 간에 오고간 대화 내용을 재구성해 봤다.

김 위원장 : 우리 정상이 55년만에 처음 만났는데, 전 세계의 이목이 집중되고 7천

만 민족의 염원이 여기에 담겨 있습니다. 우리 7천만 민족에게 뭔가 선물을 내놓아야 할 것 같습니다. 그 선물을 큼직하게 내놓아야 되는데, 그 선물은 우리 7천만 민족이 원하는 염원이라는 것, 통일 아닙니까? 통일에 대한 방안을 내놓읍시다. 그 통일 방안은 역시 고려연방제입니다.

연합과 '낮은 수준의 연방'

김 대통령 : 우리가 국민들 앞에 뭔가 큰 선물을 내놓아야 되겠다고 이야기를 하는데 그런 원칙을 가지고 자꾸 논하지 맙시다. 1972년에 7·4남북공동이 얼마나 좋은 원칙입니까? 그런 원칙이 있음에도 불구하고 28년 동안 원칙이 지켜진 게 없습니다. 우리가 과거와 같이 원칙만 자꾸 반복한다는 것은 아무 의미가 없습니다. 보다 더 실천적인 문제, 바로 실천에 옮길 수 있는 문제를 협의해서 그것을 국민들 앞에 내놓은 것이 올바른 일이 아니겠습니까.

김 위원장이 이야기하는 통일 문제인데, 우리 7천만 민족 중에서 통일을 원하지 않는 사람은 아무도 없습니다. 그러나 현실적으로 통일이 가능하겠는가? 지금 당장 통일을 한다고 하는 것은 대단히 어렵습니다. 현실적으로 통일한다고 하지만 이념과 체제가 다른데 어떻게 당장 통일을 할 수 있겠는가? 내가 평양에 오기 전에 우리 국민들에게 남북관계는 뜨거운 가슴과 냉철한 머리를 가지고 해결해야 한다고 이야기하고 왔습니다. 우리가 현실을 인식하는 바탕 위에서 출발을 해야지 이렇게 현실을 떠난 이야기를 해서는 안됩니다. 과연 현실적으로 당장 통일을 이룩할 수 있겠는가? 그런 면에서 봤을 때 당신들이 주장하는 고려연방제라고 하는 것은 이치에 맞지 않습니다.

(김대중 대통령은 "북한은 연방제를 선호한 반면 남한은 국가연합을 제시했다. 열띤 논쟁 후 북측은 '이것으로 회담이 끝났다. 더 이상 회담하지 않겠다'고 말했

다. 그러나 북측은 다시 돌아와 낮은 단계의 연방제를 제시했다"고 밝혔다.)

김 위원장 : 현실적으로 지금 당장 통일한다고 하는 것은 어려운 일인 것 같습니다. 그렇다면 낮은 단계의 연방제를 하도록 합시다.

김 대통령 : 낮은 단계의 연방제는 무엇입니까?

김 위원장 : 낮은 단계의 연방제라고 하는 것은 정부의 각료급은 각료급대로 협의 기구를 만들고, 또 국회는 국회대로 의회 차원에서 협의기구를 만들고, 정상 간에 는 지금과 같이 정상 간에 서로 만나서 남북 간의 모든 문제를 서로 협의해서 합의 하며, 또 합의한 것을 실천해 나가는 것이 우리가 생각하는 낮은 단계의 연방제입 니다. 협의체 구성 과정에서 중앙정부를 하나 마련하는 것이 어떻겠습니까.

김 대통령 : 현실적으로 연방정부를 설치하는 것은 불가능합니다. 중앙정부라고 하 면 외교권과 군사권을 통합해야 하는데, 외교권과 군사권을 통합하지 못하는 중앙 정부가 무슨 중앙정부인가, 그건 받아들일 수 없습니다. 그렇다면 이렇게 합시다. 우리가 연방제라는 말을 그대로 받아들이게 되면 우리 국민들이 이해를 못합니다. 그러니까 우리는 연방제를 받아들인다고 할 수가 없고, 김 위원장이 생각하는 낮은 단계의 연방제나 우리가 생각하는 남북연합이 서로 통하는 데가 있으니까 그런 방 향으로 노력을 하되 앞으로 같이 이 문제를 협의해 나갑시다.

김 위원장 : 좋습니다. 사실상 외교권과 군사권을 통합한다는 것은 불가능한 일이 죠. 그걸 하려면 아마 수십 년이 걸려야 할 것입니다.

정상회담에서 가장 까다롭게 오래 시간을 끈 의제가 바로 통일방안이었 다. 김 대통령이 상당 시간 남쪽의 통일방안을 김 위원장에게 설명했다. 김 위원장은 연방 중앙정부에서 외교와 군사에 관한 권한을 갖는 연방제를 마지 막까지 고집했다.

그러다가 김 대통령이 끈질기게 설득하자 '낮은 단계의 연방제'를 수정

제의했고, 김 대통령은 이 제안이 남북연합과 사실상 같다고 보고 받아들였다. 두 정상은 이런 논의를 거쳐 낮은 단계의 연방제와 남북연합에 공통점이 있다는 것을 인정하고 통일을 위해서 그런 방향으로 노력을 해가되 서로 협의해 나가자고 합의했던 것이다.

자주(自主)문제 쉽게 합의

논란이 될 것으로 예상됐던 '자주(自主)' 문제는 오히려 쉽게 합의에 도달했다. 김 대통령은 김 위원장이 자주 문제를 꺼내자 "주변 4대 주변국의 협조 없이는 아무것도 못한다. 통일을 이루는 데도 이들의 협조가 반드시 필요하다"며 김 위원장을 설득했다.

김위원장 : 조선반도의 문제는 조선 사람들끼리 해결해야 되지 않겠습니까? 여기에 동의하십니까?

김 대통령 : 그거야 우리가 원하는 것이 아니겠습니까? 거기에 무슨 반대가 있을 수 있겠는가. 동의합니다.

김 위원장 : 그런데 왜 3국 공조를 자꾸 한다고 하는 겁니까? 한·미·일 3국 공조를 해서 결국 우리를 압살하려고 하는 것 아닙니까?

김 대통령 : 그것은 잘못 생각한 겁이다. 한·미·일 3국 공조라고 하는 것은 우리가 한·미·일 3국 공조를 해서 당신을 압살하려는 것이 아니라 북쪽을 도와주려고 하는 겁니다. 왜 그러냐 하면 한·미·일 3국 공조를 만든 것은 1998년에 우리가 대북정책을 추진함에 있어 효과적으로 추진하기 위해서 입니다. 내 대북정책이라고 하는 것이 화해협력정책이 아닙니까. 그 화해협력정책을 받아들여서 김 위원장이 오늘 나와 함께 정상회담을 하는 것 아닙니까. 우리의 화해협력정책이라고 하

는 것은 당신들을 압살하려고 하는 것이 아니라 도와주려고 하는 겁니다. 이것이 바로 내 화해정책이고 협력정책입니다. 이러한 내 정책을 뒷받침하기 위해 만든 것이 바로 3국 공조입니다.

그러니까 당신을 압살하려고 만든 것이 아니란 말입니다. 한 걸음 더 나아가서 당신들이 이해할 게 있습니다. 우리는 미국, 일본과 잘 지내고 있고 미국과는 동맹관계입니다. 그러면서도 중국의 협력을 받고 있고, 러시아의 협력을 받고 있죠. 그리고 미국이나 일본에 대해서도 북한과 관계개선을 하라고 종용해 왔어요. 우리가 그동안 당신들한테도 미국, 일본과 관계 개선하라고 권유해 왔지 않은가? 우리가 당신들을 압살하려고 할 것 같으면 왜 그렇게 하겠느냐?

미국에 대해 자주를 강조하는데 우리는 미국의 조정을 받지 않는다. 내가 평양에 온 것은 미국이 아니라 내가 결정해 왔습니다. 중국이 최혜국대우와 세계무역기구(WTO)로 가는데 미국의 지원을 받고 있듯이 북한도 미국을 활용 못할 이유가 없지 않습니까. 또 하나 중요한 것은 김 위원장하고 나하고 자주를 이야기했는데, 북과 남이 자주를 얘기했을 때 다른 주변국가들이 우리가 결정한 사항을 존중해 주고 협력해줘야 그 자주의 힘이 발휘될 수 있는 것이지, 당신하고 나하고 아무리 자주한다고 결정했다 하더라도 주변국가들이 반대하면 어떻게 우리 뜻을 관철할 수 있겠습니까. 자주는 배척이 아니며 한반도 주변 4대국이 있는 것이 엄연한 현실인데 다 함께 우호적으로 지내는 것이 좋습니다.

그래서 당신들은 다른 나라들과도 좋게 지내야 합니다. 미국과 가까이 지내고 또 일본과도 관계개선을 해야 합니다. 그렇게 해서 우리는 주변 4대국으로부터 다 지지를 받아야 합니다. 만약에 김 위원장하고 나하고 결정했는데, 결정한 사항에 대해서 미국이 반대하고, 일본이 반대한다고 할 것 같으면 우리가 아무리 자주한다고 해도 자주가 되겠는가?

김위원장 : 알겠습니다.

전쟁방지와 평화체제 논의

두 정상은 한반도의 전쟁방지와 평화체제 수립 문제에 대해서도 많은 시간을 들였다. 북한의 대량살상 무기 개발이 한반도뿐만 아니라 동북아에도 위험을 주는 것이며 절대 도움이 안 되는 것이기 때문에 비핵화 공동선언 및 제네바합의를 성실히 지키라는 뜻도 전달했다.

김 대통령 : 우리 국민이 55년 동안 전쟁의 공포에서 벗어난 적이 없다. 절대로 한반도에서 전쟁이 일어나게 해서는 안됩니다. 만약에 전쟁이 일어날 것 같으면 6·25전쟁과는 비교할 수 없을 겁니다. 모든 무기와 장비가 발전돼 있기 때문에 정말 가공할 위력을 가진 양쪽 군대가 서로 부딪친다고 했을 때 결국 한민족은 공멸할 수밖에 없습니다. 전쟁이 결코 있어서는 안됩니다.

김 위원장 : 전적으로 동감입니다.

김 대통령 : 우리는 북한을 절대로 흡수통일 하지 아니하겠다. 그건 불가능하다. 북한도 대남 적화통일을 하겠다고 하는 것은 불가능하다.

김 위원장 : 동감입니다. 서해교전은 상부의 지시를 안 받고 한 일입니다.

(회담 후 박재규 통일부장관은 '김 대통령이 북한도 무력사용을 통한 통일의 꿈을 버려라'라고 한 대목에서 김 위원장이 화를 내면 어떻게 할 것인가 하고 생각했으나 그렇게 화내는 표정은 아니었다고 밝혔다.)

두 정상은 앞으로 한반도에서 전쟁이 일어나서는 안되며 화해와 협력의 시대로 들어가 남과 북이 서로 힘을 합쳐 새로운 시대를 맞이해야 한다는 데 의견일치를 보았다. 전쟁방지 문제에 대해서는 7월에 남북 장관급회담을 열어 토의하기로 합의됐다. 장관급회담에서는 남북 간에 산적한 모든 문제들을 다 내놓고 우선 순위를 정해서 토의해 나가기로 했다. 주한미군 문제도 거론됐다.

김 대통령 : 현실적으로 주한미군이 나가라고 해서 나가겠는가. 다 이유가 있습니다. 주한미군은 한반도뿐만 아니라 동북아의 안정을 위해 필요한 존재입니다. 통일 후에도 필요합니다.

김 위원장 : 지금 필요하지요. 동북아 안정 유지를 위해서도 필요한 것으로 압니다. 저는 1992년에 방미(訪美)한 김용순 동지를 통해서 미국 정부 측에 이런 뜻을 전달한 적이 있습니다. 다만, 우리 인민들이 갑자기 생각이 바뀌지 않으므로 공개적으로 이야기하지 못하고 있을 뿐입니다.

(회담 후 황원탁 청와대 외교안보 수석은 주한미군 문제에 대해 안심해도 좋을 정도로 두 정상 간에 충분히 의견교환이 있었지만 민감한 사안이기 때문에 자세히 밝힐 수 없다고 말했다.)

껄끄러웠던 보안법과 비전향 장기수 문제

국가보안법 문제에 대해 두 정상이 어떤 대화를 나누었는지는 불확실하다. 김 위원장은 "우리는 일관되게 하는데 남측에서 모순되게 한다. 이래서 합의가 무슨 의미가 있겠느냐"고 불만을 토로하고 국가보안법 폐지 등을 주장했다.

두 정상이 화해협력시대에 맞게 남북이 서로 관련 법규 등을 개정하기로 합의했다. 이 과정에서 노동당 규약 개정문제도 거론됐다. 황원탁 외교안보 수석은 두 정상 간에 다음과 같은 합의가 있었다고 밝혔다.

"보안법과 이와 관련된 북한 법들은 과거에 만들어졌다. 이제는 시대적 상황이 많이 바뀌었다. 시대 상황이 바뀌었기 때문에 그 취재는 살리더라도 시대 상황에 맞도록 조정돼야 된다. 시대가 변한 이때 우리 민족이 이 문제로 다투어서 되겠는가. 만약 우리 두 정상만의 인식이 잘못되었다면 우리 두 사람만 고치면 되는데 아직도 모든 국민들이 과거의 인식에 사로잡혀 있다는 것이 문제다. 우리 두 사람이 선도해서 화해와 협력의 새 시대에 적응할 수 있도록 국민들의 인식을 바꿔나가야 한다."

비전향 장기수 문제도 상당히 까다로웠다. 공식적으로는 북쪽에서 남쪽으로 오고 싶어하는 양심수나 국군포로가 없는 것으로 돼 있기 때문이다. 이런 껄끄러움을 '인도적 차원'이라는 말로 일단 녹였다. 이산가족 교환방문 문제는 의외로 쉽게 의견의 일치를 보았다. 8·15 때 시범적으로 100명씩 상호방문하고 난 후 나머지 이산가족에 대해서도 8·15 때와 같은 절차에 따라 생사확인과 상호방문을 거치고 면회소 설치를 논의한다는 데 합의한 것이다.

중간 휴식

김대중 대통령과 김정일 국방위원장이 정상회담을 하는 동안 양측 수행원들은 회담장 밖에서 초조하게 회담결과를 기다렸다. 두 정상은 회담이 2시간 이상 마라톤으로 진행되자 '휴식을 취하는 것이 좋겠다'는 주위의 건의를 받아들여 오후 5시 20분께 휴식에 들어갔다.

두 정상은 휴식에 들어가기 전 서울에서 팩스로 전송된 신문보도철이 보고되자 나란히 서서 이를 놓고 잠시 환담했다. 두 정상은 정상회담과 관련한 1면 통단 제목과 여러 쪽에 걸친 신문 보도내용을 보고 "정상회담에 모두 관심이 많다"며 마음을 다잡는 모습이었다. 특히 김 대통령은 "기사 없이 사진만 실은 신문은 처음 본다"면서 "7천만 동포들의 관심을 보여주는 것으로 생각한다"고 말해 회담이 성공리에 끝나 남과 북에 큰 '선물보따리'를 안겨줘야 한다는 의중을 은연중에 내비쳤다.

이어 김 위원장은 "남측 신문에 정상회담이 대대적으로 보도되고 있군요"라고 관심을 표시한 뒤 옛 《서울신문》이 보이지 않자 "제호가 바뀌었다면서요"라고 김 대통령에게 물어 남측 언론에 대해 어느 정도 파악하고 있음을 드러냈다. 이에 김 대통령은 "대한매일로 바뀌었다"고 답변했다. 김 대통령은 김 위원장이 남측 언론에 대해 많은 관심을 보이자 "이 신문철을 드리겠다"며 즉석에서 김 위원장에게 선물했고 김 위원장은 수행원에게 전하며 "잘 챙기라"고 지시했다.

두 정상은 각기 다른 방에서 휴식을 취한 뒤 오후 6시 5분 회담장으로 향하다 입구 복도에서 마주쳤다. 복도 맞은 편에서 걸어오던 김 위원장이 먼저 김 대통령을 보고 "편히 쉬셨습니까"라고 인사를 건네자 김 대통령도 "잘 쉬셨습니까"라고 화답했다. 두 정상은 휴식시간 동안 정리된 생각이 많은 탓인지 회담장으로 들어가면서도 대화를 계속했다. 두 정상은 남북 경제교류와 협력문제로 회의를 이어갔다.

김 대통령 : 남북이 철도와 도로를 연결하고 항만, 전력 등 기반시설을 확충하는 것이 앞으로 북한 경제에 도움이 될 것입니다.

김 위원장 : 북에는 광산이 많으니 철도가 지나가는 곳에서 광물을 실어 남측 제련소에 보내고, 그곳에서 제련한 광물을 남측이 쓰고 나머지를 북에 보내주면 됩니다.

김 대통령 : 남한은 자유경제체제여서 정부가 투자하라고 해도 안하니 남측 기업을 포함해 외국의 많은 기업이 투자를 하려면 먼저 투자보장, 이중과세 방지, 정상 결재, 상사(商社) 분쟁 조정 등 제도적 장치를 빨리 마련해야 합니다.

김 위원장 : 가능한 빨리 회의를 열어 조치하겠습니다.

서울 답방 합의

내부문제가 다 끝나고 마지막에 답방문제가 나왔다.

김 대통령 : 김정일 국방위원장이 서울을 방문해야 됩니다.

김 위원장 : 저, 못 가겠습니다. 저 못 갑니다.

김 대통령 : 왜 못 오신다고 그럽니다?

김 위원장 : 나는 내 현재의 직책을 갖고는 못 갑니다. 내가 이 직책을 갖고 가면 우리 인민들이 좋아하지 않습니다.

김 대통령 : 당신이 와야지 무슨 소립니까? 지금 김 위원장하고 나하고 화해협력에 대해서 서로 합의를 하고 이야기했는데, 당신이 안 온다고 할 것 같으면 누가 화해협력의 정책을 믿겠습니까? 그러니까 당신이 와야 합니다.

김 위원장 : 아! 저는 못 갑니다. 개인적인 자격으로 간다면 한라산도 가고 싶고, 또 대통령님도 개인적인 자격으로 오신다면 백두산도 오셔서 한 4박 5일 저하고 같이 지낼 수 있습니다. 그러나 개인적인 자격이 아니고 직책을 가지고 간다면 그건 대단히 어렵습니다. (이 대목에서 김 위원장은 상당히 여러 차례에 걸쳐 갈 수 없다는 의사를 표시했다.)

김 대통령 : 김 위원장이 지금 몇 번이나 우리나라가 동방예의지국이라고 이야기를 했는데, 내가 위원장보다 나이 많은 사람 아닙니까? 나이 많은 사람이 당신을 찾아왔는데 어찌 나를 답방하지 않는다고 합니까? 그게 예의에 맞는 얘깁니까?

김 위원장 : 알았습니다. 전라도 고집은 좀 알아줘야겠습니다.

김 대통령 : 아! 김 위원장은 전주 김씨 아닙니까? (김정일 위원장의 본관은 전주다).

김 위원장 : 고위급회담을 위해 한두 번 (다른 사람을 먼저) 보내고 3번째쯤 내가 (서울에) 가겠습니다.

이렇게 남쪽에서 어렵다고 본 서울 답방문제에 두 정상은 합의했다.

공동선언 서명

마지막 걸림돌이 남아 있었다. 공동선언의 서명 주체였다. 양측은 이 문제를 둘러싸고 25분간이나 옥신각신했다.

김 대통령 : 당신하고 나하고 서명을 합시다.

김 위원장 : 전, 서명을 못합니다. 우리 북쪽의 체제는 김영남 최고인민회의 상임위원장이 국가수반으로 되어 있기 때문에 김영남 상임위원장이 서명하고, 김대중 대통령께서 서명하는 것이 좋겠습니다.

김 대통령 : 그건 안됩니다. 북한의 실질적인 지도자는 당신 아니냐? 실질적인 지도자로서 서명해야 됩니다. 나도 대한민국의 대통령으로 왔으니까 내가 서명을 해야 온당한 얘기다. 어떻게 그렇게 할 수 있겠는가? 그건 안됩니다.

김 위원장 : 그러면 상부의 명을 받들어 김용순 위원장과 임동원 특보가 하는 것으로 합시다.

남측 배석자 : 두 분이 직접 만나셨는데 다른 사람한테 서명하라고 하면 되겠습니까?

김 위원장 : 알았습니다. 언제 서명할까요?

김 대통령 : 당장 서명합시다. 문안 만들어서 당장 서명합시다.

김 위원장 : 문안 준비도 해야하니까 내일 하시죠.

김 대통령 : 그건 안됩니다. 오늘 당장 해야 한다. 왜냐하면 내일 서명하게 되면 우리 한국에는 다음 날 아침에 조간신문이 나오기 때문에 우리가 한국에 도착한 다음에 합의사항이 보도됩니다.

김 위원장 : 대통령께서 돌아가실 때 개선장군이 되시고 싶다는 것이죠?

김 대통령 : 당신이 나 개선장군 만들어 줘서 나쁠 게 뭐 있소?

김 위원장 : 아이고 알았습니다. 문안이 준비가 안됐는데 어떻게 할까요?

남측배석자 : 저희들이 문안을 만들어 놓은 게 있습니다. 두 분이 말씀하신 것을 다 정리했는데, 저희들이 만든 문안을 검토해서 차이가 없으면 토의하여 결정하시죠.

김 위원장 : 그렇게 합시다.

이로써 장장 3시간 50분에 걸친 마라톤 회담이 끝났다. 회담시간이 총 3시간 50분이었지만 3시간 40분은 긴장의 연속이었다. 지금까지 알려진 대화 내용은 어디까지나 '전체 그림의 조각'에 지나지 않은 듯하다. 김 대통령도 "여러 가지 양해된 좋은 일이 있으나 (밝히기에) 적당한 시기가 아니다"고 말했다. 두 정상 간에 알려지지 않은 많은 깊숙한 대화가 오갔음을 시사하는 대목이다.

이날 회담에서 김 대통령은 "남과 북은 7·4공동성명과 남북기본합의서 등 이미 많은 합의를 이뤘으나 이제는 이를 실천하고 행동에 옮기는 것이 중요하다"면서 "양측 간에 한반도 긴장 완화와 평화체제 구축, 화해, 협력을 위한 모든 방안을 논의해야 한다"고 밝혔다. 김 대통령도 나름대로 북한에 대해 서운한 점을 김 위원장에게 밝혔다. 잠수정 침투사건이나 서해교전에 대해 우회적으로 항의 표시도 했다.

김 위원장도 김 대통령의 발언 중간 중간에 "나도 섭섭한 게 있는데 말씀을 드리겠다"며 그동안 남측에 대해 불유쾌하게 생각했던 사항들을 기탄 없이 솔직하게 말했다. 김 위원장은 또 남측 신문을 김 대통령과 함께 보는 자리에서 자신을 좋지 않게 다룬 기사를 보고 불만을 표시하기도 했다.

젖 먹던 힘까지 내서 설명

반면 김 위원장은 김 대통령의 인생 역정, 정치 역정에 대해 여러 번 존경심을 표시했다. 김 위원장은 "여러 번 목숨까지 위태롭게 되는 탄압을 받고도 집권했다는 것은 상상할 수 없는 일"이라고 김 대통령을 격찬했다.

김 대통령은 회담 후 "내가 젖 먹던 힘까지 내서 진실되게 설명했다"며 자신의 심정을 털어놓았다. 회담을 마치고 나오는 두 정상의 표정은 모두 밝았다. 회담 결과에 서로 만족했던 것이다. 실제 김 대통령이나 김 위원장이나 2차 정상회담에서 하고 싶은 말을 충분히 한 것으로 보인다. 회담이 예상보다 훨씬 길어지면서 오후 7시로 예정됐던 김 대통령 주최 만찬도 8시로 연기됐다.

7시 15분에 정상회담을 끝나자 남측의 임동원 원장, 황원탁 외교안보수석과 북측의 김용순 비서, 임동욱 통일전선부 제1부부장이 공동선언 초안을 만들기 위해 바쁘게 움직였다. 백화원영빈관을 나온 두 정상은 8시 경 목란관에서 열릴 만찬장으로 향했다. 김 위원장이 먼저 "만찬장에 가실 때 제가 모시고 가겠습니다"라고 말했다. 평양 방문기간 중 김 대통령이 이동할 때는 김 위원장이 항상 차 왼쪽에 타고 직접 동행했다. 이보다 앞서 김용순 비서가 건네준 공동선언 초안을 본 김 위원장은 떠나기 전 "아까 내가 검토해 보니까 내 생각하는 것과 99% 같애. 뭐 더 이상 고칠 거 없더만. 그대로 합시다"라며 선언 초안에 대해 만족을 표시했다.

"제가 너무 경거망동한 것 같습니다"

목란관에 도착한 김대중 대통령과 김정일 국방위원장은 수행원들과의 인사를 마친 후 만찬장 옆에 대형병풍이 쳐진 휴게실에서 잠시 휴식을 취하며 담소를 나눴다.

김 대통령 : (휴게실 앞에 걸린 대형그림을 보고) 저 그림이 무슨 그림입니까?

김 위원장 : 백두산 천지의 실제 정경입니다. 중국 쪽에서 본 것보다는 우리 쪽에서 본 그림이 더 자연스럽습니다.

김 대통령 : 청와대에도 백두산 사진이 있는데 저쪽(중국 쪽)에서 찍은 것입니다.

김 위원장 : 김 대통령께서 백두산에 한번 올라가셔야 합니다. 제가 한라산에 한번 가보고요.

김 대통령 : 다리가 불편해서 백두산에 오르기는 힘듭니다.

김 위원장 : 자동차가 꼭대기까지 올라갑니다.

김 대통령 : 아, 그렇습니까.

김 위원장 : 금강산은 자동차로 못 올라갑니다. 젊은이들이 금강산에 삭도(케이블 카)를 만들자고 하는데 반대했습니다. 늙은 사람들이 얼마나 된다고 자연환경을 훼손하느냐 반대했지요. 백두산 천지만은 삭도를 냈습니다. 파괴될 것도 없어서입니다. (백두산정의 케이블카 길이가 얼마인지에 대해 혼잣말을 하다가) 용순 비서, 거리가 얼마나 되지.

김용순 비서 : 잘 모르겠지만 한 500m 되는 것 같습니다

김 위원장 : 더 되는 것 아닌가.

김 대통령 : (대형병풍의 왼쪽 그림을 보고) 저 그림이 부처님을 닮았습니다.

김 위원장 : 그렇지요. 금강산 못지않는 칠보산을 자랑 좀 해야겠습니다. 제가 4번 갔다왔는데 아직도 채 개발이 되지 않았으며 금강산처럼 바다를 끼고 있어 절경입니다.

김 대통령 : 어디 있습니까?

김 위원장 : 함경북도에 있습니다. 중국 사람들이 자기네가 관광지로 개발하자고 요구하고 있지만 허락하지 않았습니다. (박재규 통일부장관에게) 칠보산을 다녀온 적이 있습니까?

박재규 장관 : 조사차 갔다온 적이 있습니다.

김 위원장 : 장관나리들도 북한 답사를 바랍니다. 대통령께서 모범을 보였으니 각자가 분야별로 답사하시길 바랍니다.

김 대통령 : 김 위원장의 말씀은 북쪽 지도자들도 남쪽을 답사한다는 의미로 받아들여도 좋습니까?

김 위원장 : (김영남 상임위원장을 가리키며) 서로 오가는 것도 좋고 관광해서 얻은 이익도 많지만 손해보는 것도 적지 않습니다. 이태리와 유고 사람들은 관광이 돈벌이에는 좋지만 자기 땅이 황폐화되고 바다가 오염된다고 하더군요. 그 사람들 말을 신주 모시듯 하지는 않지만 참고할 만 합니다. 다소 과장됐겠지만 금강산 갔다온 남쪽 사람들이 자기네 설악산은 오물투성이라고 하더군요. 무엇이 중요한지 그 모순을 해결하기가 쉽지 않습니다.

김 대통령 : 참으로 어려운 문제입니다.

김 위원장 : 서울 신문을 보니까 기자 어른들이 평양시내가 한적하다고 썼더라. '한적하다'는 말에는 뭐가 없다는 의미가 아닙니까?

김 대통령 : 워싱턴은 깨끗하고 뉴욕은 어수선하지 않습니까. 그런 의미가 아닐 것입니다.

김 위원장 : (자신이 너무 말을 많이 했다고 느낀 듯) 제가 너무 경거망동한 것 같습니다.

김 대통령 : 아닙니다. 중요한 얘기입니다. 서울은 공해가 문제입니다. 엊그제 중랑천 물고기가 죽은 기사를 보고 심각하게 느꼈습니다.

"아주 오랫동안 기다려온 날"

두 정상은 환경문제를 놓고 몇 마디 더 대화를 나누고 만찬장으로 자리를 옮겼다. 이날 만찬은 궁중요리 전문가 한복려 씨가 지휘한 남측 궁중요리팀 10명이 북측 요리사 20명과 함께 준비한 한국 전통 궁중요리가 나왔다. 김 대통령과 김 국방위원장이 헤드테이블에 도착하자 미리 자리했던 양측 참석자들은 3분 동안 기립박수로 환영했다.

먼저 김 대통령은 마이크대로 옮겨 약간 흥분된 목소리로 5분여 동안 만찬사를 낭독했다. 김 대통령은 "김 위원장과 정상회담을 성공적으로 마쳤음을 보고한다"면서 "우리 민족의 아주 밝은 미래를 봤다"고 밝혔고, 참석자들은 박수로 환영했다.

김 대통령은 "생각해 보면 아주 오랫동안 기다려 온 날"이라며 "이제 지난 100년 동안 우리 민족이 흘린 눈물을 거둘 때가 왔으며 서로에게 입힌 상처를 감싸줘야할 때"라면서 "오늘 역사적인 정상간의 합의를 도출하는 데 이를 적극적으로 인도해 주신 김 위원장에게 여러분과 감사의 박수를 치고 싶다"고 유도해 만찬장은 박수소리로 또다시 가득 찼다.

특히 김 대통령은 회담결과에 고무된 듯 "성의와 인내심을 가지고 꾸준히 노력한다면 안될 일이 없다"면서 "우리는 머지않아 통일에의 목적지까지 도달할 수 있을 것"이라고 기대감을 표시했다. 김 대통령은 "저는 김정일 국방위원장이 김일성 주석이 서거한 이래 우리 민족 전래의 윤리에 따라 3년상을 치른 지극한 효성에 감동했다"며 "정치적 안정을 이룩하고 대외관계와 경제발전을 위해 많은 노력을 하고 계신데 경의를 표한다"고 극찬했다.

이어 김 대통령은 "앞으로 남북 간에 협력을 구체적으로 진행하기 위해서는 우리 두 사람과 책임 있는 당국자 간의 지속적인 대화가 이뤄져야 하며,

이를 통해 서로 이해를 넓히고 믿음을 쌓아 가면 협력 또한 확대될 것"이라면서 "드디어 백두산에서 한라산까지 평화가 가득 차고 한강과 대동강에서 번영의 물결이 넘칠 것"이라고 말했다.

김 대통령은 강한 어조로 "김정일 위원장이 얼마 전 중국을 방문했을 때 '한반도 문제는 우리 민족끼리 해결해야 한다'고 말했다는 보도를 보고 깊은 감명을 받았다"며 김 위원장을 거듭 추켜세운 뒤 이산가족상봉 합의 등 정상회담 성과를 흥분된 어조로 열거했다.

김 대통령은 끝으로 김정일 위원장과 북쪽 지도자를 거론하며 1972년 서울 장충단공원 대통령 유세 때 "청와대에서 만납시다"라고 했던 것처럼 "서울에서 만납시다"라며 연설을 맺어 참석자들로부터 기립박수를 받았다.

만찬사를 끝내고 김 대통령이 자리에 앉자 김 위원장은 김 대통령 왼쪽에 자리한 김영남 상임위원장에게 "대신 가서 하시죠"라고 권했고, 이에 따라 김영남 상임위원장이 김정일 국방위원장의 만찬답사를 대독했다.

"통일은 미래형이 아니라 현재형"

김 상임위원장은 "이번 상봉과 회담을 통해 북과 남은 서로 갈라져 살 수 없는 한 혈육이며 그 어느 이웃에도 비길 수 없는 동족임을 거듭 확인했다"며 "우리 정치인들은 통일을 미래형으로 볼 것이 아니라 현재형으로 만들기 위해 모든 지혜와 힘을 모아야 한다"고 강조했다.

김 상임위원장은 또 "세월이 흘러간 먼 훗날에도 역사는 조국의 통일을 위해 공헌한 애국자들을 잊지 말아야 할 것이며, 그들의 이름은 언제나 기억하게 될 것"이라고 정상회담의 의미를 되새겼다. 그러나 이날 만찬의 '옥의 티'를 하나 지적한다면 마이크 상태가 좋지 않아 서울에서 TV를 시청한 국민들이 무슨 말인지를 잘 알아들을 수 없었다는 점이다.

만찬사가 끝난 뒤 김 대통령과 김 국방위원장은 헤드테이블에 앉아 미리 차려진 남측 소주와 문배주, 궁중 음식메뉴 등을 화제로 환담을 나눴다. 이때 김 위원장은 이희호 여사가 헤드테이블이 아닌 앞쪽 일반 참석자 테이블에 앉아 있는 모습을 보고 "이산가족이 되면 안 된다"며 폭소를 자아내게 한 뒤 김 대통령과 김 위원장 중간에 새로 자리를 마련해 이 여사에게 앉도록 배려했다.

김 위원장은 와인잔을 들고 이 여사에게 "건강하십시오"라고 건배를 제의한 뒤 "남쪽 음식에 대한 순서를 잘 모른다. 어떻게 하는 것인지 잘 모르겠다"고 분위기를 주도하며 음식 그릇에 대해 여러 가지를 이 여사에게 묻기도 했다. 이날 만찬은 김 위원장이 적극적이고 전향적인 자세로 임해 시종 화기애애했고 여느 정상회담과 달리 격식을 차리지 않고 가족 같은 분위기에서 자유롭게 진행됐다.

만찬장까지 계속 실무협상

그러나 목란관 만찬 진행 중에도 '남북공동 성명이냐 선언이냐'를 놓고 남북 실무진끼리의 밀고 당기기는 계속됐다. 공동선언문 작성이 말처럼 쉽지 않았다. 백화원영빈관에 남은 양측은 공동성명 최종안을 마련해 목란관 만찬장으로 들고 가 김용순 비서가 김 위원장에게 먼저 보고했다. 김 위원장은 최종안을 검토한 뒤 일부 수정을 지시하고 이를 남측의 임동원 특보에게도 설명했다. 다시 임 특보가 김 대통령에게 보고하는 등 막후 조율작업이 부산하게 이뤄졌다.

합의가 늦어지자 공식수행원들은 입이 바짝 마를 지경이었다. 오후 9시

30분에 서명을 한다고 해놓고서 8시부터 만찬에 들어갔는데도 아무 소식이 없었기 때문이었다. 만찬이 한창 진행되는데 다른 한편에서는 계속 막후협상이 진행되는 이상한 광경이 연출된 것이다. 통상적인 정상회담 형식에서 벗어난 파격의 연속이었다.

막바지 최대 이슈는 '선언'과 '성명'이었다. 북측은 줄곧 '성명'으로 표기할 것을 주장했다. 그러나 김 대통령은 "과거 7·4공동성명 등 성명은 많이 나왔으나 실천이 없었다. 만날 성명만 발표하면 뭐 하느냐. 실천이 있어야 한다. 역사적 선언으로 하자"고 주장했다. 결국 '선언'으로 확정됐다.

그후에도 김 위원장의 서울방문 일정과 문구 등 미세한 부분들이 최종적으로 조정됐다. 이 과정에서 김용순 비서가 김 대통령과 김 위원장을 번갈아 오가며 메신저 역할을 담당했다. 마침내 11시 10분경 선언문이 최종 합의됐다는 보고가 두 정상에게 전달됐다.

김정일 위원장이 와인잔을 들고 김 대통령에게 가서 건배를 제의했다. 김 대통령은 김 위원장을 데리고 연단으로 나가 "우리 두 사람이 공동선언에 완전히 합의했습니다. 모두 축하해 주십시오"라며 김 국방위원장의 팔을 번쩍 들었다. 우렁찬 박수가 만찬장에 울려 퍼졌다. 이때 시각이 밤 9시 49분. 역사적인 '6·15공동선언'이 탄생하는 순간이었다.

그런데 정작 이 역사적인 순간을 보도할 기자들이 그 자리에 한 명도 없었다. 기자들의 만찬장 출입이 허용되지 않았기 때문이었다. 박준영 청와대 대변인과 박선숙 부대변인이 곤혹스러운 표정을 지으며 이 문제를 논의하자, 김정일 위원장이 "무슨 일이냐"고 물었다. 그러자 박 대변인이 "두 분이서 손을 든 장면을 기자들이 찍지 못해 야단났다"고 말했다. 김 위원장은 김 대통령한테 "그러면 우리 배우 노릇 한번 더 합시다"며 연단으로 나가 다시 포즈를 취했다.

이후 30여 분 동안 헤드테이블 주위에서는 김 대통령과 김 위원장을 중심으로 정상회담의 성공을 축하하는 양측 주요 참석자들의 건배가 끊임없이 오가는 등 파격을 뛰어 넘는 한편의 드라마와 같은 분위기가 연출됐다. 특히 김 위원장은 임동원 특보를 불러 귓속말로 뭔가를 얘기한 뒤 가득 채운 와인 잔을 함께 단숨에 비우면서 건배행진을 시작했다.

임 특보가 자리에 돌아가 앉자 김 위원장은 임 특보에게 "다 마셨느냐"고 물어봤고 임 특보는 잔을 뒤집으면서 다 마셨음을 보여줬으며 이를 본 좌중에서는 또 다시 박수가 터졌다. 김 위원장은 다시 임 특보에게 포도주를 따라준 뒤 바로 옆자리에 앉은 박재규 통일부장관에게 먼저 건배를 제의하는 등 헤드테이블 전원에게 건배를 제의, 전원이 기립해 '원샷'을 했다.

헤드테이블의 분위기가 고조되자 수행원들의 좌석에서도 잇따라 기립건배가 줄을 이었고 '위하여'라는 소리가 곳곳에서 터져 나오는 등 순식간에 만찬장 전체가 떠들썩한 상황이 전개됐다.

잠시 후 박재규 장관이 연단으로 나와 "김 위원장의 위임을 받아 여러분 앞에 있는 술을 전부 마음껏 드실 것을 제의합니다"라고 제안, 참석자 전원이 박수와 함께 일어나 '위하여'를 외치며 건배했다. 이어 김영남 위원장도 김 대통령에게 건배를 제의, 두 사람은 와인잔을 한꺼번에 비웠다. 김영남 위원장은 또 김정일 위원장에게 술을 권했고, 이어 임동원 특보에게 건배를 제의하기도 했다.

이때 뜻밖의 '사건'이 발생했다. 김정일 위원장이 갑자기 1번테이블에 앉아 있던 인민군 장성들에게 손짓을 하며 큰소리로 김 대통령에게 술잔을 올릴 것을 지시한 것이다. 그러자 박재경(朴在慶, 인민군 총정치국 부국장)·현철해(玄哲海) 대장 등 인민군 최고위 장성 6명이 나와 김 대통령 앞에 도열한 뒤 먼저 박재경 대장이 김 대통령에게 술을 따르고 김 대통령과 함께 술잔을 비웠다. 이어 김 대통령도 군 장성들에게 일일이 술을 따라주고 함께 술을 드는 장면을 연출했다. 북한 군부의 최고실력자인 조명록 국방위원회 제1부위원장도 김 대통령에게 다가와 술을 가득 채우고 건배를 제의했다.

그러자 김정일 위원장은 테이블 오른쪽에 앉아 있던 한광옥 실장을 불러 건배를 했다. 이어 이번 회담의 막후 주역인 박재규, 박지원 장관 등과 잇따라 건배를 한 뒤 "내가 연단에 두 번 나갔으니 출연료를 받아야 되겠다"고 농담을 하기도 했다. 이어 두 정상은 서명식장인 백화원영빈관으로 다시 자리를 옮겨 선언문에 서명했다. 역사적인 남북 공동선언 서명식에는 남측에서 임동원 특보를 비롯한 공식수행원이, 북측에서는 김용순 노동당 통일전선사업담당 비서, 통일전선부 임동욱 제1부부장만 배석했다.

역사적인 남북공동선언

김대중 대통령과 김정일 위원장은 '6·15 남북 공동선언문'에서 민족 자체의 역량에 바탕을 둔 자주적 통일 원칙을 재확인했다. 특히 공동선언 제2항은 분단 이후 남북 정상이 최초로 통일방안에 합의를 도출한 것으로, 남측의 '연합' 제안과 북측의 '낮은 단계의 연방제안'의 공통성을 인정하는 방향에서 통일을 지향해 나가기로 명문화했다. 공동선언문은 또 "남과 북은 경제협력을 통하여 민족경제를 균형적으로 발전시키고 사회, 문화, 체육, 보건, 환경 등 제반 분야의 협력과 교류를 활성화하여 서로의 신뢰를 다져 나가기로 했다"고 밝혔다. 두 정상은 이어 이 같은 합의 사항을 조속히 실천에 옮기기 위해 빠른 시일안에 남북 당국 사이에 대화를 개최하기로 합의했다.

김 대통령과 김 위원장은 서명식이 끝난 후 나란히 서서 한쪽 손을 잡고 두 팔을 머리 위로 들어올려 사진기자들에게 포즈를 취한 뒤 모든 수행원에

게 샴페인을 돌려 축배를 제의했다. 이때 김 대통령은 샴페인잔을 들어 반쯤
마시고 입을 뗐으나 옆에 선 김 위원장은 단숨에 술잔을 비웠다.

김정일 위원장은 공동선언에 서명한 뒤 "서명했으니 반드시 지키겠다"고
여러 차례 다짐했다. 2000년 6월 14일 밤 11시 30분이었다. 선언서에는 6월
15일에 서명한 것으로 돼 있다. 북측이 4자가 들어간 14일을 피해 15일을 고
집했기 때문이었다. 서명하자마자 언론에 전송되고 그날 밤 바로 발표가 이
뤄졌다. 남북분단 55년사에 한 획을 긋는 순간이었다.

한편 김 위원장은 백화원을 나가면서 "내일 대통령은 편히 쉬시고 남측 대
표단은 최신 닭공장을 방문해주면 좋겠다"고 제의했다. 김 위원장은 "최근
독일에서 최신식 시설을 들여온 닭농장이 있다"며 "남측 대표단이 보고 엄중
하게 평가해달라"고 부탁했다. 김 위원장은 또 즉석에서 김 대통령 내외와
남측 공식 수행원 및 특별 수행원 50여 명을 오찬에 초대했다.

보람과 책무를 동시에 안겨준 14일 자정, 김 대통령은 각별한 감회에 젖어
평양의 마지막 밤을 보냈다.

┃ 2000년 6월 14일 김대중 대통령과 김정일 국방위원장이 '6·15공동선언'에 서명한 후 손을 잡고 기자들에게 포즈를 취하고 있다.

2000년 6월 15일 : 평양 마지막날

김대중 대통령은 15일 아침 7시 잠자리에서 일어나 KBS 위성채널을 통해 남북정상회담 관련 보도를 시청한 뒤 핵심참모들로부터 일정을 보고 받고 전날의 남북정상회담 합의서 서명 등에 대한 얘기를 나눴다. 김 대통령은 30여 분간의 산책을 마치고 숙소로 돌아와 수행한 청와대 수석비서관과 관계장관들에게 '6·15공동선언' 이후 어떤 후속조치를 취할 것인지 등에 대해 의견을 교환했다.

화기애애했던 마지막 오찬

김 대통령은 오전 중에는 별다른 공식일정 없이 휴식을 취하다가 낮에는 수행원들과 함께 김 위원장이 주최하는 송별오찬에 참석했다. 이날 백화원영

154

빈관서 열린 오찬은 원래 일정에 없었으나 전날 만찬이 끝난 후 김 위원장이 '호상주의'를 하자며 만찬을 제의해 이뤄진 것이었다.

이날 오찬사는 김 위원장의 위임을 받아 북측의 조명록 국방위원회 제1위원장이 했다. "공동선언을 실천하자"는 구절이 눈에 띄었다. 김정일 위원장도 여러 차례 언급했듯이 북측은 남쪽의 정치 사정상 공동선언이 제대로 이행되지 않을 수 있다고 우려하는 듯했다.

"이번에 국방위원회 김정일 위원장께서와 김 대통령이 뜻깊은 상봉을 하시고, 민족 앞에 북남선언을 천명해 통일의 이정표를 세운 것은 온 겨레에 기쁨과 희망을 던져주었습니다. 북남 사이에 형식적 장벽이 있고, 군대가 대치하고, 총포도 겨누고 있는 엄혹한 정세입니다. 그러나 모든 것을 천리혜안으로 민족이익을 첫째로 해, 민족이익과 자주권을 생명으로 지켜 두 분이 도량으로 민족 앞에 역사적 결단을 내려주었습니다.

우리 국방위원회는 김대중 대통령의 평양 방문과 더불어 마련된 통일건설에 대하여 만족한 생각을 갖고 높이 평가합니다. 우리는 이제 헤어지게 됩니다. 이 헤어짐은 기쁘고 희망찬 내일을 위한 송별이자 7천만 민족을 위한 송별입니다. 우리는 헤어져도 오늘을 잊지 맙시다. 북남선언을 성의 있게, 신의 있게 실천합시다."

남측에서는 임동원 특보가 답사를 했다. 임 특보는 정상회담을 "7천만 민족이 기다려왔던 역사적 사건"이라고 평가했다.

"김대중 대통령과 김 위원장이 처음 만나 활짝 웃으시는 가운데 손잡는 모습이 전파를 타고 온 누리에 퍼졌습니다. 그 누가 감격이 없을 수 있겠습니까. 7천만 민족의 염원에 평양도 울고, 서울도 울었습니다. 기쁨의 눈물입니다. 4시간이 넘는 마라톤 회담을 통해 우리는 7천만 민족과 전 세계에 민족자존을 알리는 공동선언을 내놓았습니다. 민족을 사랑하고, 민족의 자주적

두 지도자의 의지가 확고해 가능한 일이었습니다. 모두가 장시간 피로함도 모르고 여기에 참여한 데 대해 무한한 영광으로 생각합니다. 대화를 통해 다시는 이 땅에 민족끼리 싸우는 일이 있어서는 안되겠습니다. 55년 동안의 민족의 대립과 갈등을 씻고 화해와 협력이 필요하다는 김 위원장의 말씀에 감명을 받았습니다. 전적으로 동감을 표시합니다. 최고지도자 간 인간적 신뢰를 바탕으로 남북관계를 힘차게 열어갑시다."

"남은 전기 있으면 주십시오"

이날 오찬장에서도 김 위원장은 자신이 품고 있던 생각들을 거침없이 털어놓았다. 남쪽 수행원들이 깜짝 놀랄 만한 말들이었다. 그는 우선 남쪽에서 20만 톤의 비료지원을 해준 데 고마움을 표시했다.

"남쪽에서 비료를 주셔서 고맙습니다. 만약에 곡식이 클 때 비료를 안 줬다면 우리 인민들이 올해 또… 영삼 정부 시절 같았으면 지원요청을 하지 않았을 겁니다. 김대중 대통령 정부이기 때문에 급할 때 꿔 쓰고 갚으면 되니까 도와달라고 이야기해보라고 내가 지시했습니다. 정말 요긴하게 잘 썼습니다."

전력지원 요청도 나왔다. "전기도 부족합니다. 지방 특히 황해도 농촌은 전력 사정이 매우 안 좋습니다. 불이 깜빡깜빡하고…. 시급히 해결해야 합니다. 남쪽에서 남는 전기가 있으면 주십시오. 없으면 할 수 없고요."

그러면서 금강산 물을 남쪽에 보내겠다는 말도 했다. "금강산에는 좋은 물 있습니다. 갖다 쓰십시오. 군대를 바짝 동원하면 당장 남쪽에 많은 물을 보낼 수 있습니다. 군대는 그냥 놀게 해서는 안 됩니다. 가만히 놔두면 적이 누군지 찾습니다. 군대는 그저 쉬지 않고 일을 하게 해야 합니다."

모두 툭툭 던지는 식의 제안들이었으나, 의미심장하게 받아들일 대목이 한

두 가지가 아니다. 정상회담 뒤 정부가 곧바로 북한에 대한 전력 지원 문제를 본격적으로 검토하기 시작한 것도 김 위원장의 이런 요청에 따른 것이었다.

김 위원장이 "탈북자"라는 단어를 사용한 장면이 텔레비전에 방영돼 이채를 띠었는데, 남한을 '대한민국'이라고 공식적으로 호칭한 것도 매우 주목되는 대목이다. 김 위원장은 오찬 도중 "19세기 일본은 은단을 전 세계에 보급했는데, 김치를 전 세계에 보급한 것은 대한민국의 공헌이라고 생각한다"고 말했다. 김 위원장이 이번 회담 과정에서 한번쯤은 '대한민국'이라는 말을 사용하려고 애초부터 마음먹고 있다가 김치 보급을 이야기하면서 자연스럽게 대한민국이란 용어를 사용한 것이었다.

"베이징 접촉은 사대적"

김 위원장은 또 남북 간의 각종 접촉이 그동안 중국 베이징에서 이뤄지고 있는 것에 대해서도 "베이징 무대를 쓰지 맙시다. 불편해서 하고 있기는 하지만 역시 베이징은 '사대적'입니다. 늘상 연락할 수 있는 체계를 가집시다"라고 말했다. 앞으로 남북 당국 간 접촉이 한반도 내에서 이뤄질 전망을 밝게 해주는 대목이다.

미국 등 주변국이 가장 관심을 쏟고 있는 북한의 핵·미사일 개발과 관련한 김 위원장의 속내도 이날 오찬에서 드러났다. 그는 황원탁 외교안보수석이 "빌 클린턴 대통령을 만나 정상회담 결과를 설명하게 돼 있다. 이들이 가장 촉각을 곤두세우는 문제가 북의 핵과 미사일 개발 문제인데, 북쪽 입장을 어떻게 설명하면 되느냐"고 묻자 이렇게 답변했다.

"곧 열릴 북·미회담에서 해결날 것이다. 너무 걱정하지 말라고 전해달라."

황 수석이 미국 쪽에 전달할 '김정일 위원장의 메시지'인 셈이었다.

김 위원장은 이날 고별오찬에서 "고민이 하나 있다"고 운을 뗀 뒤 "오늘 아침 국방위원회 일꾼들한테 '당장 10일 앞으로 다가온 6·25문제를 어떻게 할 것인가. 우리 쪽에서 6·25에 대해 종전처럼 하지 말라'고 지시했다"고 말했다. 김 위원장은 "(국방위원회 일꾼들이) 남쪽에서 안 그러는데 우리만 그럴 수 있느냐'고 나오더라"며 "50년 동안 적대관계에 신물이 날 텐데도 군인들은 항상 상대방을 적으로 생각하니, 이 사람들에게 적대감을 갖지 않게 하는 것이 중요하다"고 강조했다.

그는 이어 남쪽 수행원들을 향해 "임동원 특보, 박재규 장관, 박지원 장관. 그것을 잘 조절하시오. 그거 잘 안 되면 어제 공동선언 또 휴지 조각 됩니다. 조절 잘못하면 내가 남쪽 가서 장관 하갔어"라고 말해 폭소가 터지기도 했다. 이에 대해 김대중 대통령은 "그렇게 안 돼야죠. 너무 염려마십시오"라고 화답했다.

역사적인 정상회담은 그렇게 서서히 막을 내리고 있었다.

아쉬운 작별

모든 일정이 끝나고 전용기 부근에 이르자 김정일 위원장은 임동원 특보, 박재규 통일장관, 이헌재 재경부장관, 박지원 문화관광부장관, 한광옥 청와대비서실장 등 남한 측 인사들과 차례로 악수했다.

이어 김 대통령과 김 위원장은 3차례 포옹을 하며 작별인사를 했고, 김 대통령 내외가 트랩을 올라 전용기 입구에 서자 김정일 위원장은 트랩 밑에서 위를 쳐다보며 거수경례를 했고, 김 대통령 내외는 손을 흔들어 김 위원장과 환송객에게 답례했다.

또 4시 13분께 김 대통령 내외가 전용기 안으로 들어가고 대통령 문양이 선명한 출입문이 닫히자 김 위원장은 두 손을 흔들어 인사한 후 조명록 총정치국장, 김용순 위원장 등 6명과 함께 나란히 서서 간간이 손을 흔들며 전용기가 활주로에 진입할 때까지 지켜보았다.

한편 김 대통령은 평양 순안공항을 출발하면서 서면으로 발표한 '평양출발 인사'를 통해 "세 차례에 걸친 회담을 통해 우리 두 사람은 민족의 장래와 통일을 생각하는 마음과 정열에 큰 차이가 없으며, 이를 추진하는 방법에 공통점이 많다는 것을 확인했다"면서 "민족을 위한 역사적 결단에 기꺼이 협력해 주신 김정일 국방위원장에게 경의를 표한다"고 말했다.

또 김 대통령은 "이로써 남과 북은 지금까지의 대결의 시대에 종지부를 찍고 서로 협력해 민족의 운명을 함께 개척해 나갈 수 있는 역사적 전환점을 만들었다"면서 "앞으로도 김정일 국방위원장과 자주 만나 모든 문제를 상의해서 풀어나갈 결심"이라고 강조했다.

"이제 새날이 밝아왔다"

김 대통령은 공군 1호기로 평양공항을 출발한 지 1시간 5분여 만인 오후 5시 24분께 성남 서울공항에 안착했다. 김 대통령은 3군 의장대 및 취타대 사열을 마치고 환영객들과 일일이 손을 잡은 후 20여 분간 귀국 보고를 갖고 6·15공동선언의 각 항목을 조목조목 들어가며 구체적으로 그 의미와 내용을 설명하면서 방북 성과를 국민들에게 알렸다.

김 대통령은 특히 이날 김 위원장과 나눈 대화 일부를 생생히 소개한 뒤 '그외 여러 가지 양해된 좋은 일이 있으나 (밝히기에) 적당한 시기가 아니다'라고 말해 미공개 합의사항이 많음을 시사했다.

김 대통령은 "우리에게도 이제 새날이 밝아왔다"면서 "우리 민족이 타의에 의한 불과 55년의 분단 때문에 영원히 외면하거나 남남이 될 수 없다는 것은 당연한 일이며, 이번에 화해, 협력, 통일도 할 수 있다는 것을 확인하고 돌아왔다"고 밝혔다.

이어 김 대통령은 "핵, 미사일, 주한미군, 국가보안법 문제를 다 얘기했고 아주 좋은 전망을 확인할 수 있는 일도 있었다"고 말했다. 특히 '낮은 단계의 연방제' 안에 합의한 데 대해 "통일을 위한 구체적인 환경을 마련하는 데 획기적 계기가 될 것"이라고 강조했다. 김 대통령은 남북공동선언에 포함된 8·15 이산가족 방문단 교환과 관련해 "공항에 나오면서 김정일 위원장에게 '8·15까지 통 크게 한번 하라'고 얘기했다"고 밝혔다. ✿

6 · 15공동선언 전문 (2000년 6월 15일)

〈남측 발표〉

조국의 평화적 통일을 염원하는 온 거레의 숭고한 뜻에 따라 대한민국 김대중 대통령과 조선민주주의인민공화국 김정일 국방위원장은 2000년 6월 13일부터 6월 15일까지 평양에서 역사적인 상봉을 하였으며 정상회담을 가졌다.

남북 정상들은 분단 역사상 처음으로 열린 이번 상봉과 회담이 서로 이해를 증진시키고 남북관계를 발전시키며 평화통일을 실현하는 데 중대한 의의를 가진다고 평가하고 다음과 같이 선언한다.

1. 남과 북은 나라의 통일문제를 그 주인인 우리 민족끼리 서로 힘을 합쳐 자주적으로 해결해 나가기로 하였다.

2. 남과 북은 나라의 통일을 위한 남측의 연합 제안과 북측의 낮은 단계의 연방제안이 서로 공통성이 있다고 인정하고 앞으로 이 방향에서 통일을 지향시켜 나가기로 하였다.

3. 남과 북은 올해 8 · 15에 즈음하여 흩어진 가족, 친척 방문단을 교

환하며 비전향 장기수 문제를 해결하는 등 인도적 문제를 조속히
풀어 나가기로 하였다.

4. 남과 북은 경제협력을 통하여 민족경제를 균형적으로 발전시키고
   사회, 문화, 체육, 보건, 환경 등 제반 분야의 협력과 교류를 활성
   화하여 서로의 신뢰를 다져 나가기로 하였다.

5. 남과 북은 이상과 같은 합의사항을 조속히 실천에 옮기기 위하여
   빠른 시일 안에 당국 사이의 대화를 개최하기로 하였다.

김대중 대통령은 김정일 국방위원장이 서울을 방문하도록 정중히 초청
하였으며 김정일 국방위원장은 앞으로 적절한 시기에 서울을 방문하기
로 하였다.

2000년 6월 15일

대한민국   조선민주주의인민공화국
대 통 령   국방위원장
김 대 중   **김 정 일**

제3부

2007년 **2차 남북정상회담**
임기 말에 성사돼 아쉬움을 남기다

노무현 대통령은 당선 직후
"조건이 맞으면 남북정상회담을 위해 평양을 방문할 수 있다"고 밝혔다.
그러나 취임 후 노 대통령은 남북정상회담보다는 북핵문제에 비중을 두기 시작했고,
대북송금특검을 수용함으로써 임기 초반 남북정상회담 기회를 놓쳤다.
그는 2004년 말까지도 "가능성이 매우 낮은 일에 정력을 기울여
그렇게 노력하지 않는 게 현명한 사람이 하는 일이라고 생각한다"며
"북핵 6자회담이 진행되는 동안에는 남북정상회담의 가능성을 매우 낮게 보고 있다"고
말했다. 북한은 지속적으로 남북정상회담을 제안했지만
2007년 초까지도 노 대통령은 "아직은 때가 아닌 것 같다"고 밝혔다.
그는 2007년 8월 북측은 다시 남북정상회담을 제안했고, 노 대통령도 이를 수용했다.
마침내 8월 5일 김만복 국가정보원장과 김양건 노동당 통일전선부장은
'8월 28일부터 사흘간 평양에서 제2차 정상회담을 실시한다'는 합의서에 서명했다.
그러나 그마저도 북한지역에 큰 홍수가 나면서 10월로 미뤄졌다.
2차 남북정상회담은 '10 · 4선언'이라는 역사적 합의를 도출했지만
이미 노 대통령의 임기는 끝날 시점이었다.
적기에 남북정상회담을 여는 것이 얼마나 중요한지를 교훈으로 남긴 회담이었다.

1.

2차 남북정상회담 합의 막전막후

2 · 13합의 이후 남과 북 정상회담 구체적 준비 돌입

2007년 5월 평양에서 만난 북측의 한 인사는 8월 말 '대사변'이 있을 것을 예고했다. '대사변'이 정상회담을 의미하는지 아니면 또 다른 격변을 의미하는지 그는 언급하지 않았다. 3개월이 지난 8월 8일 10시 남북은 동시에 8월 28일 평양에서 남북정상회담(남북수뇌상봉)을 개최한다고 공식 발표했다. 2006년 7월 남측이 남북정상회담을 제안한 지 1년여 만에 2차 정상회담에 합의한 셈이다.

1단계 탐색기 : 북의 핵실험을 전후해 정세 급변
남, 핵실험을 막아라
북, 핵실험 후 정상회담 추진

"상부에 정확히 전달하겠다. 답을 주는 데 상당한 시간이 걸린 것 같다. 기다려달라."

2006년 7월 말 판문점 연락관 접촉에서 메시지를 받은 북측 연락관이 상기된 채 말했다. 남북 간 공식채널을 통해 전달된 이 메시지에는 정상회담을 타진하는 노무현 대통령의 제안이 담겨 있었다. 북측이 미국의 전방위 압박에 대응해 7월 5일 장·중·단거리 미사일 7발을 발사한 후 정세가 급박하게 돌아가는 시점이었다.

당시 통일부장관으로 있었던 이종석 세종연구소 연구위원은 "노무현 대통령과 정부는 북을 6자회담에 복귀시키고 핵실험을 막기 위해 북측과 담판이라도 해야 한다고 판단했고, 이에 따라 남북정상회담을 적극 추진했다"고 당시 상황을 밝혔다. 그는 정상회담 추진 배경에 대해 "미사일 발사 이후 우리 정부는 북이 다음 수순으로 핵실험을 할 것이라고 판단했다. 당시 미국은 사실상 사태를 방관하고 있었고 중국은 나름대로 이를 방지하기 위해 노력했지만 실효를 거두지 못한 상황이었다"고 덧붙였다. 김정일 국방위원장과 담판을 해서라도 핵실험을 막아야겠다는 입장에 따라 공식 라인을 통해 북측과 접촉했다는 설명이다.

남, 북 미사일 발사 후 북미 설득 나서

당시 노무현 정부는 미국과 협의해 '공동의 포괄적 접근방안'을 추진하면서 동시에 남북정상회담을 비공개로 추진하는 두 개의 접근을 병행했던 것으로 전해진다. 실제로 2006년 9월 15일 있은 한미정상회담에서 노무현 대통령과 부시 대통령은 6자회담의 재개를 위해 한미 양국이 협의해온 공동의 포괄적 접근방안을 6자회담 참가국과 만들어 나가기로 합의했다.

우리 정부가 북의 핵실험 의지에 대해 정확히 파악하고 있었는지는 불확실하다. 하지만 정상회담의 서막이 열린 것만은 분명하다. 2005년 6월 방북한 정동영 당시 통일부 장관이 김정일 국방위원장을 만난 자리에서 정상회담 개최 원칙에 합의하는 등 상당히 깊은 논의를 했다. 부시 대통령도 김정일 국방위원장을 '미스터 김정일'로 호칭하는 등 변화된 입장을 보였다. 그러나 부시행정부의 대북 압박정책은 다시 원점으로 돌아갔고 정상회담은 불발됐다.

남측의 계속된 정상회담 제안에 대해 김정일 국방위원장은 2006년 9월 국방위원회를 소집해 논의했을 가능성이 크다. 그후의 상황 전개로 보아 결론은 대체로 세 가지였던 것으로 추론된다. 첫째는 미국의 입장 변화가 없을 경우 핵실험을 단행한다. 둘째는 미국이 금융제재 문제를 북미 간에 별도로 논의할 경우 6자회담에 복귀한다. 셋째는 남북정상회담을 의제, 시기, 장소에 구애받지 않고 모든 가능성을 열어 놓고 추진한다.

북 당국은 이 같은 방침에 따라 남측의 정상회담 제안에 대한 답을 보류한 채 10월 3일 핵실험을 선언하고 9일 핵실험을 단행한다. 그해 10월 31일 민주노동당 방북대표단을 맞이한 김영대 사회민주당 위원장은 "북이 핵시험 할 수밖에 없는 조건 말하겠다. 북의 입장서는 미국의 북한 적대시 정책, 고립압살 정책, 핵위협 정책에 의해서 자위적 수단으로 핵 억지를 위한 핵시험을 한 것"이라고 해명했다. 그리고 그는 "북의 지향은 자주와 평화번영 그리고 통일"이라고 강조했다.

10월 14일 유엔 안전보장이사회의 대북제재안이 통과되자 북 외무성은 17일 '미국의 각본에 따른 선전포고'라고 규정하고 미국의 동향을 주시하며 해당조치를 취해나갈 것이라고 선언했다. 그러나 내부적으로 유엔안전보장이사회의 대북제재안이 통과된 후 북의 입장은 조금 변화됐다. 당시 일본의 한 북 전문가는 "북 당국은 유엔의 대북제재 수위가 우려했던 최악의 수준은 아니라는 판단을 내린 것 같다"며 "핵 보유를 기정사실화하면서 미국이 관계정상화를 위한 협상에 나서도록 강온 양면 공세로 나올 것"이라고 말했다.

10월 31일 정세 반전의 계기가 마련됐다. 이날 북·중·미가 6자회담 재개에 전격 합의했다. 북은 6자회담의 전제조건을 제시하지 않고 회담에서 미국의 양보가 이뤄질 경우 핵 포기 의사가 있음을 밝힌 것으로 전해진다. 방북 민주노동당 대표단과 만난 김영남 상임위원장은 "6자회담에 무조건 복귀하고, 미국이 금융제재 푸는 것에 대해 6자회담에 복귀해서 풀겠다. 미국도 대국으로서 체면이 있는 만큼 거기에 맞는 방안들을 모색할 수 있으리라 본다"고 밝혔다.

다음 달 18일 더욱 고무적인 발언이 나왔다. 부시 미국 대통령이 이날 베트남 하노이에서 열린 한·미 정상회담에서 북의 핵 폐기 후 체제보장 문제와 관련, 한국·미국·북 3국이 '종전협정'(종전선언)에 서명하는 방안을 언급한 것이다. 그러나 부시 대통령의 이 '엄청난 발언'은 우리 정부 안에서도 즉각 공개되지 않았다. 열흘이 지난 29일에야 정부의 외교소식통을 통해 "한미정상회담에서 부시 대통령이 북핵 폐기 후 한반도 평화체제 이행 방안의 하나로 '나와 노무현 대통령, 김정일 북 국방위원장이 종전협정에 사인을 할 수 있다'는 취지로 말했다"는 사실이 공개됐다.

미국의 이 같은 입장 변화는 우리 정부의 설득과 중간선거 패배 이후 반전을 노리는 부시 대통령의 여건이 복합적으로 작용한 것으로 보인다. 그해 5월 국방연구원가 청와대에 제출한 보고서에는 평화체제 구축을 위한 군사 분야 추진 전략을 준비에서 진입, 전환, 정착까지 4단계로 나누어 제시하고 대통령이 6·15나 8·15를 계기로 한반도 종전선언을 앞장서 제의해 논의의 주도권을 확보해야 한다는 주장이 담겨 있다.

12월에 열린 5차 6자회담 2단계회의에서 6자회담 수석대표인 크리스토퍼 힐 국무부 동아·태 차관보는 북측 수석대표인 김계관 외무성 부상에게 부시 대통령의 이 같은 뜻을 전달한 것으로 알려졌다. 이에 호응해 북은 올해 1월 16~18일 김계관—힐의 '베를린 북미회동'에서 6자회담의 발목을 잡고 있던 방코델타아시아은행(BDA) 문제를 북미가 합의한 별도의 워킹그룹을 통해 해결을 모색해 간다는 양보안을 내놓았다.

재일조선인총연합회 기관지《조선신보》는 1월 1일 "조선은 (올해) 대담무쌍하게 미국에 대한 외교적 공세를 강화해 나갈 공산이 높다"며 "핵시험을 실시한 시점에서 조선은 미국의 위협과 간섭에 종지부를 찍는 노정도(로드맵)를 마련해 놓았다고 보는 관점이 타당할 것"이라고 언급한 바 있었다. 북의 핵심지도부는 2007년 6자회담, 북미 직접대화를 통해 2005년 합의한 9·19공동성명의 1단계 이행은 가능한 것으로 판단하고 있었다.

북, 핵실험 후 과감한 남북 · 북미관계 구상

북은 북미대화 분위기가 조성되자 남북관계 복원에도 힘을 싣기 시작했다. 2007년 1월 1일《로동신문》,《조선인민군》,《청년전위》3개 신문의 신년공동사설, 공동사설 해설기사, 1월 17일 발표한 정당 · 정부 · 단체 연합성명 등에서 이러한 기류가 확연하게 나타났다. 북은 2000년부터 북미—남북관계 병행 정책을 지속적으로 구사하고 있었다.

북은 노무현 정부가 닫힌 고리를 풀고 대화에 나선다면 남측의 '예상을 뛰어넘는' 정책을 내놓을 것이라는 입장을 여러 채널로 전달한다. 1월 19일자《조선신보》의 보도는 이 같은 북의 입장을 공개적으로 천명한 것이다.

《조선신보》는 이날 "공동사설에서 김일성 주석의 유훈을 받들어 우리 대에 통일을 이룩하는 것이 김정일 장군의 확고부동한 의지라고 강조한 것은 올해의 북남관계 발전전망을 시사해주는 대목"이라며 "새해벽두부터 연달아

| 2005년 6월 17일 정동영 당시 통일부장관은 김정일 위원장과 만나 정상회담 개최 문제 등을 논의해 2004년부터 경색됐던 남북관계에 돌파구를 마련했다. 사진은 이날 오찬 때 정동영 장관과 김정일 국방위원장이 건배하는 모습. 오른쪽은 임동원 전 통일부장관.

표명되는 조선(북)의 통일의지에 남측이 호응할 경우 올해 북남관계는 새로운 발전 국면에 들어설 수 있다"고 보도했다. 특히 이 신문은 "올해 북측은 6·15의 정신을 전면적으로 구현하기 위한 정책적 공세를 전개해 나갈 것"이라고 강조했다. '인도적 지원' 문제로 중단된 남북장관급회담 재개에 청신호가 울린 셈이다.

북이 2007년 초부터 6자회담과 남북대화에 적극 공세로 나온 데는 몇 가지 이유가 있었다.

첫째, 2006년 중간선거 패배 이후 적극적인 북미대화로 선회한 부시행정부의 정책을 활용해 대북 경제제재를 풀고 2000년 하반기와 같은 '북미관계 정상화 국면'을 조성하겠다는 의지가 깔려 있었다.

둘째는 6자회담 진전을 남북대화에 연결시켜 2007년 대선에서 '6·15공동선언의 이행'을 지지하는 정치세력이 집권할 수 있도록 영향을 미치거나 적어도 6·15공동선언이 사문화 되는 것은 막겠다는 의도였다. 《조선신보》는 1월 19일자 기사에서 "올해 1년간의 북남관계와 통일의 정세가 연말의 선거에 큰 영향을 미치게 할 것"이라는 전망까지 내놓았다.

셋째는 북 당국이 올해 공동사설에서 "경제문제를 푸는 데 국가적 힘을 집중"하겠다고 강조한 것과 관련이 있었다. 북한이 2007년 최대 목표를 '인민생활 향상'으로 정한만큼 당분간 강경 행보를 자제하고 대화를 통해 경제발전에 필요한 돌파구를 마련하는 데 주력하겠다는 의지가 담긴 것으로 풀이된다. 내부적으로 여전히 '자력 갱생'을 강조하고 있지만 외부지원이 절실한 상황에서 인민생활 향상 및 경제 재건이라는 최우선 목표 수행의 최대 걸림돌로 꼽히는 외부의 경제제재를 풀어 보겠다는 것이다.

2007년 2월 평양을 방문했을 때 평양 시내의 걸려 있는 플래카드는 '핵보유국' 구호에서 경제건설을 강조하는 것으로 대체돼 있었다. 북의 구호는 농업증산과 경공업 제품의 질 향상이라는 두 가지 정책 목표에 집중됐다.

그러나 이때까지만 해도 표면적으로 북은 여전히 강경한 입장을 드러냈다. 1월 17일 북의 김기남 노동당 중앙위원회 비서 겸 조선아시아태평양평화위원회 부위원장은 담화에서 "남조선 당국은 외세에 추종하여 동족을 반대하고 제재하는 수치스러운 일을 하지 말며 현 북남관계를 하루빨리 회복하고 화해와 협력, 통일의 길로 나가기 위한 응당한 조치를 취해야 한다"고 강조했다. 김기남 비서가 제시한 남북대화의 전제조건은 하나같이 남측 정부가 수용하기 어려운 것들이다. 그는 ▲무력 증강과 합동군사연습 중지, ▲주한미군 철수를 위한 투쟁 ▲동족을 적대시하는 법·제도적 장치(국가보안법을 의미) 철폐 등을 요구했다.

다만 이러한 요구가 매년 반복돼 왔기 때문에 원칙적인 입장표명이고, 실제 대화 과정에서는 유연하게 나올 가능성이 예견됐다.

이 시기에 북측은 '남측이 특사를 파견할 용의가 있으면 받을 생각이다', '노무현 대통령의 정상회담에 대한 정확한 의중이 뭐냐'는 이야기를 남측 인사들에게 흘리고, 여러 각도에서 타진한다. 2007년 초 만난 북측의 인사들은 "노무현 대통령의 발언, 남측 정부관계자들이 이야기가 혼란스럽다. 남북관계를 어떻게 끌고 나가겠다는 것인지 모르겠다"는 이야기를 자주 했다. 정상회담에 대한 북측의 관심을 엿볼 수 있는 발언들이었다.

▌ 2단계 준비기 : 2 · 13합의로 정상회담 논의에 돌파구 마련
▌ 남, 2 · 13합의와 미국의 전향적 변화에 고무
▌ 북, 김양건 당 통일전선사업부장 취임 상무조 가동

2006년 초까지만 해도 노무현 대통령은 6자회담이 성공적으로 진행되기 전까지 정상회담을 여는 것에 대해 부정적인 입장을 보였다. 정상회담 제안에 답을 보내지 않고 핵실험을 한 북에 섭섭한 감정을 표시하기도 한 것으로 전해진다. 당시 정부의 한 전임당국자는 "노 대통령의 의중은 6자회담 쪽이지 무리하게 정상회담을 추진할 뜻은 없는 것 같다"고 말했다.

노 대통령은 2007년 1월 25일 신년기자회견에서 "상대가 응한다면 언제 어디서나 때와 장소를 가리지 않고, 주제와 관계없이 정상회담에 응할 의향이 있다"며 "회담의 가능성이 있으면 적극 제안할 용의도 있다"고 천명했다. 그러나 이날 기자회견에서 노 대통령은 "지금 이 시기에 잘 이뤄지기 어렵다"는 입장을 보였다. 아직은 때가 아닌 것 같다는 정세 판단이었다.

북측의 비공식, 공식 답변이 없는 상황에서 당연히 대답이었다. 특히 2월 14일 노 대통령이 10분간 부시 대통령과 전화 통화를 갖고 '2 · 13합의' 후속

대책 등을 논의한 후 "남북 관계가 서둘러 갈 필요가 없다"는 취지의 발언을 한 것으로 전해진다. 우리 외교부 당국자들 사이에서도 '반 발짝 뒤에서(a half step behind)'라는 말이 흘러나왔다.

네그로폰테 미 국무부장관 발언에 보수인사들 경악

노 대통령이 정상회담을 다시 추진하기 시작한 것은 2·13합의가 나온 후부터다. 당시 이화영 의원은 "미국의 크리스토퍼 힐 차관보와 북쪽의 김계관 6자회담 수석대표의 극적인 베를린 접촉이 북의 영변핵시설 폐쇄를 약속하는 2·13합의로 이어지면서 남북정상회담의 가능성이 현실화했다"며 "이때부터 남북 사이에서는 6월께에는 정상회담이 가능하다는 교감이 오갔다"고 밝혔다. 당시 남북을 오간 메신저는 국정원의 차장급이었던 것으로 전해진다. 국내 언론들은 서훈 국정원 차관과 북측의 최승철 통일전선사업부 부부장 라인이 가동된 것으로 보도했다.

정부는 부시 대통령이 내년 상반기 중 한반도평화체제 논의를 완료한다는 의지가 확고하다는 데 고무됐다. 2박 3일간의 일정으로 3월 5일 방한한 존 네그로폰테 미 국무부 부장관은 당일 미 대사관에서 남측의 각계 인사들을 초청해 비공식 만찬을 연다.

한 정부소식통은 "그는 이 자리에서 한반도 평화체제 논의를 내년 상반기 중 종료하는 것이 부시 대통령의 확고한 생각이라며 한반도 평화체제 구상을 상당히 구체적으로 밝힌 것으로 안다"고 말했다. 이날 만찬에는 한덕수 총리 지명자와 이해찬 전 총리, 열린우리당 정대철 고문을 비롯한 정·관계 고위인사, 동아일보 김학준 사장, 조선일보 김대중 고문, 중앙일보 김영희 국제문제 대기자 등이 참석한 것으로 알려졌다. 미국의 방안은 미 의회조사국(CRS)

이 지난해 11월초 제시한 8가지 북핵 시나리오중 '대화를 통한 해법'이다. 당시 CRS는 단계적 조치로 테러지원국 해제, 대적성국교역법 해제와 북·미 간 연락사무소 개설을 제시했다.

네그로폰테 부장관은 다음 날 주한 미대사관 자료정보센터에서 가진 기자회견에서도 "9·19성명의 목표는 야심찬 것으로 한반도의 비핵화라는 관점에서 봤을 때 1953년 체결된 정전협정을 대체할 수 있는 영구적인 평화체제를 협상하기 위한 중요한 의지"라면서 "이러한 의지를 통해 이 지역에 안정을 갖고 올 수 있다고 생각한다"고 말한다. 그는 서울에 오기 전 방문한 일본과 중국 고위 관계자들에게도 부시 대통령의 구상을 전한 것으로 알려졌다.

보수적 인사들은 그의 발언에 '경악'했다. 만찬에 참석했던 김대중 고문은 3월 12일 〈핵의 네거리에 남겨지는 한국〉이라는 칼럼에서 "북핵에 사실상 굴복한 부시는 더 이상 '원칙'의 정치인이 아니다"라며 "미국에 있어 북이 어제의 적대 국가가 아닌 것처럼 한국이 어제의 '친구'가 아닐 수 있다"고 주장한다. 그는 남측의 독자적인 핵무기 보유도 제안한다. 이에 앞서 그는 2·13합의 직후 "2·13 6자회담 합의로 우리는 북핵에 알몸으로 서있는 꼴이다, 부시에게 배신당한 기분"이라며 "이제 한국은 안보에 관한 한 미국을 신뢰하거나 의지하기보다 새로운 진로를 모색해야 한다"고 위기감을 드러낸 바 있다. 보수인사들이 받은 충격이 얼마나 컸는지를 보여준다.

반면 정부와 여권 관계자들은 네그로폰테 부장관의 발언이 종전협정을 평화협정으로 대체하기 위한 남과 북, 미국, 중국 4개국 정상회담이 2008년 상반기에 열릴 가능성을 시사한 것으로 받아들인다. 북핵 실험 이후 남북정상회담 추진을 주장해오던 여권인사들이 3월에 들어 '다자 정상회담론'을 제기한 이유다. 이런 움직임을 파악한 정형근 한나라당 의원은 3월 12일 최고위원회의에서 "정통한 정부 당국자에 따르면 6~7월 한반도에서 남·북·미

정상회담이 열릴 가능성이 거론되고 있다"고 폭로한다.

그러나 4자 정상회담론은 수그러들지 않는다. 3월 7일 방북한 이해찬 전 총리는 김영남 최고인민회의 상임위원장을 만나 미국의 입장을 전달한다. 그는 한 신문과 인터뷰에서 김영남 상임위원장과 최승철 부부장을 만나 "북이 핵을 포기하면 공격할 뜻이 없고 체제를 보장하겠다"는 알렉산더 버시바우 주한 미국대사의 말을 전달해 북을 안심시켰다"며 "당시 북으로부터도 '체제가 보장되면 핵을 포기할 수 있다', '남측이 전쟁을 안 한다니까 안심이 된다'는 답변을 들었다"고 공개했다.

이해찬 전 총리 남북, 한–미 메신저 역할

그는 "이후 미국을 방문해 크리스토퍼 힐 국무부 동아태 담당 차관보를 만나 북의 입장을 전달하면서 '북의 우려를 해소시켜야 한다'고 말했고 톰 랜토스 미 하원 외교위원장으로부터 '미국도 북이 핵만 포기하면 전면적으로 지원하겠다'는 답변을 얻었다"고 덧붙였다. 이해찬 전 총리가 남북, 북미 간에 메신저 역할을 한 셈이다.

평양을 다녀온 이해찬 전 총리는 3월 21일 열린우리당 정책토론회에서 "북핵 폐기 일정이 구체화하는 시점에 남북과 미국, 중국의 정상이 모여 동북아와 한반도 평화를 논의하는 결단을 해야 한다"며 다시 4자정상회담론에 불을 지폈다. 국내의 한 북 전문가는 "청와대에서는 남북정상회담 개최가 연말 대선에 부정적인 영향을 끼칠 수 있다는 여론이 강했다"며 "그래서 대안으로 나온 것이 4자정상회담론인 것으로 알고 있다"고 말했다. 당시 외교부 실무관계자도 "6자회담 성과가 어느 정도 달성되면 4자 정상회담 가능성도 없진 않다"면서 "4자 정상회담 전에 4국 외교장관회의가 선행될 것"이라고 말했다. 남북 간 단독 정상회담이 아니라 4자회담이 될 경우 한나라당을 비롯한 반여권 세력에서도 쉽게 반대하기 어렵다는 판단이었던 셈이다. 이에 비해 김대중 전 대통령은 남북정상회담을 일관되게 주장했다.

노 대통령은 3월 27일 쿠웨이트 순방 중 국빈만찬에 참석한 허종 북 대사에게 "가시거든 전해 주세요. 진심으로 합니다"라고 말해 정상회담의 의중을 드러낸다. 특히 5월 31일 AP통신과 인터뷰에서 노 대통령은 정상회담 의지를 분명하게 공개한다.

"내 임기와는 관계없이 6자회담의 결과를 더욱 더 공고히 하고 진전시키는 데 필요한 것이기 때문에 거기에 적절한 시점이 있을 것이라고 생각한다. 그 시점은 우리가 임의로 앞당기기도 어려운 일이지만 6자회담 진전을 위해서 그 뒤로 늦춰서도 안 되는 일이다."

남과 북은 물밑 접촉을 통해 '6월 남북정상회담, 8월 남북미일 4개국 정상회담' 개최 구상에 근접해 가고 있었던 것이다. 청와대와 통일부는 연일 터져 나오는 '정상회담설'을 부인하며 보안에 극도로 신경을 썼다.

북, '상무조' 조직 정상회담 준비

한창 남쪽에서 '남북정상회담이냐', '4자정상회담이냐'를 두고 논란이 거듭되는 상황과 달리 북에서는 남북정상회담을 위한 '상무조'가 만들어졌다. 상무조는 국가적 차원의 중대한 성격을 띠거나 장기성을 띤 사안의 경우 관련 부서들과 관련 기관들에서 담당자와 전문가들을 차출해 구성하는 태스크포스(taskforce)다. 북에서 구성됐던 상무조 중 대외적으로 널리 알려진 것은 1990년대 초 1차 북핵위기를 계기로 구성된 '핵상무조'다. 당시 강석주 외무부 제1부부장(현재 외무성 제1부상)을 책임자로 하고, 외교부 국제기구국과 조약법규국, 미국담당국(16국) 등의 부서들과 인민무력부 등 관련기관 전문가들로 구성됐다. 현재 외무성의 여러 부서 전문가들로 구성된 '6자회담 상무조'가 활동 중인 것으로 전해진다.

이 '상무조'가 언제 조직됐는지는 불확실하다. 다만 최승철 아태평화위 부위원장이 책임자이고, 2007년 3월 김양건 국방위원회 참사가 조선로동당 통일전선사업부장으로 취임하면서 본격적으로 가동되기 시작한 것으로 추측된다. 3월 말 방북한 탤런트 송일국, 한혜진 등의 '주몽팀' 방북, 이해찬 전 총리를 단장으로 하는 열린우리당 동북아평화위원회 대표단, 손학규 전 지사를 대표로 하는 '평화와 번영을 위한 남북토론회' 대표단의 방북이 모두 상무조의 작품인 것으로 전해진다.

특히 김양건 부장의 취임 시기와 경력이 주목된다. 그가 임명된 시점은 2007년 6자회담에서 '2·13합의'가 도출돼 북핵문제 해결이 가시권에 들어오고, 3월 초 북측 6자회담 수석대표인 김계관 외무성 부상이 미국을 방문한 때이다. 6자회담이 궤도에 오르면서 북측이 남북정상회담의 시기를 구체적으로 준비하기 시작한 것이다. 정상회담을 추진하는 데 실무책임자인 당 통일전선사업부장의 공석은 공백이 큰 상황. 그런 점에서 김양건 부장의 취임은 '정상회담 실행의 신호탄'이었던 셈이다.

1942년 생인 김 부장은 국제부의 터주대감 같은 인물로 김일성종합대학을 졸업한 후 당중앙위원회 국제부 지도원으로 들어와 1997년 4월 국제부장까지 승진한 국제통이다. 국제부장 취임 이후 김정일 국방위원장과 푸틴 러 대통령과의 평양회담 및 공동선언 조인식에 참석했고, 2000년 8월 평양을 방문한 남측언론사사장단과 김정일 국방위원장의 접견, 오찬에도 동석했다. 특히 2000년 12월 조선로동당 국제부 대표단장 자격으로 중국 방문을 김정일 국방위원장의 중국 방문을 사전조율하면서 급부상했다. 그 후 김정일 국방위원장의 주요 중국 대표단 접견에 빠짐없이 참석했고, 2005년 6월 국방위원회 참사로 자리를 옮겼다.

북-중, 북-러 정상회담 등을 준비하고 북의 최고의사결정기구인 국방위원회에서 활동한 그의 경력은 남북정상회담을 준비하기에 적절한 인물임이 확인된다.

상무조가 조직된 후 북은 연내 남북정상회담의 조건과 시기를 본격 타진하기 시작한다. 상반기에 평양에서 만난 북 민족화해협의회의 고위관계자들도 애써 남북정상회담의 가능성을 부정하지 않았다. 남북정상회담 자체가 문제가 아니라 회담을 위한 환경조성이 중요하다는 입장이었다. 지난 3월 초 이해찬 전 총리의 방북 때 나온 북측 고위관계자의 구성도 남북정상회담 타진을 위한 포석이 깔린 것으로 보인다. 당시 이 전 총리를 만난 북측의 한 '회담일꾼'은 "무슨 이야기가 오고갔냐"는 질문에 즉답을 피한 채 "이해찬 전 총리가 합리적으로 우리 측 입장을 잘 이해하는 것 같다"며 "좋은 이야기들이 오고갔다"고 말했다. 이해찬 전 총리는 방북 기간에 남북미중 간 4자회담과 남북정상회담의 필요성을 제안하고 "부시 행정부가 정책 전환했으니 핵 폐기와 북미수교를 이루는 절호의 기회"라고 강조해 북측으로부터 '충분히 이해한다'는 반응을 얻어낸다.

5월 중순 '평양봄철국제상품전람회 참관단'이 평양을 방문한다. 대표단에는 정세현 전 통일부장관, 1차 정상회담 때 참석했던 문정인 외교통상부 국제안보대사, 전 통일부 차관 이봉조 통일연구원장 등 비중 있는 인사가 대거 참석한다. 북측에서도 리종혁 아태평화위원회 부위원장을 비롯해 조국평화통일위원회의 주요 인사들이 대거 모습을 드러냈다. 자연스럽게 남북정상회담과 4자정상회담 관련 대화가 오고갔다.

이때를 전후해 북측 김양건 부장과 '상무조' 성원들은 그동안의 공식, 비공식 남북 접촉을 종합해 남북정상회담 추진을 결정한 것으로 보인다. 중국의 한 대북소식통은 "북측의 주요 대남관계 간부들이 2주일 가량 전반적인 정세를 토의한 후 정상회담을 추진하기로 의견을 모았다"며 "사실상 시기 선택만 남은 상태였다"고 말했다. 이 기간에 김정일 국방위원장은 전혀 공개석상에 모습을 드러내지 않았다. 이 시점에 벌써 '9월 이후 남북 간에 대규모 사업이나 행사는 없다'는 북의 입장이 남측의 민간단체에 통고되기 시작했다. 북은 확정됐던 사업들도 축소를 요청한다.

또 6월 들어 북측 인사들은 방북인사들에게 '정상회담'과 '대선' 문제에 대해 일체 질문을 던지지 않았다. 이미 상황검토가 끝난 것이다.

남북은 5월 17일 2006년 무산된 경의선과 동해선의 '남북철도연결구간 열차시험운행'을 성공적으로 끝냈다. 정상회담 추진을 위해 남아 있던 숙제 하나를 푼 것이다. 정부는 5월 말 열린 제21차 남북장관급회담에서 북의 정상회담 의사를 다시 타진한다. 통일부 당국자는 이와 관련 "제21차 남북장관급회담에서 북측에 제2차 남북정상회담 의사를 타진한 것으로 안다"면서 "북측 권호웅 단장은 남측의 제안을 접수하면서 특별한 언급은 없었던 것으로 들었다"고 말했다. 당시 김만복 국정원장이 밤늦게 회담장을 찾아 이재정 통일부 장관을 만나고 이 장관이 다음날 노무현 대통령을 전격 면담한 것도 모두 정상회담 제안과 관련된 것이란 설이 유력하다.

국제, 국내적으로 여러 차례 위기 상황 봉착

그러나 위기가 없었던 것은 아니었다. 먼저 남과 북에서 이심전심으로 남북정상회담 준비를 구체화하고 있는 시점에 엉뚱하게 터져 나온 해프닝이 '안희정-리호남 비밀접촉설'이다. 북이 핵실험에 성공하자 정부의 비공식

채널이 가동되기 시작했고, 노 대통령의 오른팔인 안희정 씨가 움직였다는 의혹이 불거져 나온 것이다. 안 씨는 지난해 10월 20일 대북사업가인 권오홍 씨의 주선으로 중국 베이징으로 날아가 북 아태평화위 이호남 참사를 면담하고 정상회담 추진을 논의했지만 실패로 끝났다는 내용이다.

당시 비밀접촉을 기획했다고 하는 권오홍 씨는 "내 역할은 북 최상층부와 연락이 닿는 라인을 통해 노무현 대통령의 뜻을 전달하는 것"이었다며 "북측에서는 기존의 공식라인으로는 대화가 안 된다며 노 대통령의 진의를 확인해 줄 수 있는 사람을 원했다. 어렴풋이 나온 것이 안희정 씨와 이해찬 전 국무총리였다"고 밝혔다. 북측 리호남 참사는 북 최상층부의 특명을 받고 나온 인물로 묘사했다.

그러나 사건이 터진 후 북경에서 만난 리 참사는 이 같은 내용을 모두 부인했다. 안희정 씨나 이화영 의원을 만날 때까지 왜 만나자고 하는지 전혀 몰랐다는 것이다. 그는 "남측 언론에 이상한 이야기들이 자꾸 나오는데, 나도 피해자이기 때문에 기자회견까지 할 용의가 있다. 내가 입을 열면 있지도 않은 이야기를 꾸며 낸 여러 사람이 다친다"라며 더 이상 언급을 회피했다. 이 만남은 사실 정상회담 추진과는 아무런 관련이 없었다. 남북정상회담 가능성이 계속 제기되는 상황에서 국내 언론과 한나라당 쪽에서 부풀려 '해프닝'이 '정치적 사건'으로 비화된 셈이다.

다만 정부에서도 북측이 특사 제안을 정식으로 해올 경우 수용할 수 있다는 입장이었던 것으로 확인됐다. 이와 관련 이호철 청와대 상황실장은 "실무적으로 만일 특사가 간다면 위기 국면 타개를 위해 누가 적절한지 나와 안희정 씨, 이해찬 의원이 얘기를 했다"면서 "몇몇 인사 중에 대통령의 생각을 가장 잘 알고 있는 이해찬 전 총리가 거론됐다"고 공개했다.

또 다른 위기는 2·13합의가 BDA자금 이체문제로 6차 6자회담 1단계 회의가 설렬되고, 두달 넘게 이 문제가 해결되지 않자 다시 회의론이 고개를 들기 시작한다. 다행히 석달에 걸친 협상 끝에 BDA 계좌 문제가 6월에 풀리면서 대화는 다시 재개된다.

결과적으로 큰 영향을 주지 않았지만 6·15남북공동행사의 파행도 자칫 남북정상회담 성사에 악영향을 미칠 수 있는 사태였다. 특히 북은 2000년 남북정상회담 이후 올해를 최대의 남북 민간교류가 성사되는 해로 삼을 계획이었다. 2월 평양에서 만난 '6·15공동선언 실천을 위한 민족공동위원회' 정덕기 북측 부위원장은 올해 남북공동행사가 남북당국과 민간이 함께 참여해 진행되기를 강하게 희망한 바 있다. 그러나 남북공동행사가 '한나라당 의원 주석단 배치' 문제로 파행을 겪으면서 한달 간 북측 내부에 복잡한 상황을 조성하기도 했다.

▋3단계 성사기 : 6월 힐 차관보 방북으로 남북관계 복원 부상
▋노무현 대통령, 4자회담에서 남북정상회담으로 선회
▋김정일 국방위원장, '북남수뇌상봉' 결단

BDA문제가 풀리면서 남북정상회담 논의에 다시 훈풍이 돌기 시작한다. 2007년 6월 21일 힐 차관보가 전격 방북했다. 공교롭게도 9·19공동성명이 탄생한 제4차 6자회담이 재개되기 전인 2005년 6월 22일 주한미대사관 'Cafe USA'를 통해 "나는 기꺼이 김정일 국방위원장을 만날 것이며 만나게 되기를 희망한다"고 방북 의사를 밝힌 지 2년째 되는 날이었다. 북이 6월 16일 국제원자력기구(IAEA) 대표단을 초청하면서 비핵화를 위한 북의 초기행동이 가시화하고 6자회담이 재개를 앞둔 상황이었다. 그의 방북은 미국 고위

당국자로서는 제2차 북핵위기의 시발점이 된 2002년 10월 제임스 켈리 미 특사의 방북 이후 5년만이다. 3월 초 김계관 북 외무성 부상의 방미에 대한 답방 성격도 있었다.

이해찬 전 총리 4자회담과 정상회담 조언

미국으로서는 BDA 문제에 막혀 시간을 허비한 만큼 부시 미 대통령의 임기 내에 핵폐기의 전 단계인 불능화까지 가기 위해서는 발걸음을 재촉해야 할 다급한 형편이었다. 정상회담 추진에 유리한 조건이 마련된 셈이다.

6월 22일 노 대통령은 제주평화포럼 개회식 연설에서 "무엇보다 한반도 비핵화를 조속히 실현해야 한다"며 "반세기를 넘겨온 정전체제도 평화체제로 전환해야 할 것"이라고 강조했다. 또한 "북·미 간, 북·일 간 국교정상화를 촉진시켜 나가야 한다"며 "지구상의 마지막 냉전지대인 한반도의 평화정착은 동북아 지역경제협력과 지역안보협력 구축의 토대가 될 것"이라고 기대감을 나타냈다.

이날 이해찬 전 총리는 노 대통령을 만나 4자회담과 남북정상회담을 권고한다. 이 전 총리는 "정상회담 의제로 평화협정 체결과 군비통제, 경제교류협력을 제안해 긍정적인 반응을 얻었다"고 밝혔다. 이에 앞서 그는 5월 말 열린 남북장관급회담에 온 북측 인사에게 "BDA 문제가 해결되고 북핵문제가 해결점을 찾아가는 시점인데다 상황이 지연되면서 미국에서도 반발이 나오고 있기 때문에 올해를 넘기면 정상회담 시기를 놓친다"고 강조해 북측으로부터 "충분히 이해한다"는 반응을 얻어냈다.

6월 27일 송민순 외교통상부 장관이 방미한다. 다음 날 그는 미 국무부에서 라이스 장관과 만나 2·13 북핵 합의 이행을 가속화하는 방안을 논의했다. 북핵 협상의 로드맵을 확인하고 6자회담 수석회의 재개와 6개국 외무장관 회담 개최 과정에서의 협력 방안이 협의된 것으로 전해진다. 특히 남북정상회담에 대한 미국 측 입장도 타진했을 가능성이 크다. 마침내 7월 초 노 대통령의 지시를 받은 김만복 국가정보원장이 북측의 김양건 통일전선사업부장 사이의 고위급 접촉을 열자고 제안한다.

북, 연변 핵시설 동결과 6자회담 종결 후 수용

남측의 제안을 받은 북은 즉답을 피했다. 우선 당면한 6자회담의 성공에 집중한 것으로 보인다. 7월 15일 북 외무성 대변인은 《조선중앙통신》 기자와의 문답 형식을 빌려 "중유 5만 톤의 첫 배분이 도착한 14일 영변 핵시설의 가동을 중지하고 국제원자력기구 인원들에게 그에 대한 감시를 허용했다"고 밝혔다. 이어 대변인은 "2·13 합의의 완전한 이행은 다른 5자가 '행동 대 행동' 원칙에 따라 자기 의무를 어떻게 이행하며, 특히 미국과 일본이 대조선 적대시 정책을 해소하는 실제적인 조처를 어떻게 취하는가 하는 데 달려 있다"고 강조했다. 6차 6자회담 2단계 회의를 앞둔 시점이었다.

이에 앞서 북은 7월 13일 판문점대표부 대표 담화를 통해 한반도 평화와 안전보장 문제를 협의하기 위해 유엔이 참가하는 가운데 북미 군사회담을 열자고 제의하기도 했다. 북미관계 정상화에 속도를 내겠다는 의지가 엿보인다.

18일 6자회담이 과거 어떤 회담보다 좋은 분위기에서 다시 열렸다. 6자회담 참가국들은 9·19공동성명과 2·13합의상의 공약을 성실히 이행할 것을 재확인하고 '행동 대 행동'의 원칙에 따라 9·19공동성명과 2·13합의에 명시된 각자의 의무사항을 이행할 것을 약속한다. 20일 6자회담 의장국인 중국의 우다웨이 외교부 부부장은 '언론 발표문'(프레스 코뮤니케)을 통해 ▲8월 중 6자회담 5개 실무그룹 회의 개최 ▲9월 초 차기 6자회담 개최 ▲ 그후 이른 시기에 6자 외교장관 회담 베이징 개최 등을 발표한다.

6자회담이 끝난 후 북은 24~26일 사이에 제6차 장성급 군사회담을 열고 남측과 긴장 완화 문제를 논의했다. 이 회담에서는 제5차 회담에서 합의한 서해상 공동어로 실현 문제와 북 민간 선박의 해주항 직항 문제, 그리고 남북 경제협력사업에 대한 군사보장 등에 대한 이행 방안을 논의할 예정이었다. 그러나 회담 기간 내내 서해북방한계선(NLL)과 새로운 해상경계선 설정을 둘러싼 남북의 공방이 이어지면서 남북은 합의점을 찾지 못하고 회담을 종결 짓고 말았다.

북측은 NLL이 서해상 남북 충돌의 근원이라며 이를 대체할 새로운 해상 경계선 획정을 논의하자고 제안했지만 남측은 NLL이 이미 50여 년간 실질적인 군사분계선 역할을 수행해온 만큼 이번 회담에서는 가능한 부분부터 논의하자는 입장이었다. 양측 대표단은 종결회의를 마치고 악수도 없이 각자 회의장을 빠져나왔으며, 특히 북측대표인 김영철(인민군 중장, 남측 소장에 해당) 단장은 "장령급 군사회담이 필요 없다는 것이 사실로 증명됐다"고 말해 이번 회담에 대한 불쾌한 기색을 숨기지 않았다.

군사회담이 결렬되자 올해 안에 정상회담은 물 건너갔다는 관측이 유력하게 나왔다. 그러나 김정일 국방위원장은 장관급회담, 장성급 군사회담 논의가 한계에 봉착한 상황에서 남북관계를 경색보다 남북정상회담을 통해 해결하고자 하는 정면돌파를 선택한다. 6월중에 자강도와 평안북도를 집중적으로 현지지도하며 공개활동에 나섰던 김정일 국방위원장은 다시 한달 가까이 공개석상에 모습을 드러내지 않았다.

한 대북전문가는 "6월 말부터 7월 말까지 김정일 국방위원장은 6자회담,

남북관계의 상황을 면밀히 검토한 후 6자회담과 남북대화를 동시에 발전시킨다는 방침을 세우고 남북정상회담을 최종 결심한 것으로 보인다"라고 말했다. 최종 결심을 굳힌 김정일 국방위원장은 7월 말 김양건 부장에게 실무접촉을 지시한 후 함흥으로 현지지도를 떠났다.

북은 "김만복 원장이 8월 2일부터 이틀간 방북하시라"고 초청했다. 평양을 찾은 김만복 원장에게 김양건 부장은 "김정일 국방위원장이 '8월 하순 평양에서 수뇌상봉을 개최하자'고 제의하셨다"며 "빠른 시일 안에 평양을 재방문해 답을 달라"고 요청한다.

3일 서울에 돌아온 김만복 원장은 '수용한다'는 노무현 대통령의 친서를 가지고 다음 날 바로 다시 방북한다. 마침내 5일 김만복 원장과 김양건 부장은 '8월 28일부터 사흘간 평양에서 제2차 정상회담을 실시한다'는 합의서에 서명한다. 정부는 8월 8일 오전 7시 청와대에서 2007년도 제 2차 국가안전보장회의를 열고 '제2차 남북정상회담' 개최를 심의 · 의결했다.

이날 10시 남북은 동시에 공개된 합의서에서 "남북정상의 상봉은 역사적인 6 · 15남북공동선언과 우리 민족끼리 정신을 바탕으로 남북관계를 보다 높은 단계에로 확대 발전시켜 한반도의 평화와 민족공동의 번영, 조국통일의 새로운 국면을 열어나가는 데서 중대한 의의를 가지게 될 것"이라고 밝혔다.

8일 기자회견에서 김만복 원장은 "북측은 '김정일 국방위원장은 참여정부 출범 직후부터 노 대통령을 만날 것을 결심했으나 분위기가 성숙되지 못했으며, 최근 남북 주변정세가 호전되고 있어 수뇌상봉의 가장 적합한 시기라고 말했다'고 전했다"고 밝혔다.

한편, 미국과 일본 등 주변국에 남북정상회담 가능성이 통보된 것은 8월 2~3일 필리핀 마닐라에서 열린 아세안지역안보포럼(ARF) 자리였다. 회담에 참가하고 있던 송민순 외교부장관에게 '남북정상회담이 성사될 가능성이 높다' 는 메시지가 전해진 것이다. 2일(현지 시각) 존 네그로폰테 국무부 부장관을 만난 송 장관은 "8월 말부터 9월 초에 있는 아시아–태평양 경제협력체(APEC) 회의 전까지 사이에 북과 정상회담이 이뤄질 것"이라고 전달한다. 미국 등에 최종통보가 간 것은 이날 공식발표 3시간 전이었다. 역사적인 2차 정상회담 합의라는 열매가 결실을 맺는 순간이었다. 2006년 7월부터 시작된 남북정상회담 추진의 드라마가 종결되는 순간이기도 했다. ✿

- "조건이 맞으면 남북정상회담을 위해 평양을 방문할 수 있다."(당선자 시절 2003
년 1월 23일, 일본 아사히신문과의 인터뷰)

- "남북정상회담이 필요하겠지만 지금은 그럴 시기가 아니다. 북핵문제가 더 중요한
만큼 북미대화가 잘 되도록 분위기를 조성하는 게 필요하다."(2003년 4월 15일,
문화일보 인터뷰)

- "북핵문제가 1단계 합의라도 이뤄져 안정국면에 들어서고 나면 남북관계를 중심에
놓고 다시 꾸려갈 생각이다. 김정일 국방위원장이 답방해야 하고, 필요하다면 남북
정상회담도 해야 하는데 아직 그 문제를 꺼내지 않고 있다. 왜냐하면 지금의 국면
이 북핵 문제 협상국면이어서 이런 게 잘못 끼어들면 혼선이 생기고 일이 잘 안될
수가 있기 때문이다."(2004년 2월 18일, 경인지역 언론사들과의 합동인터뷰)

- "북이 약속한 대로 답방하고 회담에 나와주길 바라지만, 지금은 그런 것을 종용하
거나 강하게 주장하기에 적절한 시점은 아니라고 생각한다."(2004년 7월 21일,
한.일 정상회담 직후 공동기자회견)

- "가능성이 매우 낮은 일에 정력을 기울여 그렇게 노력하지 않는 게 현명한 사람이
하는 일이라고 생각한다. 북핵 6자회담이 진행되는 동안에는 남북정상회담의 가능성
을 매우 낮게 보고 있다."(2004년 12월 2일, 한 · 영 정상회담 직후 공동 기자회견)

- "때와 장소를 가리지 않고, 상대가 응한다면 주제에 관계없이 정상회담에 응할 용
의가 있다. 그것은 우리의 희망일 뿐 상대가 있는 문제는 희망한다고 다 되는 것
은 아니다. 회담의 가능성이 있으면 적극 제안할 용의도 있다. 그러나 제가 보기엔
가능성이 높지 않다고 보며, 지금도 그 가능성을 낮게 보고 있다."(2005년 1월 13
일, 신년 내외신 기자회견)

- "남북정상회담과 평화선언도 하고 싶지만 서로가 대화의 원칙을 지키면서 할 수
밖에 없는 상황임을 이해해 달라. 집짓듯이 기초부터 튼튼히 하고, 1층 짓고 그

위에 2, 3층을 지어야지 한꺼번에 7, 8층 올릴 수 없다."(2005년 4월 11일, 독일 동포간담회)

- "남북정상회담은 그 자체가 목적이 아니고 북핵문제를 풀고 남북관계를 진전시키는 데 전략적으로 유효하면 좋은 것이고 그렇지 않으면 좋은 것만은 아니다. 그런 가능성이 있을지 끊임없이 모색해 보겠지만 아직 그런 좋은 기미, 신호는 없다."(2005년 7월 7일, 중앙언론사 편집국장단과의 간담회)

- "내 입장은 만나는 것은 좋지만 더 중요한 것은 내용이다. 회담 자체만을 위해 무리한 일을 하지 않으려고 한다. 정상회담에 관해 우리는 언제나 그 가능성을 열어놓고 있고, 적극적으로 원하고 있다."(2005년 11월 17일, 한미정상회담 직후 공동기자회견)

- "남북정상회담은 6자회담이 어떤 결론이 나기 전에는 이뤄지기 어렵다고 보는 것이 저의 입장이며, 저는 일관되게 그렇게 말해왔다. 그러나 문은 항상 열어놓고 있다."(2007년 1월 23일, 신년연설)

- "아직은 때가 아닌 것 같다. 빗장이 풀릴지 안 풀릴지 모르는 상황에서 빗장이 앞으로 풀리면 어떻게 하자는 것을 미리 만나 얘기하는 것은 상황을 혼란스럽게 할 것 같다. 제가 그동안 (남북정상회담에 대해) 부정적이었던 것은 하기 싫어서가 아니라, 하고자 해도 어려운 것이므로, 안될 일을 자꾸 주장할 일은 아니다는 입장이었다."(2007년 2월 27일, 인터넷 매체와의 회견)

- "내 임기와는 관계없이 6자회담의 결과를 더욱 더 공고히 하고 진전시키는 데 필요한 것이기 때문에 거기에 적절한 시점이 있을 것이라고 생각한다. 그 시점은 우리가 임의로 앞당기기도 어려운 일이지만 6자회담 진전을 위해서 그 뒤로 늦춰서도 안 되는 일이다."(2007년 5월 31일, AP통신과의 인터뷰)

- "북핵 문제가 풀려 가면 남북관계가 함께 가면서 북핵 문제의 해결을 촉진하는 것이다. 남북관계가 진전의 전망이 밝아질수록 핵 문제에 대한 해결은 신뢰성이 높아지는 것이고, 핵문제 해결의 과정이 진행될 때 동시적으로 남북관계가 진전되면서 그것을 받쳐주어야 한다."(2007년 6월 14일, 한겨레신문과의 특별인터뷰)

2.
2007년 남북정상회담
'남북관계 발전과 평화번영을 위한 선언'
깊이 읽기

민족번영의 시대, 자주통일의 새 시대 선언
남북연합, '낮은 단계의 연방제' 이행 이정표 마련

2007년 10월 3일 노무현 대통령과 김정일 국방위원장 간 4시간의 넘는 회담 끝에 다음 날 남북정상의 서명으로 '남북관계 발전과 평화번영을 위한 선언'이 발표됐다. 8개 항의 합의 내용을 담은 '2007 남북정상선언'은 '남북관계발전과 한반도 평화, 민족공동의 번영과 통일을 실현하는 데 따른 제반 문제들'이 폭넓고도 구체적으로 포함돼 있다. 특히 6·15공동선언 제2항에서 합의한 '통일방안의 공통점'을 구체화해 남북연합, 낮은 단계의 연방제로 이행할 수 있는 '협의기구' 설치에 합의해 주목된다.

6·15공동선언 이행을 위한 로드맵

선언의 합의내용 8개 항의 구성을 살펴보면, 1, 2항은 남북관계의 바탕이

I 2007년 10월 3일 노무현 대통령과 김정일 국방위원장이 평양 백화원영빈관에서 정상회담을 갖고 있다.

되는 기본 정신과 원칙을 명시했으며, 3, 4항은 군사적 적대관계와 정전체제 종식 문제를, 5항은 경제협력과 세부 방안, 6항은 사회문화 분야 교류협력을, 7항은 인도주의 협력사업을, 8항은 민족의 이익과 해외 동포들의 권리와 이익을 위한 협력을 다뤘으며, 부속합의로 남북총리회담 개최와 정상회담의 수시 개최를 명기했다. 사실상 남북관계의 거의 모든 현안을 포괄하고 있는 셈이다.

6·15공동선언실천 남측위원회 백낙청 상임대표는 이번 2007 남북정상 선언에 대해 "6·15선언에 열거된 모든 분야를 망라하면서 자세한 계획을 내놨다는 점에서 6·15공동선언의 이행 로드맵을 제시한 것으로 볼 수 있다" 고 의미를 부여했다. 특히 "남과 북은 사상과 제도의 차이를 초월하여 남북 관계를 상호존중과 신뢰 관계로 확고히 전환시켜 나가기로" 합의함으로써 남북은 교류와 협력관계에서 상호존중과 신뢰관계로 나갈 수 있게 됐다. 이를 위해 남북은 남북관계를 통일 지향적으로 발전시켜 나가기 위하여 각기 법률적·제도적 장치들을 정비해 나가기로 합의했다.

실제로 이번 합의에서는 남북당국 차원에서 6·15공동선언의 구체화를 위한 다양한 협의기구를 가동하기로 한 점이 눈에 띈다.

우선 두 정상은 남북정상회담을 '수시로' 만나기로 해 사실상 정상회담을 정례화하기로 합의했다. 노무현 대통령이 남북 정상 간 만남을 정례화하자고 제안하자 김정일 국방위원장이 "친척집에 갈 때 정례적으로 가는가. 친척집에는 수시로 가는 것이다"라고 말했다고 한다.

둘째로 남과 북은 그동안 장관급으로 운영되어 온 남북대화 총괄 창구를 총리급으로 격상하고, 산하에 부총리급 경제협력공동위원회를 비롯해 분야별로 장관급 또는 차관급 공동위원회를 구성해 상시적인 남북 간 협의 틀을 만들기로 합의했다. 일부에서는 이번 '남북정상선언'에 예상과 달리 통일방안이나 통일기구에 대한 내용은 담기지 않았다고 지적했다. 그러나 남북은 6·15공동선언 제2항 합의로 통일방안 논의를 사실상 종결됐고, 통일기구 설치는 시기상조라는 데 의견을 같이 한 것으로 보인다. 정부는 정상회담 직후 낸 해설자료에서 이번 회담에서 "남북연합을 지향하는 남북관계 제도화의 길을 열었다"고 의미를 부여했다.

'연방기구' 협의 단계 진입 위한 제도화

북측에서도 이번 정상선언이 낮은 단계의 연방제로 가는 길을 열었다고 평가할 듯하다. 2000년 남북정상회담 때 김정일 국방위원장은 "정부의 각료급은 각료급대로 협의기구를 만들고, 또 국회는 국회대로 의회차원에서 협의기구를 만들고, 정상 간에는 지금과 같이 정상 간에 서로 만나서 남북 간의 모든 문제를 서로 협의해서 합의하며, 또 합의한 것을 실천해 나가는 것이 우리가 생각하는 낮은 단계의 연방제"라고 설명하며 "협의체 구성 과정에서 중앙정부를 하나 마련하는 것"을 제안했다. 이 제안에 김대중 대통령이 "현실적으로 연방정부를 설치하는 것은 불가능"하다고 하자 김정일 국방위원장은 "(지금 단계에서) 사실상 외교권과 군사권을 통합한다는 것은 불가능한 일이죠. 그걸 하려면 아마 수십 년이 걸려야 할 것"이라고 정리한 바 있다. 즉 이번 정상선언에서는 '연방기구'를 논의할 수 있는 단계까지 진입할 수 있는 과정에 대해 합의가 이뤄진 셈이다.

남북은 한반도 평화체제 구축에도 일정한 공감대를 형성하는 성과를 내놓았다. 제3항에서 남북은 군사적 적대관계를 종식시키고 한반도에서 긴장완화와 평화를 보장하기 위해 긴밀히 협력하기로 하였다. 불가침의무를 확고히 준수하면서 분쟁문제들을 대화와 협상을 통해 해결하기로 다시 한번 확인한 것이다. 군사적 신뢰구축을 협의하기 위해 국방장관─인민무력부장간 회담 일정을 명기한 대목도 눈에 띈다.

6자회담의 성과를 남북 정상이 확인한 것도 중요한 성과다. 남과 북은 한반도 핵문제 해결을 위해 6자회담의 합의사항인 '9·19공동성명'과 '2·13합의'가 순조롭게 이행되도록 공동으로 노력하기로 했다.

'3자 또는 4자'로 종전선언 주체 이견 노출

그러나 종전선언, 평화협정의 주체에 대해서는 이견을 보였다. 제4항에서 남과 북은 현 정전체제를 종식시키고 항구적인 평화체제를 구축해 나가야 한다는 데 인식을 같이하고 직접 관련된 3자 또는 4자 정상들이 한반도 지역에서 만나 종전을 선언하는 문제를 추진하기 위해 협력해 나가기로 했다. '직접 관련된 3자 또는 4자 정상'이란 모호한 합의가 논란의 초점이다. 노무현 대통령조차도 "나도 (3자 또는 4자 정상회담의) 뚜렷한 의미를 모른다"고 해명했다.

우리 정부는 남북 간 합의문서이기 때문에 당연히 3자든 4자든 남측이 포함된 것이라고 설명했다. 3자에서 배제됐다는 하는 중국의 예민한 반응도 이런 해석에 힘을 실어 줬다. 부시 대통령이 2006년 남과 북, 미가 참여하는 3자 종전선언이 제안했기 때문에 이에 대한 화답으로 받아들일 여지가 있었다.

합의문에서 가장 두드러진 것은 역시 남북경협과 관련된 사안들이다. 그 중에서도 첨예하게 논쟁이 되어온 해상경계선(NLL) 문제를 우회해 해주지역과 주변해역을 포괄하는 '서해평화협력특별지대'를 설치하고 공동어로구역과 평화수역 설정, 경제특구 건설에 합의한 것은 남북관계를 안정화하는데 기여할 것으로 평가된다. 특별지대를 설치하기 위해 남과 북은 해주항 활용, 민간선박의 해주 직항로 통과, 한강하구 공동이용 등을 적극 추진해 나가기로 합의했다.

통일민족경제의 미래상 제시

또 남과 북은 개성—신의주 철도와 개성—평양 고속도로를 공동으로 이용하기 위해 개보수 문제를 협의·추진해 가기로 했고, 안변과 남포에 조선협력단지를 건설하기로 하는 등 구체적 사안까지 명기했다. 특히 남북은 2008년 북경 올림픽경기대회에 남북응원단이 경의선 열차를 처음으로 이용해 참가하기로 함으로써 경의선 철도 개보수의 완료시점을 분명히 했다.

전반적으로 남북경협과 관련된 5항의 이행은 남북경제협력이 기존의 수준을 뛰어넘어 새로운 단계로 질적 도약을 한다는 것을 의미한다. 공리공영과 유무상통이라는 경제협력의 기본원칙을 통해 통일민족경제의 미래상을 보여주고 있는 셈이다. 다만 북측은 기존의 금강산관광지구와 개성공단 외에 서해안 특별지대, 백두산관광지구를 남쪽과 협력해 개발하겠지만, 신의주특구는 중국, 나선특구는 러시아·중국 쪽의 투자를 유치할 것으로 예상된다.

투자자본의 균형을 고려하겠다는 것이 북측의 정책 방향인 듯하다.

언론과 전문가들의 주목을 받지 못한 "남과 북은 국제무대에서 민족의 이익과 해외 동포들의 권리와 이익을 위한 협력을 강화해 나가기로 하였다"는 제8항도 대단히 중요한 합의다. 단적으로 일본정부의 재일조선인총련합회에 대한 탄압에 남과 북이 공동대응할 수 있는 단서를 마련한 것이다. 향후 남북관계의 발전에 따라 공동으로 외교권을 행사할 수 있는 단초가 될 조항으로 보인다.

인도주의 문제를 다룬 7항은 이산가족 문제에 중점을 두고 금강산면회소에 남북 대표 상주, 이산가족 상시 상봉 등을 명기했다. 그간 남측이 추진해온 이른바 '납북자·국군포로' 문제는 지금처럼 이산가족상봉의 범주에서 다뤄지는 셈이다.

김정일 국방위원장의 新한반도 구상

"김대중 대통령은 하늘로 날아오게 돼서 평화의 길을 열어 돌파구를 열어놓고, (노무현) 대통령께서는 군사분계선을 넘어 이렇게 육로로 오신 데 대해서 저희들도 대단히 기쁘게 생각합니다."

김정일 국방위원장이 10월 3일 노무현 대통령과 첫 공식회담을 갖기 전에 한 발언이다. 남측 대통령이 걸어서 군사분계선을 넘도록 한 북측의 결정은 파격적인 배려였다.

오후에 이어진 정상회담에서 김정일 국방위원장은 대단히 이례적으로 6자회담을 마치고 돌아온 북측 수석대표인 김계관 외무성 부상을 불러 노무현 대통령과 함께 6자회담 진행 과정과 합의내용에 대해 들었다. 김계관 부상은 "두 분 정상회담 잘하시라고 우리가 많은 양보를 했습니다"라고 설명했다.

이 자리에서 김정일 국방위원장은 "6자회담에 아주 성실히 임할 것입니다. 미국의 태도에 대해서도 긍정적으로 평가합니다"라며 "이번에는 미국도 성의가 보이는 것 같습니다"라고 기대감을 나타냈다.

2006년 10월 북측이 핵실험을 할 때까지만 해도 상상할 수 없는 정세 변화다. 물론 이러한 정세변화는 노무현 대통령의 평화번영정책, 2006년 11월 '종전선언'으로 상징되는 부시 대통령의 대북정책 전환이 맞물리면서 가능했다. 김정일 국방위원장이 '신한반도 구상'에 따라 6자회담과 남북대화에 적극 나서는 '전략적 결단'이 정세변화를 이끈 측면도 강했다.

'우리 민족끼리' 내세운 남북·북미관계 병행 의지 확고

김정일 국방위원장의 '신한반도 구상'은 2000년대에 들어와 체계화됐지만 북미관계가 악화되면서 올해 들어와 구체적 모습을 드러내기 시작했다. 2007년 1월 1일 《로동신문》, 《조선인민보》, 《청년전위》 3개 신문의 신년 공동사설, 공동사설 해설기사, 1월 17일 발표한 정당·정부·단체 연합성명 등에서 이러한 구상이 감지됐다.

특히 북은 2006년 핵실험 이후 구체적 실천방안을 준비해 왔던 것으로 보인다. 북은 먼저 2006년 11월 김계관 외무성 부상과 크리스토퍼 힐 차관보 간 회동을 통해 6자회담 재개의 걸림돌이 되고 있는 마카오 방코델타은행 (BDA) 문제 해결의 가닥을 잡고, 12월 5차 6자회담 2단계 회의에 나왔다. 또 2007년 1월 16~18일 열린 김계관-힐의 '베를린 북미회동'에서도 BDA문제를 북미가 합의한 별도의 워킹그룹을 통해 해결을 모색해 간다는 양보안을 내놓았고, 5차 6자회담 2단계 회의에서 미국이 제안한 '초기단계 이행조치'에 대한 협의에 적극 자세로 돌아섰다.

언론을 통해 구체적 실천방안 마련 시사

이와 관련 재일조선인총연합회 기관지 《조선신보》는 2007년 1월 1일 "조선(북)은 (올해) 대담무쌍하게 미국에 대한 외교적 공세를 강화해 나갈 공산이 높다"며 "핵시험을 실시한 시점에서 조선은 미국의 위협과 간섭에 종지부를 찍는 노정도(로드맵)를 마련해 놓았다고 보는 관점이 타당할 것"이라고 밝혔다. 김정일 국방위원장의 '신한반도 구상'에 따른 구체적인 실천방침이 정해졌다는 것을 시사한 대목이었다.

또 북측은 남북관계에 대해서도 "새해 벽두부터 연달아 표명되는 조선의 통일의지에 남측이 호응할 경우 올해 북남관계는 새로운 발전 국면에 들어설 수 있다"며 "올해 6·15의 정신을 전면적으로 구현하기 위한 정책적 공세를 전개해 나갈 것"이라고 강조했다. 북측이 2007년 초부터 남북관계의 '새로운 발전 국면'을 시사하면서, 6자회담에서도 유연한 입장을 보일 것을 예고한 셈이다.

10개월 후 이 같은 실천방침은 2차 정상회담 성사와 '2007년 남북정상선언'을 통해 더 분명하게 드러났다.

김정일 국방위원장의 '신한반도 구상'의 핵심은 3가지로 요약할 수 있다. 첫째는 북미관계를 빠른 시일 내에 '돌이킬

| 2005년 8월 14일 8·15남북공동행사에 참석하기 위해 서울에 온 김기남 노동당 비서 등 북측대표단이 분단 후 처음으로 현충원을 참배한 후 나오고 있다. 남북관계를 한 차원 높이려는 북측의 결단이었다.

수 없는 수준'으로 진전시켜 북미관계 정상화를 이룬다는 것이다. 지난해 중간선거 패배 이후 적극적인 북미대화로 선회한 부시행정부의 정책을 활용해 대북 경제제재를 풀고 2000년 하반기와 같은 '북미관계 정상화 국면'을 조성하겠다는 방침이다. 2007년 3월 초 미국을 방문한 김계관 외무성 부상은 "준비는 다 돼 있죠"라고 발언했고, 크리스토퍼 힐 국무부 차관보와 회담을 마치고는 "앞으로 결과에 대해선 두고 보라. 지금 다 말하면 재미없다"며 시종일관 밝은 표정을 보였던 것을 상기할 필요가 있다.

2007년 정상회담에서도 김정일 국방위원장은 노무현 대통령의 종전선언 제안에 대해 "정전체제를 평화체제로 전화하는 데 기본적으로 동의합니다. 남측이 미국과 협의해 계속 추진해 나가도 괜찮겠습니다. 한번 노력해 보시오"라며 북미관계 정상화에 적극적인 의지를 내비쳤다.

불안한 공존을 상호존중의 관계로 전환

둘째는 북미관계와 남북관계를 병행 발전시킨다는 원칙하에 남북협력을 전면적으로 확대한다는 것이다. 김정일 국방위원장은 6·15공동선언 이후에도 "매우 불안전한 초보적인 상태의 공존관계"에 머무르고 있는 남북관계를 '통일을 지향하는 확고한 평화공존관계'로 전환시켜 나가려는 구상을 갖고 있는 것으로 파악된다. '2007년 남북정상선언'에서는 이것이 '사상과 제도의 차이를 초월하여 남북관계를 상호존중과 신뢰 관계로 확고히 전환'한다는 표현으로 담겨 있다. 특히 이번 선언에 '남과 북은 남북관계를 통일지향적으로 발전시켜 나가기 위하여 각기 법률적·제도적 장치들을 정비'해 나기로 명기해, 북측에서도 남측에서 제기하는 조선로동당 규약 개정 의사를 내비쳤다.

과거 남쪽에서는 북의 대남정책에 대해 '통미봉남(通美封南)'이란 용어를 유행처럼 사용했다. 그러나 북은 2000년에 들어와 과거의 '통미봉남' 정책에서 '민족공조' 노선으로 전환한 것으로 보인다. 이것은 선후의 융통성은 있지만 김정일 국방위원장의 민족공조(우리 민족끼리) 이념을 앞세운 '남북·북미대화의 병행' 노선에 따른 것이다.

북은 민족 공조를 "민족의 운명을 개척해 나가는 투쟁에서 민족성원들이 마음과 뜻, 힘과 지혜를 하나로 합치고 서로 지지하고 행동상 보조를 일치시켜 나간다는 것"이라고 규정한다.

셋째는 국제환경의 개선과 남북관계의 발전을 토대로 경제재건과 주민생활 향상에 총력을 기울인다는 것이다. 북 당국이 올해 공동사설에서 '경제문제를 푸는 데 국가적 힘을 집중' 하겠다고 강조한 것과 관련이 있다. 북이 최대 목표를 '인민생활 향상' 으로 정한만큼 대화를 통해 경제발전에 필요한 돌파구를 마련하는 데 주력하겠다는 의지가 담긴 있는 셈이다.

북은 내부적으로 여전히 '자력 갱생' 을 강조하고 있지만 인민생활 향상과 경제의 획기적 재건을 위해서는 외부투자가 필요한 상황이다. 북이 이번 '정상선언' 에서 '공리공영과 유무상통의 원칙' 에 기초해 서해평화협력특별지대 설치를 수용하고, 개성공단의 '3통(통행, 통신, 통관)문제 해결에 적극 나서기로 한 것도 이 같은 상황과 포석이 깔려 있다. 그러나 김정일 국방위원장은 기존의 특구지역들인 나선·신의주·남포·금강산·개성 등지를 남쪽과 해외자본을 유치해 발전시키면서도 내부적으로 계획경제의 틀을 고수하며 사회주의체제를 유지하겠다는 뜻을 피력했다. ☼

〈남북관계 발전과 평화번영을 위한 선언 (전문)〉

대한민국 노무현 대통령과 조선민주주의인민공화국 김정일 국방위원장 사이의 합의에 따라 노무현 대통령이 2007년 10월 2일부터 4일까지 평양을 방문하였다.

방문기간 중 역사적인 상봉과 회담들이 있었다.

상봉과 회담에서는 6·15 공동선언의 정신을 재확인하고 남북관계발전과 한반도 평화, 민족공동의 번영과 통일을 실현하는 데 따른 제반 문제들을 허심탄회하게 협의하였다.

쌍방은 우리 민족끼리 뜻과 힘을 합치면 민족번영의 시대, 자주통일의 새 시대를 열어 나갈 수 있다는 확신을 표명하면서 6·15 공동선언에 기초하여 남북관계를 확대·발전시켜 나가기 위하여 다음과 같이 선언한다.

1. 남과 북은 6·15 공동선언을 고수하고 적극 구현해 나간다.

남과 북은 우리 민족끼리 정신에 따라 통일문제를 자주적으로 해결해 나가며 민족의 존엄과 이익을 중시하고 모든 것을 이에 지향시켜 나가기로 하였다.

남과 북은 6·15 공동선언을 변함없이 이행해 나가려는 의지를 반영하여 6월 15일을 기념하는 방안을 강구하기로 하였다.

2. 남과 북은 사상과 제도의 차이를 초월하여 남북관계를 상호존중과 신뢰 관계로 확고히 전환시켜 나가기로 하였다.

남과 북은 내부문제에 간섭하지 않으며 남북관계 문제들을 화해와 협력,

통일에 부합되게 해결해 나가기로 하였다.

남과 북은 남북관계를 통일 지향적으로 발전시켜 나가기 위하여 각기 법률적 · 제도적 장치들을 정비해 나가기로 하였다.

남과 북은 남북관계 확대와 발전을 위한 문제들을 민족의 염원에 맞게 해결하기 위해 양측 의회 등 각 분야의 대화와 접촉을 적극 추진해 나가기로 하였다.

3. 남과 북은 군사적 적대관계를 종식시키고 한반도에서 긴장완화와 평화를 보장하기 위해 긴밀히 협력하기로 하였다.

남과 북은 서로 적대시하지 않고 군사적 긴장을 완화하며 분쟁문제들을 대화와 협상을 통하여 해결하기로 하였다.

남과 북은 한반도에서 어떤 전쟁도 반대하며 불가침의무를 확고히 준수하기로 하였다.

남과 북은 서해에서의 우발적 충돌방지를 위해 공동어로수역을 지정하고 이 수역을 평화수역으로 만들기 위한 방안과 각종 협력사업에 대한 군사적 보장조치 문제 등 군사적 신뢰구축조치를 협의하기 위하여 남측 국방부 장관과 북측 인민무력부 부장간 회담을 금년 11월 중에 평양에서 개최하기로 하였다.

4. 남과 북은 현 정전체제를 종식시키고 항구적인 평화체제를 구축해 나가야 한다는 데 인식을 같이하고 직접 관련된 3자 또는 4자 정상들이 한반도지역에서 만나 종전을 선언하는 문제를 추진하기 위해 협력해 나가기로 하였다.

남과 북은 한반도 핵문제 해결을 위해 6자회담 '9 · 19 공동성명'과 '2 · 13 합의'가 순조롭게 이행되도록 공동으로 노력하기로 하였다.

5. 남과 북은 민족경제의 균형적 발전과 공동의 번영을 위해 경제협력사업을 공리공영과 유무상통의 원칙에서 적극 활성화하고 지속적으로 확대 발전시켜 나가기로 하였다.

남과 북은 경제협력을 위한 투자를 장려하고 기반시설 확충과 자원개발을 적극 추진하며 민족내부협력사업의 특수성에 맞게 각종 우대조건과 특혜를 우선적으로 부여하기로 하였다.

남과 북은 해주지역과 주변해역을 포괄하는 '서해평화협력특별지대'를 설치하고 공동어로구역과 평화수역 설정, 경제특구건설과 해주항 활용, 민간선박의 해주직항로 통과, 한강하구 공동이용 등을 적극 추진해 나가기로 하였다.

남과 북은 개성공업지구 1단계 건설을 빠른 시일안에 완공하고 2단계 개발에 착수하며 문산-봉동 간 철도화물수송을 시작하고, 통행·통신·통관 문제를 비롯한 제반 제도적 보장조치들을 조속히 완비해 나가기로 하였다.

남과 북은 개성-신의주 철도와 개성-평양 고속도로를 공동으로 이용하기 위해 개보수 문제를 협의·추진해 가기로 하였다.

남과 북은 안변과 남포에 조선협력단지를 건설하며 농업, 보건의료, 환경보호 등 여러 분야에서의 협력사업을 진행해 나가기로 하였다.

남과 북은 남북 경제협력사업의 원활한 추진을 위해 현재의 '남북경제협력추진위원회'를 부총리급 '남북경제협력공동위원회'로 격상하기로 하였다.

6. 남과 북은 민족의 유구한 역사와 우수한 문화를 빛내기 위해 역사, 언어, 교육, 과학기술, 문화예술, 체육 등 사회문화 분야의 교류와 협력을 발전시켜 나가기로 하였다.

남과 북은 백두산관광을 실시하며 이를 위해 백두산-서울 직항로를 개설하기로 하였다.

남과 북은 2008년 북경 올림픽경기대회에 남북응원단이 경의선 열차를 처음으로 이용하여 참가하기로 하였다.

7. 남과 북은 인도주의 협력사업을 적극 추진해 나가기로 하였다.

남과 북은 흩어진 가족과 친척들의 상봉을 확대하며 영상 편지 교환사업을 추진하기로 하였다.

이를 위해 금강산면회소가 완공되는 데 따라 쌍방 대표를 상주시키고 흩어진 가족과 친척의 상봉을 상시적으로 진행하기로 하였다.

남과 북은 자연재해를 비롯하여 재난이 발생하는 경우 동포애와 인도주의, 상부상조의 원칙에 따라 적극 협력해 나가기로 하였다.

8. 남과 북은 국제무대에서 민족의 이익과 해외 동포들의 권리와 이익을 위한 협력을 강화해 나가기로 하였다.

남과 북은 이 선언의 이행을 위하여 남북총리회담을 개최하기로 하고, 제 1차회의를 금년 11월 중 서울에서 갖기로 하였다.

남과 북은 남북관계 발전을 위해 정상들이 수시로 만나 현안 문제들을 협의하기로 하였다.

2007년 10월 4일 평 양

대 한 민 국   조선민주주의인민공화국
대 통 령   국 방 위 원 장
노 무 현   **김 정 일**

3.
국정원이 작성한 '발췌본' 사실 왜곡, 역사적 기록을 정확히 읽어야 한다

2013년 6월 24일 국가정보원(원장 남재준)은 〈2007년 남북정상회담 회의록〉전문(103쪽)을 일방적으로 공개했다. 새누리당과 보수언론들은 국정원이 이명박 정부 때 작성한 이른바 '회의록 발췌본'을 근거로 "서해 북방한계선(NLL)을 포기했다", "회담 내내 저자세로 임해 국격을 손상했다", "북핵을 옹호했다"는 등의 정치공세를 펼쳤다.

그러나 막상 회의록 전문이 공개되자 최소 3개 이상 존재하는 '발췌본' 모두 노무현 대통령의 발언을 의도적으로 짜깁기해 발언 취지를 왜곡하거나 심지어 없는 발언까지 조작한 것으로 드러났다. 오히려 한반도의 화약고가 된 NLL문제를 평화적으로 해결하기 위해 공동어로수역과 서해평화협력특별지대 설치 방안이 더 현명한 선택이었다는 여론이 조성됐다. 곧바로 역풍이 불기 시작했다. 2012년 대선 과정에 국정원이 불법적으로 개입한 사실이 드러나자 이를 덮기 위해 국정원이 'NLL문제'를 빌미로 이념공세를 벌인 것에 대한 비판이 광범위하게 일어났다.

2008년 이후 5년 만에 다시 전국적으로 촛불시위가 시작됐다. 정부와 새누리당이 국정 장악을 위해 동서고금에 전례가 없는 정상회담 회의록의 공개

10월 2일 정상회담 첫째 날

09:00	강변북로–자유로 거쳐 경의선 도로 남북출입사무소(CIQ) 통과
09:03	군사분계선(MDL) 약 30미터에서 하차, 소감 발표
09:05	MDL 걸어서 통과
09:09	북측 인사들 영접 및 기념촬영 후 차량 탑승해 출발
11:40	평양시내 인민문화궁전 앞 도착, 김영남 최고인민회의 상임위원장 영접
11:42	김영남 상임위원장과 북측 무개차 탑승
	인민문화궁전–만수대의사당–천리마동상–개선문–4 · 25문화회관 순으로 20여 분간 카 퍼레이드
12:00	노 대통령, 4 · 25문화회관 도착
12:01	김정일 국방위원장, 노 대통령 영접 및 첫 악수
12:03	노 대통령 · 김정일 위원장, 북 인민군 의장대 사열 및 분열
12:12	노 대통령 · 김정일 위원장, 각각 다른 승용차로 4 · 25문화회관 출발
16:15	노 대통령, 만수대의사당에서 김영남 상임위원장과 회담
19:00	목란관에서 김영남 상임위원장 주최 북측 환영만찬

10월 3일 정상회담 둘째 날

07:00	노 대통령, 남측 공식 수행원들과 백화원 영빈관서 조찬
09:27	김정일 국방위원장, 백화원 영빈관 도착
09:34	노 대통령 · 김정일 위원장, 백화원 영빈관에서 1차 정상회담 시작 · 김정일 국방위원장, 총리회담 제안
	– 남측 권오규 경제부총리 · 백종천 청와대 외교안보실장 · 이재정 통일부 장관 · 김만복 국정원장.
	– 북측 김양건 당 통일전선사업부장 배석
	– 김계관 북측 6자회담 수석대표, 6자회담 '10 · 3' 합의 결과 설명
11:45	오전 1차 회의 종료
12:00	노 대통령 및 수행원, 옥류관에서 오찬 · 노 대통령 "경협과 개방 관련 불신의 벽 느껴, 역시사지 필요"
14:30	백화원 영빈관에서 2차 정상회담 시작
	– 남북정상 '수시로' 만나기로 합의, 김영남 상임위원장 답방 추진
	– 김정일 국방위원장, 회담 시작 시 체류 일정 연기 제안했다가 회담 후 철회
16:25	오후 2차 회의 종료
20:00	5월 1일 경기장에서 〈아리랑〉 공연 관람
22:10	인민문화궁전에서 노 대통령 주최 북측 인사 초청 답례만찬

10월 4일 정상회담 셋째 날

08:50	노 대통령 평화자동차 남포공장, 남포 서해갑문 시찰
13:00	백화원 영빈관에서 '남북관계 발전과 평화 번영을 위한 선언문' 서명
	– 남측 권오규 경제부총리 · 이재정 통일부장관 · 김만복 국정원장 · 백종천 청와대 안보실장, 북측 김영일 내각 총리 · 김일철 인민무력부장 · 김양건 당 통일전선사업부장 배석
13:10	노 대통령 백화원 영빈관에서 김정일 위원장 주최 환송오찬 참석
	– 북측 김영일 내각 총리, 김일철 인민무력부장, 김기남 당 비서, 강석주 외무성 제1부상, 김양건 당 통일전선사업부장, 박남기 당 재정계획부장, 장성택 당 제1부부장, 리명수 국방위원회 행정국장, 박재경 조선인민군 대장, 김계관 외무성 부상 참석
16:20	노 대통령 내외 · 김영남 상임위원장, 평양 중앙식물원서 소나무 공동식수
16:47	인민문화궁전 앞 공식환송 행사 참석
16:54	평양 출발
19:15	개성공단 도착, 최승철 부부장 환송
20:45	노대통령 일행 MDL 통과
21:40	남측 남측출입사무소(CIQ) 환영식에서 '대국민 보고'

를 통해 외교망신을 자초한 것은 명백히 잘못된 행위이고 지탄받아야 마땅하다. 다만 이미 공개된 회의록은 2007년 당시의 상황에 기초해 정확한 독해가 필요하다.

〈2007년 남북정상회담 회의록〉은 노무현 대통령과 김정일 국방위원장의 10월 3일 오전 회의와 오후 회의의 발언 내용을 담고 있다. 따라서 이 발언의 맥락을 정확하게 파악하기 위해서는 회담의 준비 과정, 10월 2일에 있었던 노무현 대통령과 김영남 최고인민회의 상임위원장의 회담 내용, 최종 합의문 인 '남북관계 발전과 평화번영을 위한 선언'(10·4선언) 등을 종합적으로 이해해야 한다.

NLL해법 사전에 준비

2007년 8월 8일 오전 남과 북은 동시에 제2차 남북정상회담이 2007년 8월 28일부터 8월 30일에 걸쳐 개최될 것이라 발표했다. 그러나 2007년 8월 18일 북은 수해로 인해 회담 일정을 연기할 것을 요청했고, 이에 따라 정상회담은 2007년 10월 2일에서 10월 4일까지 2박 3일 동안 열렸다. 남과 북은 정상회담 발표 전에 여러 차례 실무접촉을 가졌고, 당초 일정보다 한 달 반 정도 연기됐기 때문에 충분한 사전 준비를 할 수 있었다.

따라서 당시 남과 북은 상대방이 어떤 의제를 들고 나올 지에 대해 대체로 파악하고 있었다. 남북이 8월 초 정상회담에 합의하면서 합의한 의제는 남북 공동번영, 한반도 평화, 화해와 통일이었다.

남쪽에서 준비한 의제는 한반도 평화, 남북 공동번영을 위한 경제공동체 지향 등이었다. 한마디로 요약하자면 '경제협력이 평화를 다지고 평화에 대한 확신이 다시 경제협력을 가속화하는 선순환적인 발전이 이뤄진다'는 것

| 10월 2일 김영남 위원장과 노무현 대통령 사이의 회담이 진행되었다.

이 노무현 대통령의 생각이었다. 특히 이번에 논란이 된 NLL문제와 관련해 노무현 정부는 사전에 북측이 이 문제를 집중 거론할 것이라는 점을 알고 있었다. 따라서 사전에 NLL문제에 대한 충분한 검토와 자문을 거쳐 해법을 준비했다. 그 결과 나온 것이 바로 '서해평화협력특별지대'와 '공동어로수역 설치' 안이었다.

북, 첫날 4대 '근본문제' 제기

이에 비해 북측은 '근본문제'라 지칭되는 자주적 태도, NLL, 평화체제 구축 등을 집중 거론할 것으로 예상됐다. 예상대로 북은 방북 첫날인 10월 2일 노무현 대통령-김영남 상임위원장 회담 때부터 '우리 민족끼리' 정신과 상호 존중을 거론하면서 남쪽을 곤혹스럽게 하는 민감한 문제들을 꺼냈다. 김영남 위원장은 "먼 길을 오셨으니 먼저 말씀하시죠"라며 노 대통령에게 발언 기회를 주었다.

노 대통령은 평화정착과 경제협력을 통한 공동번영 구상을 간단하게 설명했다. 이어 김영남 위원장은 50여 분에 걸쳐 국가보안법 철폐, 주한미군 철수, 참관지 제한 철회, NLL문제 등 북이 주장해온 '4대 근본문제'를 거론했다. 종전선언도 직접 당사국(정전협정에 서명한 나라를 의미)인 북·중·미가 해야 한다고 말했다. 김 상임위원장은 2005년 제16차 남북장관급회담 때 합의한 "남북관계를 우리 민족끼리의 정신에 맞게 발전시키기 위한 새로운 실천적 방안", "상대방의 사상과 제도를 인정하고 존중하는 기초 위에서 낡은 관념과 관행을 없애고 남북관계를 새롭게 발전시키기 위한 실질적인 조치"들을 요구한 것이다.

남과 북 사고방식 차이 실감

노 대통령은 이에 '민족공조도 중요하지만 국제공조도 중요하며, 참관지 문제는 법률적 문제뿐 아니라 남측 국민정서와 합의도 필요하다'는 취지로 반박했다. 국가보안법은 국회 내에서 머지 않아 논의가 잘 될 것이라며 종전선언의 당사국으로 남쪽도 참가해야 한다고 발언했다. 다소 냉랭한 분위기였다.

노무현 대통령은 정상회담이 끝난 후 4일 가진 대국민 보고회에서 "처음에 김영남 상임위원장을 만났는데 첫 회담을 마치고 정말 잠이 오지 않았다"며 "양측 간에 사고방식의 차이가 엄청나고 너무 벽이 두터워서 정말 무엇을 한 가지 합의할 수 있을지 눈앞이 좀 캄캄했다는 느낌이었다"고 토로할 정도였다. 이러한 상황에서 노 대통령은 준비해간 '평화정착과 경제협력을 통한 공동번영 구상'을 관철시키기 위해서 더욱 적극적으로 북측을 설득할 필요성이 있었다. 이러한 상황인식이 〈정상회담 회의록〉에 잘 드러나 있다. 오전 1차 회의는 10월 3일 9시 34분부터 11시 45분까지 131분가량 진행됐다.

노 대통령, 평화 정착, 경제협력 확대, 통일과 화해 등 3대 의제 설명

김정일 위원장(이하 위원장) : 먼저 대통령께서 말씀하십시오.

노무현 대통령(이하 대통령) : 예. 나로서는 5년 동안 기다렸던 만남이고요, 다음 기회가 없을 것 같아서 여러 가지 고민도 많이 하고 준비를 많이 했습니다. 우리가 준비한 것보다 국민들이나 전문가, 나아가 국제사회까지도 이런저런 주문이 참 많았습니다. 그때그때 의제가 될 때마다 말씀드릴 수 있습니다만, 미리 준비를 해놓은 것이 있어서 준비된 것을 가지고 또박또박 말씀을 드리겠습니다. 시간이 좀 걸리더라도.

위원장 : 모처럼 찾아오셨는데 듣겠습니다.

대통령 : 여러 가지 세심하게 신경을 써주셔서 고맙게 생각합니다. 나는 하나의 외교적 절차 아니냐 생각했는데… 막상 와보니까 통역도 필요 없고 잠자리도 서울의 잠자리와 너무 비슷하고 음식도 똑같고 해서 정말 마음 편하게 느끼고 있습니다. (중략) 그동안 2000년 6·15 남북정상회담을 계기로 남북관계가 반목과 대결에서 벗어나서 화해와 협력의 새로운 단계로 진입을 했습니다. 지난해 남북을 왕래한 인원이 10만 2000명 정도 됩니다. 이 숫자는 2000년에 비해서 13배 정도 되는 숫자입니다. 그리고 쌍방 간 교역액을 보면 작년도가 13억 5000만 달러 정도인데 이것은 역시 2000년에 비해 3.1배 정도 증가했습니다. 획기적인 사건은 없었지만 큰 진전이 있었던 게 아닌가 생각합니다. 7년의 과정에서 가장 소중한 성과는 남북 간에 신뢰가 많이 증진된 것으로 그렇게 생각합니다. 그동안 국내외에서 속도 조절을 요구하는 목소리가 있었지만 우리 정부는 그 점에 대해서는 단호하게 거부하고 속도를 높여서 신뢰 구축을 위해 노력해 왔습니다. 그동안 해외를 다니면서 50회 넘는 정상회담을 했습니다만 그동안 외국 정상들의 북측에 대한 얘기가 나왔을

때, 나는 북측의 대변인 노릇 또는 변호인 노릇을 했고 때로는 얼굴을 붉혔던 일도 있습니다.

하나하나의 행동이 보이지 않는 과정에서 언젠가는 김 위원장과 대화를 하게 될 것이라는 생각을 가지고 신뢰를 구축하기 위해 노력을 해왔습니다. 그러나 북측에서 볼 때는 많은 한계도 보였을 것입니다. 핵문제가 불거졌고, 정치적 화해와 군사적 신뢰 구축 분야에서는 상대적으로 진전이 아주 미흡했습니다. 아울러 남북관계 진전에 따라 과거에는 부각되지 않았던 문제들이 새롭게 제기되어서 새로운 진전에 걸림돌이 되기도 했습니다.

"남북관계의 발전 방향 큰 틀 그려야"

이제 지난 7년간 양적, 질적으로 크게 성장한 남북관계에 걸맞은 새로운 방향을 모색할 단계가 되었다고 생각합니다. 남북 간에 신뢰를 한 단계 높일 수 있는 전향적 조치들에 대해서 논의를 본격화하고 남북경협도 큰 틀에서 미래지향적으로 추진할 필요가 있다고 생각합니다. 남북관계 진전은 역사 발전 과정이라고 생각합니다. 이번 정상회담도 어느 순간에 갑자기 된 것이 아니라 분단과 함께 시작된 통일의 노력이 축적된 결과라고 생각합니다. 이번 정상회담에 부여한 시대적 요청은 앞으로 어떠한 정세 변화에도 흔들림이 없도록 남북관계를 확고한 반석 위에 올려놓으라고 하는 것이라고 생각합니다.

남북이 힘을 합쳐 능동적이고 적극적으로 대처해 나가지 못하면 백년 전의 뼈아픈 역사를 되풀이할 우려가 있다고 생각합니다. 만남을 통해서 무엇을 합의하고 또 해결할 것인가 하는 것이 핵심이고 또 단순한 만남을 넘어서는 의미가 있는 것이 좋겠다고 생각합니다.

남북관계를 한 차원 높게 발전시키기 위해서는 첫 번째는 평화 정착, 두 번째는 경제협력의 확대, 세 번째로는 통일과 화해하는 세 분야에서 진전을 이루어야 한다고 생각합니다. 이번 회담에서 내가 김정일 위원장과 해야 할 일은 앞으로 남북관계가 나아가야 할 방향을 잡아주고 책임자들이 협의하고 실천해 나갈 수 있는 큰 테두리를 그려주는 것이라고 생각합니다.

한반도 평화와 안정을 공고히 하기 위해서 필요한 협력방안들을 합의하고 이행해 나갈 수 있도록 길을 터주고 남북의 공동번영을 앞당기기 위해서 남북 간 경협의 장애 요인을 해소하고, 앞으로 어떤 방향으로 가야 하는지에 대한 청사진을 제시해주며, 남북 간 진정한 화해를 위해서 시급히 해결해야 할 과제를 어떻게 풀어갈지에 대해서 큰 틀에 있어서 실무자들과 국민들에게 밝혀주는 것이 필요하다고 생각합니다. 그 다음에 한반도 평화정착과 남북의 공동 번영, 남북의 화해와 통일, 이 세 가지 의제 문제를 놓고 차례대로 말씀 드리도록 하겠습니다. 통일 이전에 한반도에 평화가 공고하게 정착되는 것이 시급하고 중요하다고 생각합니다. 평화의 토대 위에서 교류협력을 통해서 신뢰를 쌓아가다가 보면 통일은 점차적으로, 저절로 오게 되는 것이라고 생각합니다. 확고한 평화의 토대 위에서 통일을 이룬다는 것이 우리의 입장이며, 통일을 위해서 평화를 희생시키지 않는 것이 원칙이 되어야 된다고 생각합니다. 남북 주도하에 통일지향적인 평화체제를 구축하는 것이 급선무이며 이를 위해서 북·미 관계 정상화와 남북 군사적 신뢰구축을 통한 냉전체제 종식과 핵문제 해결이라는 두 가지 큰 일을 해야 할 것입니다.

현재 핵문제는 관련 각 측의 노력으로 해결의 방향을 잡았으며, 이는 김 위원장께서 각별한 관심을 갖고 지도력을 발휘해 주신 결과라고 생각합니다. 전쟁이 종식되지 않은 상태에서 55년간 지속되는 현 상황은 청산되어야 하며 이런 면에서 북·미 관계가 정상화되어야 할 것입니다.

나는 김 위원장께서 북·미 관계 개선을 위한 문만 열어놓는다면 미국이 이에 상응한 관계개선 조치를 속도를 내서 취하도록 계속 재촉할 것입니다. 나는 이번 정상회담에서 김 위원장과 함께 우리 민족의 장래를 위해 남과 북이 주도해서 평화체제 협상을 시작하기로 했다는 것을 전 세계에 공표하게 될 수 있으면 좋겠습니다. 그리고 가급적 빠른 시일 내에 한반도 평화체제 포럼을 출발시키는 것이 필요하며, 협상 개시에 도움이 된다면 부시 대통령이 제안한 방식대로 3국 정상이 만날 수도 있을 것이라고 생각합니다.

"남북기본합의서대로 실천해야"

군사 분야의 협력도 미룰 수 없는 과제입니다. 여타 분야의 교류협력에 비해서 상대적으로 미진한 군사 분야의 협력에서도 좀 더 속도를 낼 필요가 있습니다. 무엇을 할 것인지는 92년 남북기본합의서에 대부분 명시되어 있습니다. 11월 중 2차 국방장관 회담을 개최해서 상호 합의 이행이 용이한 사안부터 실천해 나가기를 기대합니다.

다음은 남북 간의 공동번영에 대해서 말씀드리겠습니다. 한반도의 새로운 미래를 위해서는 남북 간에 경제적 연계를 강화해나가는 것이 시급합니다. 특히 경제는 체제·제도의 차이에 관계없이 협력이 가능한 영역으로 동북아시아 새로운 질서의 중심도 경제가 될 것입니다. 남북경협은 남북 모두가 경제적 활로를 찾고 장기적 성장 동력을 확보하는 계기로 그동안 남북관계를 이끌어온 중심축입니다. 지난 7년간 3대 경협이 중심이 되어서 남북관계 진전을 견인해 왔습니다.

앞으로 개성공단 2단계 개발, 철도·도로 개통, 금강산 관광 특구 확대 등을 우선 추진해 나갈 필요가 있습니다. 그러나 개성공단은 공단 이외의 지역은 통행, 통신 및 군사적 보장 등 여러 장애 요인으로 인해서 경협 확대에 한계가 있는 것도 사실입니다. 개성공단의 성공을 발판으로 남북이 함께 하는 경제특구를 추가로 개발해 나가는 것이 장애요인을 포괄적으로 해결하는 효과적인 방안일 것입니다. 특히 해주 지역에 기계·중화학 공업 위주의 서해 남북공동경제특구를 설치하게 되면 개성·해주·인천을 잇는 세계적인 공단, 나아가서는 경제지역으로 발전이 가능할 것입니다. 아울러 서해의 평화적 이용과도 연결이 돼서 남북 공동번영과 평화정착에 크게 기여할 것으로 기대합니다. 아울러 남북 간에 이미 합의한 농업·임업 분야 협력과 보건의료분야 협력, 지하자원 개발협력을 추진해 나가는 것도 시급한 과제입니다.

남북경제공동체 건설을 체계적으로 추진해 나가기 위해서는 남북이 함께 공동번영을 위한 경제발전 구상을 협의하고 우선 가능한 사업부터 하나씩 진전시켜 나가는 것이 바람직할 것입니다. 남북 간에 이러한 제반 경제협력 문제를 허심탄회하게 논의하고 또 속도를 높일 수 있는 상시적 협의의 틀을 마련하는 것이 매우 중요하다고 생각합니다.

다음은 남북의 화해와 통일에 대해서 말씀드리겠습니다. 평화는 신뢰에 바탕한 화해에서 출발합니다. 그 첫 단계는 과거로부터 자유로워지는 것입니다. 미래를 언제까지나 과거의 굴레에 가두어둘 수는 없습니다. 특히 이산가족 문제는 지금 해결하지 못하면 해결 자체가 영원히 불가능해질 수 있습니다. 최소한 생사확인과 서신 교환만큼은 전면적으로 이루어질 수 있기를 바랍니다. 아울러 과거 전쟁 시기와 그 이후에 소식을 모르고 있는 사람들도 불행한 과거를 마무리한다는 차원에서 이번 기회에 큰 틀에서 해결이 되기를 바랍니다. 위원장의 결단을 간곡하게 요청드립니다. 이와 함께 남북 간 화해를 제도화하기 위해 때와 장소에 구애받지 않고 적어도 연 1회 정도는 남북이 정상간에 만남을 만들어야 하며, 당국 간 상설 협의기구도 기구로서 서울과 평양에 연락사무소를 상호 개설할 필요도 있을 것입니다.

"법적 · 제도적 문제 해결 절실"

통일문제는 6 · 15공동선언을 통해서 정리가 잘 되었다고 봅니다. 서로의 통일 방안에 공통성이 있다고 인정하는 바탕 위에서 우선 평화를 정착시키고 점진적 · 단계적으로 통일을 추진해 나가는 것이 바람직하다고 봅니다. 또한 그것이 현실적인 접근이라고 생각합니다. 앞서 언급한 한반도 평화, 남북경제공동체 건설, 남북 화해의 세 분야에서 진전을 이루고 남북 정상이 자주 만나다보면 결국 통일의 길로 가게 될 것이라고 생각합니다.

그밖에 몇 가지 추가 의제로서 남북 경제협력을 강화하는 보다 높은 단계의 포괄적인 경제협력 강화 합의서를 체결하는 것이 필요하다고 생각합니다. 이것이 경협이 확대되었을 때 국제적으로 발생할 수 있는 여러 가지 문제들을 해소하는 데 큰 도움이 될 것입니다. 앞으로 남북경협이 확대되면, 국제시장에서는 WTO 규정을 들어서 시비를 거는 사람들이 있을 것이라고 생각해서 거기에 대한 대비가 앞으로 있어야 되지 않겠느냐. 이것은 앞으로 논의를 해봐야 될 문제로 말씀을 드리고 싶습니다.

끝으로 관광협력의 확대에 대해서 말씀드리겠습니다. 금강산 관광사업은 우리 측이 보기엔 큰 성공 사례라고 생각합니다. 나아가서는 개성과 백두산 등으로 확대해 나가는 것이 큰 이득이 될 것이라고 생각합니다. 다음에 경제시찰단을 상호 교환하는 문제도 말씀을 드리고 싶습니다. 그동안 몇 차례 경제시찰단의 상호 교환이 있었습니다만, 여러 사정으로 중단되어 있는데, 이것은 경제협력을 위해서 준비 단계로 꼭 필요한 일이라고 생각합니다. 그리고 나아가서는 한국전쟁 시 사망한 쌍방 군인들의 유해 발굴 송환 같은 것도 우리가 한번 대화를 시작해봐야 되는 것 아닌가 생각하고요. 그 다음에 우리는 북측이 IMF라든지 그 밖에 세계은행 또는 ADB 이런 국제기구에 접근하는 것이 중요하다고 생각하고 그것을 위해서 여러 가지 협력을 아끼지 않을 것이라는 점을 말씀을 드리고 싶습니다.

정상회담과 정부 당국자 간 회담도 매우 중요하지만, 앞으로 국회 간의 회담, 여러 가지 제도적 문제가 있기 때문에 국회 간에 교류와 회담이 있는 것이 남북 간에 교류협력을 좀 장애가 되고 있는 법적·제도적 문제를 해결해 나가는 데 있어서도 큰 도움이 될 것이라고 그렇게 생각합니다.

욕심을 부린다면 이미 대화가 진행되고 있습니다만, 북경 올림픽에 남북 단일팀 참가를 성사하기 위해 정상이 관심을 가지고 노력을 하는 것도 필요하다고 생각합니다. 세 가지 큰 주제는 매우 중요한 문제로서 말씀을 드렸습니다만, 나머지 문제는 앞으로 추가적인 의제로 말씀을 드린 것으로 이해해 주시면 고맙겠습니다. 좀 딱딱하게 말씀드렸습니다만….

기조발언에서 노 대통령은 평화 정착, 경제협력의 확대, 통일과 화해 등 3대 의제에 대해 남측의 입장을 상세히 설명했다. 특히 남북 주도하에 통일지향적인 평화체제를 구축하기 위해 북·미 관계 정상화와 남북 군사적 신뢰구축을 통한 냉전체제 종식과 핵문제 해결을 강조해 평화체제와 핵문제 해결을 동시에 강조했다. 그리고 개성공단, 금강산관광 확대 및 활성화를 위해 장애요인(3통문제) 해결을 거론하고, 평화를 정착시키고 점진적·단계적으로 통일을 추진해 나가는 것이 바람직하다는 입장을 피력했다. 노 대통령의 이러한 발언 내용은 연락사무소 설치 등 몇 가지를 제외하고는 10·4선언에 상당 부분 반영된다.

"우리 민족끼리 해결"

위원장 : 감사합니다. 대통령께서 많은 걸 생각하시고 당면하게 풀어야 할 문

제와 전반적으로 이제 국제 정세 흐름에 따라서 또 국내 정세에 따라서 약간은 단계가 설정될 수 있겠습니다만, 하여간 좋은 의견을 말씀해 주셔서 감사합니다. 내가 오늘 말씀드리고자 하는 것은 다른 건 크게 없고… 내가 원래 생각하고 있던 문제를 메모했습니다. 반복을 피하기 위해 체계를 잡아 가지고 얘기하겠습니다. 우리가 지금 최근에 와서 정상회담에 대해서 많이 기대를 걸고 있는 것은 최근에 와서 그 무슨 다른 어떤 충격적인 계기가 있어서 이렇게 된 것도 아니고 6 · 15선언 나올 당시부터 김대중 대통령께서 모처럼 찾아와 주셔서 훌륭한 민족끼리라는 정신을 해서 6 · 15선언이 아주 훌륭한 기치다운 선언이 나왔기 때문에 거기에 따라서 이렇게 했는데….

우리 민족이란 건 북과 남이 100년 전에 보면 군사적으로 경제적으로 아주 비할 바 없이 강해져 있는데, 북과 남이 갈라져 있는 것이 한 개 큰 약점으로 세계 면전에서 보이고 있습니다. 나라가 갈라져 있으면 민족에서 비극이지만, 주변에서는 갈라져 있는 것이 항상 슬퍼도 같이 슬퍼하는 사람도 있는 반면에 속으로 좋아하는 사람도 있다고 생각합니다. 이 두 갈라져 있는 걸로 해서 그 주변에서 어부지리를 추구해서… 우리는 민족이 손해를 보건 이득을 보든지간에 자기네가 국제 정세 문제에 이해관계가 있는 것 많이 있는 것처럼 하지만, 사실상 어부지리를 얻어서 자기 배를 불리우는 자기 잇속을 채우는… 이렇게 된다고 보고 주변 정세 나라를 봐도 그렇고… 우리 민족만이 손해를 보는데, 이걸 앞으로 대통령께서 말씀하신 바와 같이 단계, 그러한 목표를 가지고 사업을 하나하나 착실히 해나가면 이제 주변 정세에도 어울릴 뿐만 아니라 세계 정세에도 어울리고… 또 우리 민족 문제를 우리 자주적으로 우리 정상들끼리 조선민족끼리 해결한다고 하는 이런 좋은 모범을 보여줄 수 있겠다고 생각합니다.

여기서 상징적인 첫 단계가 북과 남이 힘을 합친다는 것 자체가 두 정상이 만나서 의견을 허심탄회하게 의견 교환하고 여기서 선후차를 가리게 되고 정의와 부정에 대한 것은 똑똑히 판독해서 어느 것부터 먼저 해야 우리 민족이 부흥, 촉진시키겠는가 이런 문제가 시작된다고 생각합니다.

이전 합의에 대한 이행 강조

오늘 말씀하신 부분들은 대부분 앞으로 공동으로 해결해야 할 문제인데, 지금 당장은 너무 크다고 그랬나? 조급하고. 말하자면 허황하지는 않지만, 실지로 해결해야 할 문제지만, 현실과는 거리가 먼 빈 구호가 되지 않겠는가 하는 이런 주변국들의 생각이나 주변의 어부지리를 챙기는 사람들한테는 그렇게 생각할 수도 있고.

우리 민족 자체는 6·15공동선언 나온 이후에 정세의 흐름에 파동이 너무 심하니까 또 노 대통령께서 오시게 되면 무슨 선언이 나오겠는가하는 주변의 말도 돌아가는데, 이 문제에 대해서는 내가 김대중 대통령께도 바로 이 자리에서 내가 얘기했습니다. 자꾸 선언을 내자고 제기하길래, 7·4공동선언 때

우리 민족이 대단히 화해에 넘쳐나서 그걸 크게 기대를 걸었는데, 이런 저런 정권의 교체와 정세변화로 해서 빈 종이짝이 되고 말았다. 근데 대통령께서 제기하는 모든 문제 또 우리가 합의 본 이 문제를 놓고 다시 문서화해서 내면 이게 또 빈 종이짝이 되지 않겠는가… 김대중 대통령께서는 절대 그럴 수 없다고, 좋은 거 하나 내자고 자꾸 독촉을 해서 그래서 6·15공동선언, 쌍방이 힘들게 완성을 시켜서….

난 6·15공동선언이 아주 훌륭한 문건이라고 생각… 6·15공동선언 5년 동안의 역사 시간을 보면 그저 상징화된 빈 구호가 되고, 빈 종이, 빈 선전곽이 됐다고 생각합니다. 대통령께서도 말씀하셨지만, 그 기간 많은 발전이 있은 것만은 사실인데, 앞으로 모든 문제를 고찰해보면 내 솔직한 심정인데… 우리 민족이 자주성 결여로 지금 대국들의 장단에 맞추는… 정치문제도 그렇고…. 이 자주성 문제로… 내가 말하고 싶은 것은 6·15공동선언을 재확인하고 그 기치 밑에서 앞으로 단계적으로 발전적으로 어떤 문제들이 제시됐다 하는 것이 더 좋지 않겠는가… 나는 이렇게 생각하고 있습니다. 새로운 선언은 난 개인 생각으로는 뭐 필요하겠는가, 그저 정부라고 하면 문민정부와 참여정부 이 두 정권이 왔다갔다 한 것밖에 없는데 자꾸 문서화되고… 앞으로 어느 정권이 들어서면 그 다음에 또 새로운 선언이 나오자 하고…. 빈말이 될 바에는 어느 것 하나를 기준으로 해서 그 기치를 들고 나가면 좋지 않겠는가, 나는 그렇게 생각하고 있습니다.

군사적 적대관계 해소 중요

그러나 우리 오늘 노 대통령께서 찾아와 주셔서 전 세계 만방에 민족적 자주성을 확립한다는 자체를 시위한 걸로 된다고 생각하고, 민족공동의 번영을 이룩해 나간다는 것을 보여준다는, 보여주는 아주 좋은 계기가 되지 않겠는 가 이렇게 생각하고 있습니다.

평화보장 문제입니다. 평화보장 문제는 북남관계를 전진시키고 통일을 실현시키는 데 점차적으로 나서는 문제라고 보고 아주 대통령께서도 좋은 말씀 하셨다고 생각합니다. 나의 견해는 무엇보다도 북남 사이의 군사적 적대관계를 해소하는 것이 더 중요하다고 생각합니다. 지금 북남 간의 평화보장 문제에서는 기본, 그것도 빈 구호가 되지 말고 실천적인 문제에서 평화가 보장되자고 하면은, 군사적 적대관계가 해소되지 않고서는 해결될 수가 없다고 생각합니다. 북남 사이의 군사적 적대관계를 해소한다는 것은 신뢰조성하고 평화보장에 필수적인 선결조건으로 이렇게 딱 문제를 걸어놓고 문제를 봐야하는데….

지금 모든 문제, 이때까지 지나간 5년 동안 보면 군사적 문제와 정치, 군사를 떠난 정치는 있을 수가 없는데, 지금 많은 문제가 군사적으로 신뢰가 조성되지 않고서는 이게 해결될 수가 없다고 생각합니다. 그래서 아까 말씀드렸지만, 국방장관회의를 하자고 제기했는데, 그것도 우리가 안 하자 한 것도 아니고, 정세의 흐름 속에서 지금 자주성들이 결여되다 보니까 지금 지체되면 지체되고 연기되면 연기됐지…. (중략)

총리회담, 국방장관회담 수용

그럼, 대통령께서도 제기한 바와 같이 한 달 이내로도 총리급 회담과 동시에 국방장관 회담을 할 수 있지 않겠는가, 역시 선언적인 이런 문건이 암만 좋은 거 나가건 안나가든지 간에 집행을 하자고 하면, 경협문제 같은 것도 총리급에서 논의돼야되지 정상 수준에서 암만 합의봤다 해도 집행단계는 총리급에서 해야되기 때문에 총리급 회담이 있어야 하지 않겠나….

지금 상급회담도 제대로 되지 않는데 정세에 따라서 했다 말았다 하기 때문에 난 바로 그 문제 생각했습니다. 남쪽 사람들이 자주성이 좀 있어야 되지 않겠는가, 자꾸 비위 맞추고 다니는 데가 너무 많다, 난 이렇게 생각했습니다. 자주성 있게 우리 민족 내부의 문제면 우리 민족 내부의 문제로 국한시켜서 하자, 이렇게 하면 되겠는데 조금 자주성보다도, 자주성이 없다고 하면 너무 인격 모욕하는 것 같은데, 좀 이렇게 눈치보는 데가 많지 않은가, 좋게 말하면 눈치 보는 데가 많고, 우리 입장에서 보면 자기 주견대로 말을 못하는가 이렇게 내가 생각했습니다.

얼마 전에 부시 대통령이 노무현 대통령에게 전화할 때 종전선언 문제를 언급했다는 말이 지금 돌고 있는데, 그것이 사실이라면 아주 의미가 있습니다. 물론 종전을 선언하는 것만으로는 문제가 해결될 수 없지만 그것이 하나의 시작으로는 될 수 있다고 보면 어떻겠는가 나는 생각합니다.

북, 남측을 종전선언 주체로 인정

조선전쟁에 관련 있는 3자나 4자들이 개성이나 금강산 같은 데서, 분계선 가까운 곳에서 모여 전쟁이 끝나는 것을 공동으로 선포한다면 평화문제를 논의할 수 있는 기초가 마련될 수 있다고 이렇게 생각합니다. 그래서 노무현 대통령께서 관심이 있다면 부시 대통령하고 미국 사람들과 사업해서 좀 성사시켜 보는 것도 나쁘지 않지 않는가, 이렇게 생각합니다.

그 다음에 그런 조건이 될 때 정전협정을 평화협정으로 완전히 바꾸는 게 어떻겠는가 이렇게 생각합니다. 내 생각은 이번에 모처럼 마련된 수뇌회담에서 조금 희망을 주고, 적대관계를 완전히 종식시킬 데 대한 공동의 의지가 있다, 보인다 하는 것을 하나 보여주자 하니까 서해 군사경계선 문제, 이 문제를 하나 던져 놓을 수 있지 않는가, 난 이렇게 생각합니다.

우리 의견은 앞으로 국방장관급에서 논의되겠지만, 내 생각 같아서는 군사경계, 우리가 주장하는 군사경계선, 또 남측이 주장하는 북방한계선, 이것 사이에 있는 수역을 공동어로구역, 아니면 평화수역으로 설정하면 어떻겠는가, 이 문제만 해도 많이 완화되고 또 적대관계를 종식시키자는 공동의 의사가 나타났다 하는걸 보여주는 것….

그것 가지고 자꾸 쌈질하지 말고, 이걸 하자고 하는 조건에서 어떤 조건이 구비되어야 되겠다, 우리 군대는 지금까지 주장해온 군사경계선에서 남측이 북방한계선까지 물러선다, 물러선 조건에서 공동수역으로 한다, 공동수역 안에서 공동어로 한다, 이걸 이번 국방장관회담 때 내가 인민무력부장에게 바로 이 문제를 연구하고 토론하고 성사시켜 보라, 그렇지 않고는 군사적 적대관계 해소한다 해서는 해결 안 된다, 그래서 일차적으로 제일 흔한 방법의 하나인데 북방한계선까지 우리가 철수하라, 이건 앞으로 경계선 문제는 앞으로 해결해야 합니다. 법적으로. 어느 쪽의 기본 틀거리에 맞추겠는가. 북방한계선이냐? 군사경계선이냐?

"NLL을 평화수역으로 만들자!"

이 문제는 앞으로 해결한다 치고, 당장은 공동으로 관리하고 있는 수역 내에, 그 수역의 범위를 넓히자 하니까 우리 북방 한계선까지 군대는 해군은 물러서고 그담에 그 안에 공동어로구역, 평화수역. 이렇게 평화수역을 하면 인민들에게 희망을 주지 않겠는가, 1단계, 그건 앞으로 흥미 있건 없건 간에 의견으로서 안건으로 제기해봐라, 남쪽에다가. 이렇게 내가 결론했었는데, 토론해 보라는 과업을 준 걸 오늘 노무현 대통령께서 오셨기 때문에 이야기했던 겁니다.

지금은 생억지 싸움이라고 생각합니다. 바다에 종잇장 그려 놓은 지도와 같이 선도 북방한계선은 뭐고 군사경계선은 뭐고, 침범했다, 침범하지 않았다, 그저 물 위에 무슨 흔적이 남습니까. 그저 생억지, 앙탈질하는 게 체질화되다 노니까 50년 동안, 자기 주의·주장만 강조하고 그래서 내가 그랬습니다. 전번에 서해 사건 때도, 실제로 흔적 남은 게 뭐냐? 흔적 남은 게 뭐 있는가? 대동강에 배 지나간 자리고, 한강에 배 지나간 자리밖에 없다. 배 지나간 자리도 일시 무사 일어나고 없다. 흔적이 없는데…. 그래서 내가 자꾸 앙탈진다 생각하지 말고 공동수역 만들면 되지 않나, 앞으로 법 하는 데 가서는 이론적으로 서로 역사적인 고찰로부터 시작해서 법률적으로 앞으로 해결하자, 쌍방이 전쟁의 산물이니까 좌우간. 이건 앞으로 평화협정 체결할 때도 문제가 안건이 서야 할 거고 앞으로 법률적으로, 한계선을 통일의 견지에서 볼 때는 한계선도 좁히든가 넓히든가 이렇게 돼야지 유물로 남겨놓을 순 없다, 내가 이렇게 얘기했습니다. 당면하게는 쌍방이 앞으로 해결한다는 전제하에 북방한계선과 우리 군사경계선 안에 있는 수역을 평화수역으로 선포한다, 그리고 공동어로 한다, 분배 몫은 어떻게 되든지 간에 공동어로, 군대가 그걸 보호해준다. 그럼 분쟁점이 하나 가셔지지 않겠는가 하는 문제가….

6자회담 북측 수석대표가 보고

김정일 국방위원장은 기조발언에서 자주성과 우리 민족끼리 정신에 입각해 남북이 협력해야 한다는 점을 강조한 후 새로운 선언을 내놓는 것보다는 6·15공동선언을 이행하는 것이 중요하다는 점을 설명했다. 특히 남측이 제안한 총리회담, 국방장관회담 등을 수용하고, 전날 김영남 상임위원장의 발언 내용을 수정해 종전선언의 당사자로 3자 또는 4자를 언급해 남측을 주체로 인정했다.

그리고 NLL문제를 해결하기 위해 공동수역(평화수역)을 만들자는 제안을 먼저 제안했다. 또한 이례적으로 6자회담을 마치고 돌아온 김계관 6자회담 북측 수석대표를 불러 노 대통령에게 합의 내용을 보고하도록 했다. (새누리당은 이 대목을 왜곡해 노 대통령이 김정일 위원장에게 회담 내내 '보고' 하는 태도를 취했다고 정치공세를 폈다.) 그러나 김정일 국방위원장은 개성공단이 원래 약속대로 진전되지 않은 상황에서 또 다른 공단 조성에는 부정적 입장을 나타냈다.

위원장 : 북남경제협력 문제에 대해서는 내가 앞으로 총리급 회담이나 상급 회담에서 실무적으로 풀어내야 한다고 생각합니다. 토론돼서 성숙시켜서 해결하고 발전 단계로 나가자고 합니다. 북남경제협력이라는 건 민족공동의 이익하고 번영을 위한 중요한 사업으로 된다는 데 대해서는 나도 동감합니다. 북남경제협력사업은 단순히 경제거래가 아니라 민족의 화합과 통일, 번영에 이바지하는 아주 숭고한 사업이라고 생각합니다.

우리 민족끼리 정신에 기초해서 풀어나가야 하는데 나는 오늘 대통령께서 제안하신 문제에 대해서는, 내가 하나 즉석에서 생각한 것은, 새로운 공단들을 내오자고 하는 문제는 아직도 우리나라가 중국 땅이라던가 러시아 원동 땅도 아니고 조그만 땅인데, 거기서 다 뜯어 공단 만들려고 하면 우리가 이때까지 이룩한 민족자주경제는 다 파괴되고, 시장경제에 말려 들어가고, 주체공학이 없어지고 하는 이런 정신적인 재난이 올 수 있기 때문에 아직 시기…. 왜냐하면 개성공단에 대해서 초기 정몽헌 선생이 와서 제기해서 내가 동의해준 문젠데, 그때 정몽헌 선생이 나하고 단둘이서 담화하고 단둘이서 밥 먹으면서 앞으로 민족으로서 상징이 될 수 있는, 거 몽헌 선생이 구상력이 대단한데, 그대로 안 됐구. 내가 보기엔 개성공단이 더 빠른 길로 나갈 수도 있는데, 또 남측에서 의지가 있었으면 더 빨리 나가는데, 거기 정치가 관여됐고, 주변 나라들이 관여됐고, 내 의견은 그게 번영하는 것을 싫어하는 사람들이 많지 않는가, 솔직히 생활을 통해서 많이 느꼈습니다.

실례를 들어서 재봉집 하나도 개성공단에 들어올 게 따로 있고 허용되는 게 따로 있고, 일반 경제사회에 나갈 게 따로 있고…. 그래서 지금 그런 희생물이 될 바에는 좀 더 개성부터 완성시켜 두 측이 노력을 기울여서 완성을 시킨 다음에 하나의 모범을 창조한 다음에 해야지.

"개성공단 약속대로 안됐다!"

지금 빈손으로 나가면 선언에, 보도문에 보도되면, 우리 인민들은 아마 개성 걸 크게 기대를 안 가지고 있었다고 사람들이, 남쪽 사람들에게 땅만 빌려준 거 아니야, 이런 말도 하고, 그저 정치적인 대화에 말빨감이나 만들어준 게 아니야, 우리 인민들은 이렇게 생각하고 있습니다. 아직도 활성화되지 못한 조건에서 새로운 공단만 세운다는 것은 허황 된 소리고, 내 체면으로서도 더 요구한다고 말할 수… 공동으로는 안 되고 남측의 의향이면 의향이고, 남측에서 구상이라면 남측의 구상으로만 보도된다는 게 나쁘지 않다고 생각합니다. 우리는 새로운 공단하는 건 찬성할 수 없습니다. 개성을 뚜렷하게 만방에 시위했으면 모르겠는데, 난 좀….

새로운 공단이라는 건 남조선 기업인들에게 새로운 일감과 새로운 시장을 넓혀주는 데 도움이 되는 놀음을 하면 했지, 실질적으로 우리에게 아직까지는 이해관계가 없습니다. 그건 동의할 수 없습니다. 우리 땅이 서해 해주 또

하겠다 하는데, 내가 보건데, 앞으로 토론해보면, 총리급이나 상급에서 경제 다루는 분들이 또 생각해보십시오. 나는 아직도… 개성, 할 수 있다면야 신의 주, 신의주도 내가 몽헌 선생한테 이야기했습니다. 신의주 해보라. 원래 신의 주야. 근데 뭐 몽헌 선생이 신의주 까다롭고 힘들다 그리고, 그러면 당신 말 들어주겠는데 어디야, 짚으라, 그래서 두 번째 내가 꼽은 게 해주였습니다.

그 전기랑 뭐 곤란하고, 원자력발전소, 핵발전소 아니면 큰 중유발전소, 배가 와서 발전 일으키는 해상 발전소나 하나 가져와야지 그거 아보다 배꼽이 큰데 그거 힘들다, 몽헌 선생이 반대했습니다. 어디야? 당신네 어디가 좋은가. 개성? 그래서 내가 세 번째로 승인한 게 개성이야. 근데 이제 와서 해주 소리가 나왔는데, 우리는 생각도 못해봤고, 내가 아는 건 신의주만 생각해 봤는데….

대통령 : 예, 위원장께서 이번에 승낙하지 않으셔도 우리가 기다리겠습니다. 다만 이런 문제를 놓고 우리가 왜 그런 얘기를 하는지 이유라도 충분히 설명을 드리고, 그런 대화가 중요할 거라고 생각합니다.

"개성공단 군사적으로 많이 양보"

위원장 : 그리고 군사적인 측면으로 오늘 대통령님께 솔직히 말하는데… 개성도 군사적으로 많이 양보한 거고… 개성은 평화의 상징이라 해 가지고 그건 많이 양보했는데, 해주는 솔직히 내가 국방위원회 위원장으로서 말합니다. 해주는 군사력이 개미도 들어가 배길 수 없을 정도로 군사력이 집중된 데인데, 그래서 제 얘기는 그걸 만약 하자고 하면 앞으로 개성에서 어떤 모범을 보이고 실제 그만한 걸 희생시키면서라도 공단 차려 가지고 어떻게 민족 번영에 이바지하겠는가 하는 게 우리가 납득이 될 때, 그땐 우리 개성 아니 해

주 달라면 그땐 줘야지요. 그러니까 지금은 군대가 우선 반대할 테고…. 지금 개성, 당연히 무슨 내각에다가 경제 행정일꾼들에게 아마 아직 개성에서 맛도 못 본 주제에 무슨 뭐 때문에 해주를 또 내라고… 우리 그럼 자연히 군대는 다 물러 돌아서는 거나 같은 건데… 아마 안 할 거라고 생각합니다.

대통령: 중요한 문제 말씀을 다 하신 것 같기 때문에 조금 말씀하신 내용에 대해서 내가 해명드릴 것 몇 가지… 해명이라고 말씀드리겠습니다. 주장하고 뭐 반론하고 토론할 생각은 없고요. 해명할 만한 것을 좀 말씀을 드리고요, 또 이제 경제 문제에 있어서는 특구 이런 것이 또 못 받아들이겠다 하시면 그렇게 우리도 알겠습니다. 그러나 다만, 특구를 받는다 안 받는다는 그런 작은 문제를 넘어서서 크게 앞으로 남북경제를 공동으로 발전시켜 나가기 위해서 상호 간에 이익을 도모하기 위해서 어떤 방향으로 가야 될 것이냐에 대해서 위원장 말씀도 좀 충분히 듣고 싶고, 나도 또 우리 구상을 말씀드리고 싶습니다.

"시간이 그렇게 많이 남지 않을 것 같은데…"

노 대통령은 김정일 국방위원장이 해주특구에 대해 부정적 입장을 보이자 좀 더 상세한 설명이 필요하다고 느낀 듯하다. 그래서 "지금 시간이 그렇게 많이 남지 않을 것 같은데… 위원장께서 말씀하신 데 대해서 주요 쟁점에 대해서 몇 가지 말씀을 드리고 오후에 시간을 따로 좀 주시면 앞으로 우리가 이런저런 문제를 풀어가는 데 있어서 서로 어떤 구상이 필요한가 하는 데 대해서 구체적인 접근들을 했으면 좋겠습니다"라고 제안한다. 오후 회의 때 김정일 국방위원장이 일정을 하루 더 연장하자고 제안해 남측을 당황스럽게 했던 것은 노 대통령의 이 같은 제안에 대해 답변이었던 셈이다.

대통령 : 거 뭐 무슨 의제의 문제라기보다… 여기까지 와서 위원장하고 달랑 두 시간 만나 대화하고 가라고 그렇게 말씀하시면 됩니까?(웃음) 충분히 잡담을 하더라도 위원장하고 시간을 더 보내야 합니다. 그래서 여러 가지 문제에 대해서 배경이라든지 그동안에 우리가 많은 우여곡절을 겪어오는 과정에서 우리 나름대로 겪은 고충도 있고 또 미래에 대한 비전도 있고 하지 않겠습니까. 회담의 의제, 딱딱한 의제로 다 소화할 수 없는 얘기들은 좀 나누고 싶습니다. (중략)

위원장 : 앞으로 그런 문제가 상정되면 총리급 회담을 하던가 해야지요. 우리가… 난 경제는 그저 하자고 하는, 활성화시키자는 욕망뿐이지… 군대 칼은 쥐고 있지, 경제 돈은 못 가지고 있어… 그저 그렇게 알면 되겠어요.

대통령 : 어쨌든 위원장께서 말씀하신 데 대해서 내가 몇 가지 답변을 좀 하고 싶습니다.

위원장 : 예, 말씀하세요.

대통령 : (중략) 그 다음에 이제 내가 몇 가지를 말씀드리겠습니다. 개성공단을 조금 더 속도를 내자 아니면 조금 늦추자 뭐 이런 것이 하는 동안에 우리가 우리끼리 결단을 내고 속도를 빨리 내자… 그것이 미국하고 사실은 조율을 어느 정도 합니다. 왜 그러냐? 지금 공단에 반입하는 물건 하나하나에 대한 승인을 미국이 하고 있거든요. 그럼 승인 안 받고 하면 어떻게 되느냐? 소위 고급 컴퓨터 이런 것입니다. 많이 들어와 있습니다.

승인 안 받고 하면 안되냐, 했더니… 그렇게 미국하고 감정을 많이 상해놓으면 승인이 어려워… 승인을 안 받으면 어떻게 되느냐? 그것을 생산하는 사람들이 국제 무대에서 소위 미국과 관계되는 모든 거래에 있어서 지장이 생기기 때문에 물건을 안 팔라고 한단 말이죠. 지난번에 BDA 때, BDA는 뭐, 그건 미국의 실책입니다. 분명히 얘기를 하는데… 실책인데… 그러나 어쨌든 미국의 실책임에도 불구하고 북측의 돈을 받으라 하니까 어느 은행도 안 받겠다 하는 것 아닙니까?

미 측이 가지고 있는 현실적인 힘이고 그 돈 받았다가 은행 거래가 미국으로부터 제재를 당하면 은행을 못 해먹을 판이 되니까 전부다, 중국도 발 빼고 다 발 빼고… 심지어 미국을 거친 것조차도, 미국 중앙은행을 거친 돈조차도 안 받겠다고 하는 것이 경제에서의 현실이거든요. 그래서, 우리도 그런 점에서 자주하고 싶어도 자주하기 어려운 현실적 상황이 존재하는 것이고요. 원자로, 경수로 그것 좀 중국에 하고 인도 뭐 이런 데 좀 팔아 먹을라고 하고 있는데 미국이 오케이하지 않으면 기술은 다 가지고 있는데 마지막 권리증을 그쪽이 가지고 있단 말이죠. 그런데 이번에 이제 권리증이 웨스팅하우스로 넘어와 가지고 이제 그쪽하고 협의를 해야 되는 것이죠. 이제 다른 종속이 아니고 기술종속에 의해서 기술의 격차에 의해서 도리없는 종속이 발생하는 것이죠.(중략)

자주, 하고 싶으나 어려운 것이 현실

우리 민족끼리! 아무리 하고 싶어도 그렇게 할 수 없다는 현실들이… 우리 소위 남측의 경제가 확 주름이 잡힌다든지 기업들이 곤란을 겪는 일들을 정부가 결정해야 된다는 것이… 되지도 않으면서 고립을 자초하는… 고립을 자초하는 자주는, 이것은 할 수 없는 것이다. 세계 역사를 봐도 활발한 교역에 앞장선 국가들이 세계 패권을 가지고 왔던 것입니다. 우리는 세계 패권을 꿈꿀 수는 없겠지만, 한반도가 7천만 경제권을 가지고, 그래서 동북아시아에 실제 중심을 잡는 이런 위치에 가자면 경제에 있어서 앞서가야 되고 경제를 유지하자면 교역권 활발하게 안 할 수 없는 이런 애로가 있다는 점을 이해를 해 주시면 고맙겠습니다.

우리는, 우리 스스로가 그렇지만은, 이와 같은 세계 경제의 현실 속에 북측도 함께 발을 들여야, 시장에는 발을 디뎌야지 안 디디고 어떻게 갈 수 있겠느냐? 그런 해명을 좀 말씀드리고요… 그래서 비위를 살피고 눈치를 보는 이유가 사대주의 정신보다는 먹고사는 현실 때문에 그렇게 되고 있다는 점을 잘 이해를 해주시면 좋겠습니다.

부시 대통령 종전선언. 이 문제에 있어서 정말 한번 성사시켜 보라고 하셨는데, 이 부분 좀 시간을 두고 위원장님하고 뭐 하나 말씀을 나누고 갔으면 좋겠습니다. 왜냐하면 이제 무조건 가 가지고 부시 대통령한테 하자! 이것은 아니니까, 남북 간에 여기까지 갔으니까, 이제 또 이걸 부시 대통령이 그렇게 말했으니까, 그걸 디디고 와서 내가 위원장님께 우리 이런 거 한번 합시다 말씀드릴 수 있었듯이….

위원장 : 당면하게 이제 부시 대통령도 시간 없지요, 뭐 이제.

대통령 : 하여튼 뭐 이런 상징적인 행위가 이루어지면 더 좋고, 아니라 할지라도 뭔가 진전할 수 있는, 뭘 토대를 하나… 디딤돌을 하나 또 위원장께서 이 기회에 만들어주시면 그 디딤돌 가지고 다음 단계로 또 나아가는 것 아니겠습니까, 그렇게 생각하고 있습니다.

NLL 깊이 있는 논의 필요

서해군사분계선의 문제 있습니다. 이 문제는 위원장하고 나하고 관계에서 좀 더 깊이 있는 논의를 해야 됩니다. 우리 남측 군인들 내보내 놨더니요… 갔다와서 그렇게 하지말고… 지금은 아닙니다만… 지금은 우리도 여러 가지 있습니다. NLL 타협해라? 대선국면이 아니었거든요, 그 당시는. 대선 국면

이 아니고…. NLL 문제 의제로 넣어라, 넣어서 타협해야될 것 아니냐? 그것이 국제법적인 근거도 없고 논리적 근거도 분명치 않은 것인데…. 그러나 현실로서 강력한 힘을 가지고 있습니다. (중략) 북측 인민으로서도 아마 자존심이 걸린 것이고, 남측에서는 이걸 영토라고 주장하는 사람들이 있습니다. 이 혼동이라는 것을 풀어가면서 풀어야 되는 것인데, 이 풀자는 의지를 군사회담 넣어놓으니까 싸움질만 하고요… 풀자는 의지를… 두 가지… 의지가 부족하고 자기들 안보만 생각했지 풀자는 의지가 부족하고… 뭐 아무리 설명을 해도 자꾸 딴소리를 하는 겁니다. 그거 안됩니다 하고, 그 다음에 이런 여러 가지 위원장께서 제기하신 서해 공동어로 평화의 바다… 내가 봐도 숨통이 막히는데 그거 남쪽에다 그냥 확 해서 해결해버리면 좋겠는데….

이어 놓으면 군사적으로 이거 뭐 안보 위협이 생기고… 이렇게 내부에서 보고하는 사람들부터 이러니까… 이 문제는 전혀 무시할 수 없는 일이지만은 말하자면 최고위급에서 이 문제를, 말하자면 가야 된다, 이번 대선국면에서 뭐 한나라당이 저렇게 하지 않으면 지난 번 내 군사회담에다 이건 다루라고 했거든요… 했는데 지금은 인제 내가 정치적으로 수세에 몰려있어서 그 얘기를 바로 꺼내긴 어렵지만은… 그래서 이제 의제는 그렇습니다.

그렇고 이걸 풀어나가는 데 좀 더 현명한 방법이 있지 않겠느냐… 거기 말하자면 NLL 가지고 이걸 바꾼다 어쩐다가 아니고… 그건 옛날 기본합의의 연장선상에서 앞으로 협의해 나가기로 하고, 여기에는 커다란 어떤 공동의 번영을 위한 그런 바다이용계획을 세움으로써 민감한 문제들을 미래지향적으로 풀어나갈 수 있지 않겠느냐… 그런 큰 틀의, 뭔가 우리가 지혜를 한번 발휘하는 것이 필요하다고 보는 것이죠.

해주 아이디어는 오늘 처음 들었습니다. 정몽헌 씨가 그런 제안을 했다는 것을 처음 들었는데, 해주는 군사적으로 민감해서 잘 안 주실 것이라고 들었

| 김영남 위원장과 노무현 대통령 사이의 회담이 진행되었다.

는데, 오히려 나는 거꾸로 생각했습니다. 개성보다 더 해주가 민감한 것으로 들었는데… 그 점은 충분히 이해합니다만, 어떻든 해주 발상이라는 것은 그런 큰 틀 속에 들어있는 것인데… 그냥 배경 설명입니다. 그렇게만 들어주시면 좋겠구요… 그래서 공동어로 이런 문제에 대해서, 이것은 적어도 뭐 총리급 수준에서도 얘기를 할 수 있겠습니다만,. 결정권을 가진 위원장과 내가 한번 얘기를 좀 더 깊게 해봤으면 좋겠다… 위원장이 지금 구상하신 공동어로수역을 이렇게 군사, 서로 철수하고 공동어로하고, 평화수역, 이 말씀에 대해서 똑같은 생각을 가지고 있거든요. 단지 딱 가서 NLL 말만 나오면 전부다 막 벌떼처럼 들고 일어나는 것 때문에 문제가 되는 것인데, 위원장하고 나하고 이 문제를 깊이 논의해볼 가치가 있는 게 아니냐….

그리고 국방회담이라든지 이런 문제에 대해서 전향적으로 말씀해주신 데 대해서 참 감사하게 생각합니다. 6자회담에 관해서 여러 가지 이야기를 하는데, 조금 전에 보고를, 그렇게 상세하게 보고하게 해주셔서 감사합니다. 남측에서 이번에 가서 핵문제 확실하게 이야기하고 와라… 주문이 많죠… 근데 그것은 나는 되도록이면 가서 판 깨고, 판 깨지기를 바라는 사람들의 주장 아니겠습니까. 그런데 많은 국민들이 또 그게 중요하다고 그래요. 중요한 일입니다. 중요한 일인데…. 그러나 문제는 6자회담에서 이미 풀려가고 있고, 그 틀이 근본적인, 문제해결이 가능한 틀이기 때문에 거기서 풀자, 그런 것들을 내가 계속 주장해왔고, 했습니다. 했는데… 우리 국민들에게 안심시키기 위해서 핵문제는 이렇게 풀어간다는 수준의 그런 확인을 한번 해주시면 더욱 고맙겠습니다. 안 그러면 가 가지고 인제 뭐, 내가 해명을 많이 해야되죠. 한 줄 들어있으면은 가서 뭐 이렇게 간다, 이렇게 될 것 같구요.

경제 특구 확대 필요

경제협력은 좋습니다. 위원장이 지금 때가 아니다라고 보시면 그렇게 저는 받아들이겠습니다. 그런데, 그래도 다음에라도 뭔가 총리급에 하더라도 뭔가 위임과 지시가 없으면 앞으로 못나갑니다. 남측도 마찬가지입니다. 총리에게 이런 방향으로 푸시오라고 방향을 주어야 되는 것이거든요. 그래서 그런 점에 있어서 오늘 무슨 결론을 내고 선언에 들어가지 않더라도 위원장하고 나하고 사이에 경제문제가 어떻게 풀려나가야 되는지에 대해서 서로 간의 의견을… 위원장께서 갖고 있는 한계를 분명하게 모르고 우린 우리끼리 막 그림을 그야말로, 허황된 그림을 많이 그렸습니다. 그러나 남측에서 볼 때 이 그림은 허황된 것이 아니고 정말 이게 돈 되는 것인데 앞으로 우리가 일류 국가로 가자면 이거 해야되는 것인데 라는 생각을 갖고 있기 때문에, 또 이 설명을 충분히 한번 드리고, 또 우리도 위원장의 한계가 뭐라는 것을 분명하게 가져가면 또 그 아래서 우리가 계획을 다시 만들어서 또 제안을 드리고 해야되지 않겠습니까? 그렇게 또 좀 하는 것이 좋겠다고 생각합니다.

이 점은 나도 아프게 생각합니다. 남쪽 사람들이 개성공단을 가지고 이것이 개방의 미끼인 것처럼 자연히, 뭐 개성공단처럼 하면은 북측이 개방하고 개혁할 것이라고 이렇게 얘기하고 있는데 대해서는 나도 미안하게 생각합니다. 이건 뭐 여러 가지 생각이 있으니까 이야기를 하는 것인데… 나는 그런 견해에 대해서는 찬성하지 않습니다. 그것이 아니고 진정한 의미에서 말하자면 경제확산, 기술확산 이거 해야되는 것인데… 특구를 얘기하는 것은 공화국 전체의 법 체제를 한국기업이 기업활동을 할 수 있게 바꾼다는 것은 너무 어렵습니다. 신의주도 좋습니다. 신의주라도 그건 뭐… 좋고 나진 선봉 다 좋습니다.

문제는 이게 서로 거래방법, 기업운영방법이 너무 다르기 때문에 지금 이대로 특구가 아니고는 투자할 기업이 없다는 것입니다. 우리 지금 전체 투자 중에 92년, 93년부터 투자가 시작됐고… 94년부터 투자가 시작됐지만 다 거의 실패하고요… 성공한 것은 개성공단, 금강산 두 군데뿐입니다. 지금 남측의 대북 투자의 80%가 전부 특구 투자이고요, 그 건수로는 80% 정도이고, 금액으로는 88%가 특구입니다. 지금 26개 시범사업 하고 있는데 이번에 이제 1단계 분양이 돼서 230개 들어옵니다. 들어오는데 그동안 이걸 1년 정도는 내가 더 당길 수 있었는데 사실은 나도 그 결단을 혼자 할 수 없어서… 아까 말씀드린 것과 같은 그런 이유로 좀 지체가 된 것을 정말 안타깝게 생각합니다.

이런 문제를 고려해서 우리가 특구를 말씀드린 것이지 특구를 가지고 장난치자고 하는 생각은 절대 아니다, 그런 점에 대해서 그렇게 말씀을 일단 드리고요…. 그래서 이제 공부를… 그동안에 보고서를 이 사람들한테 내가 이만큼 받아놨습니다. 세세하게 위원장께서 좀 아셔야될 부분이 있다고 생각을 해서 지금 기업경영에 있어서 무엇이 애로에 걸려 어렵고… 이런 것들을 다 일일이 안 하더라도 큰 틀에 있어서….

"혁명적 결단을 하셔야 합니다"

위원장 : 법률적인, 제도적인 제한 턱들은 너무 앞으로, 더 어떻게 하든지 간에 앞으로 남조선 경제를 일임하는… 돈 받자고 해도 법률적인 제도적인 조정사업이 아마 있어야 된다고 본인은 생각을 합니다.

대통령 : 위원장께서 혁명적 결단을 하셔야 됩니다. 특구를 하시든, 특구 이외의 것을 하시든요. 우리도 바라건대 혁명적 결단을 하셔야 합니다. 개성공단이 2000년에 합의가 된 것인데요, 기업 입주한 것이 2004년 아닙니까? 이제 2007년에 와서 230개가 들어온 것입니다. 이게 되게 느린 것입니다. 남측에서도 공단 하나 계획해서 시작하려면 시간이 걸립니다. 공단 하나 들어서는데 10년이 걸리는데요. 우리가 인천특구, 말하자면 인천경제자유구역을 지금 만드는데 아직 황량한 벌판입니다. 2002년에 기획해 가지고 넘겨준 것인데 5년 동안 죽을 둥 살 둥 해도 아직 인천경제자유구역이 자유구역답게 되려면 앞으로 5년, 10년은 더 가야 되는 것입니다.

그래서 지금 경수로 하나 하는 것도요, 정치적 상황 때문에 그렇겠지만, 94년에 합의돼 가지고 98년에 첫 삽 뜨고 2003년 초에 중단이 됐는데, 그 중단될 때까지 35% 공정 밖에 안 됐습니다. 그 투자한 돈 13억 달러 안고 있습니다만, 우리는 경수로 꼭 지어야 합니다.

아까 김계관 부상이 그랬습니다. 적대시정책 철회하고, 비핵화는 전 조선반도에 한다. 이거 좋습니다. 이미 합의된 거니까. 지금은 6자회담 주제에 남북문제가 안 들어있으니까 그렇지. 이것은 남북 간에도 충분히 합의하고, 이미 합의가 있는 거니까 지켜갈 수 있습니다. 그리고 평화적 이용권, 적극적으로 찬성합니다. 말하자면 미국이 안 줄려고 하면 6자회담은 성공할 수 없는 것입니다. 다만 시간적으로 신뢰를 확보해가는 과정 아니겠습니까. 신뢰를 누구를 기준으로 하느냐, 국제사회에서 사실 그렇습니다. BDA문제는 미국이 잘못한 것인데, 북측을 보고 손가락질하고, 북측 보고 풀어라 하고… 부당하다는 거 다 알고 있습니다. 그러나 우리가 문제를 실질적으로 풀어나가기 위해서는 국제사회에서 지지를 확보해야 됩니다.

그래서 나는 지난 5년 동안 내내 북핵문제를 둘러싼 북측의 6자회담에서의 입장을 가지고 미국과 싸워왔고, 국제무대에 나가서 북측 입장을 변호해왔습니다. 그러나 실질적으로 내가 행동하면서, 미국하고 딱 끊고 당신 잘못했다고 하지 못한 것은 미국이 회담장을 박차고 떠나 버리면, 북측도 좋은 일이 아니겠지만, 우리 남측으로 봐서도 좋지 않습니다.

남측은 평화가 흔들린다고 하면 주가가 땅에 떨어집니다. 해외에서 빌려오는 돈의 이자가 올라갑니다. 우리는 위원장하고 김대중 대통령하고 6·15 때 악수 한번 했는데, 그게 우리 남쪽 경제에 수조 원, 수십조 원 번 거거든요. 어제 사진도, 어제 내가 분계선을 넘어선 사진으로 남측이 아마 수조 원 벌었습니다. 뭐 장기적으로, 상징적으로 그런 것입니다. 그래서 6자회담 깨지면 안되니까, 미국 붙들고 같이 가야, 북측도 못나가게 해야, 그래서 6자회담 가면 아마 북측하고 가장 긴밀하게 얘기하는 쪽이 우리가 아니었을까 그렇게 생각합니다.

위원장 : 우리가 민족이긴 민족이죠, 한 민족이죠. 의사소통은 그래도 일본 사람들보다 낫습니다. 일본은 우리하고 상종하고 해도… 밤낮 싸우고… 그래도 속심 있는 이야기는 다 북남하고 합니다.

대통령 : 우리가 선진강국이 되자면, 그럼에도 불구하고 미국하고 적대관계, 관계정상화 풀어야 되고요, 일본하고도 아니꼬와도 문제를 풀고 가야 합니다. 남북이 말하자면 완전한 협력관계에 들어서고 북측이 국제관계에 들어서고 나면 쫓아내지 못하거든요. 지금은 세게 하면 고립이 되지만, 자리를 잡고

난 뒤에 세게 하면 자주가 되거든요. 자주가 고립이 아니라 진짜 자주가 될 수 있도록 그렇게….

위원장 : 옳습니다. 노 대통령님의 견해를 충분히 알았습니다.

"정상회담 정례화합시다!"

노무현 대통령은 북측이 제기한 자주의 문제에 대해 전시작권권 이양 등 남측의 현실을 설명하고 '점진적 자주'로 갈 수밖에 없다는 점을 강조했다. 그리고 개성공단 활성화를 위해서는 법적·제도적 정비가 있어야 한다는 점을 우회적으로 밝히고, 특구 확대의 필요성을 설득하기 위해 다양한 사례를 상세히 언급한 후 김정일 국방위원장의 '혁명적 결단'을 촉구했다. 그리고 이어서 정상회담 정례화와 답방 문제를 거론했다.

위원장 : 정례회담이라고 하는 거, 내가 스쳐 지나갈 수 있기 때문에 얘기하는데… 양 국가가 아닌 이상에는 한 민족끼리니까 정례다, 정례합시다, 이런 것은 내가 꼭 아버지 집에 설날, 음력 설에 찾아가는 거는 도덕이죠, 간다, 가야 된다, 딱 밝힐 필요 없죠.

대통령 : 수시로 보자고만 해주십시오.

위원장 : 수시로? 문제가 있으면, 그저 상호 일이 있으면, 호상 방문하는 거고….

대통령 : 일이 있으면… 일 없으면 볼 일 없다 이렇게 느껴지니까. 그러지 마시고….

위원장 : 그 대신에 격식과 모든 것 다….

대통령 : 좋습니다.

위원장 : 그저 우리 중국 사람들 보고 얘기합니다. 당신네하고 밤낮 외교하라 그러는데, 옆집에 국경을 가지고 있으니까 친척집에 다니는 것처럼 하는 거지, 뭐 하러 밤낮 외교 보자기를 씌워 가지고 사람이 할 말도 자연스럽게 할 수 없게끔 만드는가? 딱딱하게 공식적인 말만하게… 그렇게 하지 말자, 내가 니네 집에 가는데 뭐 전보 하나면 되죠. 삼촌네 집에 갈 때도 급하게 가면….

대통령 : 예. 좋습니다. 동의하겠습니다. 격식과 형식과 절차에 구애되지 아니하고 수시 만나 민족대사를 우리가 서로….

"군사적 문제가 야기될 때는 내가 갈 수도 있다"

위원장 : 수시로 협의한다! 정례화라고 하면 우리 사람 다 이해 안 됩니다.

대통령 : 그렇게 해 주시고요. 그러면 남측 방문은 언제 해 주실랍니까?

위원장 : 그건 원래 김대중 대통령하고 얘기했는데, 앞으로 가는 경우에는 김영남 위원장이 수반으로서 갈 수 있다, 군사적 문제가 야기될 때는 내가 갈 수도 있다, 그렇게 이야기가 돼 있습니다.

대통령 : 아 그렇게, 우리는 전부 김정일 위원장께서 방문하시기로 약속한 것으로, 우리 국민들은 전부 그렇게 알고 기다리고 있습니다.

위원장 : 미사일문제요, 핵문제요… 지금 가자고 해도 전 세계가 놀래서 와락와락할 때 내가 뭐 하러 가겠어요. 그래서….

대통령 : 그래서 재촉을 안 했습니다.

위원장 : 그래서 정세가 있고 분위기가 있고 또 남측도 정서가 있는 것인데, 지금 한나라 사람들이랑 너무 그렇게 나오는데, 우리가 뭐 하러… 호박 쓰고 어디 들어간다는 말이 있는데, 지금 그렇게 하려고 하겠습니까?

대통령 : 남측은 데모가 너무 자유로운 나라라서 모시기도 그렇게… 우리도

좀 어려움이 있습니다.

위원장 : 앞으로 모든 게 정상적으로 좋게 발전돼 나가면, 앞으로 못 갈 조건이 없지 않습니까. 앞으로 또 정세와….

대통령 : 오실 수 있으면 좋겠습니다.

김정일 : 남쪽 사람들의 정서도 보아야 합니다. 정서를 봐야 되겠고….

"나도 내려 갈랍니다"

김정일 국방위원장은 정상회담 정례화에 동의하면서 김영남 상임위원장의 서울 방문을 언급한 후 자신은 군사적 문제가 논의될 시점에 답방을 고려할 수 있으며, 남측의 국민적 정서도 고려해야 한다고 강조했다. 노 대통령은 또 다시 회담을 한 차례 갖자고 제안했다. 준비한 의제들을 하나라도 더 타결짓기 위해 집요하게 회담 시간 연장을 요청한 것이다. 개성공단, 해주특구, 서해 평화지대 등의 문제가 정확하게 타결됐다고 보지 않은 것이다.

대통령 : 오후 시간 내주시는 게 그렇게 어려우시면 나도 내려갈랍니다.

위원장 : 그럼 앞으로 자주 만나자고 했으니까, 자주 안건이 생기면 오시면 되지 않습니까.

대통령 : 자주는 다음 일이고 이번 걸음에 차비를 뽑아가야지요, 무슨 말씀입니까. 그리고 실제로요, 서해문제는 깊이 말씀드리고 싶습니다. 위원장님 말씀도 듣고요.

위원장 : '서해문제도 군사회담에서 꼭 상정되고 긍정적으로 해결하도록 했다' 이렇게 하면 되지 않겠습니까. 남측의 서해문제에 대한 실질적인 요구는 무엇입니까?

대통령 : 남측의 요구라기보다는, 나는 그 부분이 우발적 충돌의 위험이 남아 있는 마지막 지역이기 때문에 거기에 뭔가 문제를 풀어야 된다고 생각합니다. 그런데 NLL이라는 것이 이상하게 생겨 가지고, 무슨 괴물처럼 함부로 못 건드리는 물건이 돼 있거든요. 그래서 거기에 대해 말하자면, 서해 평화지대를 만들어서 공동어로도 하고, 한강하구에 공동개발도 하고, 나아가서는 인천, 해주 전체를 엮어서 공동경제구역도 만들어서 통항도 맘대로 하게 하고… 그렇게 되면, 그 통항을 위해서 말하자면 그림을 새로 그려야 하거든요. 여기는 자유통항구역이고, 여기는 공동어로구역이고…. 그럼 거기에는 군대를 못 들어가게 하고, 양측이 경찰이 관리를 하는 평화지대를 하나 만드는, 그런 개념들을 설정하는 것이 가장 시급한 문제이지요.

그래서 해주특구라는 것은 그것 때문에 들어가는 것이지 실제로 한국경제가 지금 더 바쁘게 중요한 것은 조선입니다. 이 조선 부분이 파급효과가 크거든요. 조선 하나 하려면 각종 부품공업이 먼저 일어나야 하는데, 그 부품 공급이 해당 공단에서도 만들어져야 하지만, 사람이라는 것이 몇 년 하고 나면 독자적으로 공단 안에서 밖에서 북측 인민들이 창업을 하게 되지 않습니까? 작은 공장들 창업하고, 그렇게 해 나가면서 파급효과가 굉장히 큽니다. (중략)

위원장 : 그거 오후에 하지요 뭐. 오후 1시간 정도, 1시간 반 정도 예견해서…. 2시 반 시작해서 4시 끝나면… (김양건 부장에게) 내 회의도 저녁 시간으로 다 돌리라. 오늘 외무성 사람들 몽땅 모여서 방향을 얘기하려는데… 노 대통령님의 끈질긴 제의에 내가 양보해서 2시 반에 하는 걸로….

대통령 : 얘기할 거리가 많아서 그렇습니다.

238

오후 회의에서 경협과 서해특구 문제 재론

노 대통령의 거듭된 요청에 따라 김 위원장은 오후 회의를 저녁 시간으로 연기하고 결국 한 차례 더 회담을 갖기로 한다. 오후 2차 회의는 2시 30분부터 4시 25분까지 115분가량 진행됐다.

대통령 : (중략) 오전에 내가 말씀드렸듯이 여러가지 노력을 통해 자주적인 역량을 강화해 나가고 있습니다. 그 점에 대해서는 의논을 드리고 싶고, 그러한 전망을 가지고 풀어나가자고 말씀드리고 싶습니다. (중략) 우린 북측 체제를 존중하는 것이 약속일 뿐만 아니라, 도리일 뿐만 아니라 우리에게 이익이 된다, 독일식의 급작스런 통일은 독일이 엄청난 비용을 부담했기 때문에… 우리는 그런 능력도 없고, 독일은 유럽을 주도하고 있는 국가이지만 우리는 그렇지도 않고…. 때문에 거기에 따른 비용과 혼란을 감당할 수 없고, 그럴 리도, 있을 리도 없겠지만 어느 것이 이익이냐고 가정했을 때 우리는 북측이 굳건하게 체제를 유지하고 안정을 유지한 토대 위에서 경제적으로 발전하는 것이 우리에게 이익이라고 다들 생각하고 있습니다. (중략)

NLL문제가 남북문제에 있어서 나는 제일 큰 문제로 생각하고 있습니다. 지난 번에 장관급 회담을 여느냐 안 여느냐 했을 때, 장성급회담을 열어서 서해평화문제 얘기 진전이 안 되면 우리는 장관급 회담도 안 할란다, 이렇게 한 적도 있습니다. 서해에서 1차적으로 상호 교신하고 상호 알려주고 했는데, 이행은 좀 잘 안 되고 있지만, 문제는 인제 북측에서 NLL이란 본질적인 문제를 장성급회담에 들고 나온 것입니다. 다시 말해서 의제로 다뤄라 지시를 했는데, 반대를 합니다. 우선 회담에 나갈 장소부터 만들어야죠. 단호하게 다뤄라 했는데 그 뒤에 그러한 기회가 무시되고 말았지만, 이 문제에 대해서 나는 위원장하고 인식을 같이하고 있습니다. NLL은 바꿔야 합니다.

그러나 이게 현실적으로 자세한 내용도 모르는 사람들이 민감하게, 시끄럽긴 되게 시끄러워요. 그래서 우리가 제안하고 싶은 것이 안보군사 지도 위에다가 평화경제지도를 크게 위에다 덮어서 그려보자는 것입니다. 그래서 서해평화협력지대라는 큰 그림을 하나 그려놓고, 어로협력 공동으로 하고 한강하구 공동개발하고, 또 자유로운 통상, 특히 인제… 대충 지역이 개발이 되면 해주를 비켜서라도 개성공단 연장선상에 계획이 서고, 되면 그 길을 위한 통로, 통로를 좁게 만들게 아니라 전체를 평화체제로 만들어 쌍방의 경찰들만이 관리하자는 겁니다.

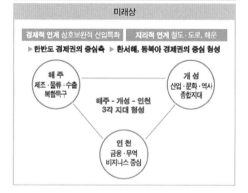

| 2007년 11월 노무현 정부가 작성한 서해평화협력특별지대 추진계획

필요성

시대적 요구	경제가 중심가치로 부상 경계를 넘는 경제적 연계강화, 경제블럭화
정세 변화	한반도 평화정착 과정 가속화 6자회담 진전, 주변국 관계 개선, 평화체제 논의
서해 특수성	서해 군사적 긴장완화 서해 평화정착은 남북관계 발전에 중요
미래 준비	동북아 시대 도래 동북아에 새로운 공존과 협력질서 논의

단계별 추진방안

기반조성('07~'08)	공동어로구역 및 평화수역 확대('07~'08)
• 남북공동어로구역 및 평화수역 확정 (2차 국방장관회담, '07.11)	• 해상평화공원 등 사업방식 다각화
• 서해 접경수역 어장조사, 조업절차 및 방식 확정	• 해주특구 개발과 함께 서해 수산협력 병행
• 공동어로, 바다목장 실시	• 한강하구~백령도 전체로 평화수역 확대

미래상

경제적 연계 상호보완적 산업특화   지리적 연계 철도·도로, 해운
▶ 한반도 경제권의 중심축 ▶ 환서해, 동북아 경제권의 중심 형성

해 주
제조·물류·수출
복합특구

개 성
산업·문화·역사
종합지대

해주 - 개성 - 인천
3각 지대 형성

인 천
금융·무역
비지니스 중심

비무장지대를 평화생태공원으로

그러면 그쪽이, 서쪽은 공동어로구역을 만든다, 오른쪽에는 비무장지대에 있어서의 문제와, 많은 제안을 해왔습니다만, 평화생태공원이라든가 이런 것

들을 통해서 중무기 있는 부문들이라도 우선 철수하고 점차적으로 GP도 철수하고, 그렇게 해서 자연자원도 보호하면서 남북이 협력하는 것이 큰 수입이 생기는 것이 아니냐, 힘을 모아 협력하는 것이 상징적인 시대를 만드는… 그렇게 하는데, 참 해주는 원체 완강하게 말씀하셔서 어렵습니다만….

위원장 : 해주 문제는 내가 오늘 점심에 가서, 정몽헌 선생하고 정주영 선생이 부탁해서 정몽헌 선생하고 토론할 때 이야기 드렸습니다. 해주는 거 내가 이런 입장을 그때도 취했으니까… 정몽헌 선생이 뭘 제기했냐 하면 해주는 해주시를 다 하자는 것이 아니고 해주항만 이용권 달라, 이용권 달라면 자기가 항을 유지하면서, 개성을 염두에 두고 연결시키는, 안 하면 개성 아마 철길도 문제가 안 설 때고, 육로도로도 없을 때고 하니까 그 중앙분계선, 판문점 이외에는 일체 거래가 안되니까 그때 당시 요구가 1999년도(김양건, 연도 상기에 도움)에 제기해서 항만 갖고 어떻게 하려고 하나 하니깐, 항만 경영권 가지면 자기가 거기서 배로 들이대서 개성하고 군사분계선 아닌 새 통로를, 경제통로를 만들어서 개성에다 땅 만들면 자기가 하겠다….

대통령 : 지금도 해운 통로는 필요합니다. 개성공단만 해두요. 지금도 해운통로는 필요한데….

북, 해주특구 수용

위원장 : 그래서 오후에 가서 점심식사하고 군 장성들 좀 오라, 와서 해주, 그때 99년도 그때 그 결심을 되살릴 때면 어떤 문제가 있겠냐 하니까, 답이 문제 없겠습니다, 그러면 노 대통령님하고 만나는데 항을 당장 개방하는 걸 내가 결심하라는가, 그건 문제 없겠습니다. 군에서 그렇게 나오고, 해서 아직 내가 해주를 준다는 게 없고 그때 해주항을 해상으로서 물동량을 개성에다

지원하겠다 그렇게 합의를 보자고 하는데, 정몽헌 선생이 2000년도 6월 달에 와서는 그럴 바엔 뭐… 그 분이 좀 막내가 됐는지, 거 집안에서 떼를 많이 써요. 계속 앉아서 그렇게 선심 쓸 바엔 거 좀 해주 근방에 뭘 좀 줘야 되지, 그저 김만 쐬서 뭘 하겠는가, 약주 좀 들어가니까 그것도 떼를 쓰더구만요.

대통령 : 나도 막내입니다(웃음).

위원장 : 그러면 해주, 거 개성을 확고히 하는 조건이면 해주항을 주겠다, 주는 것도 당시, 인제 와서 땅을 좀 내라 하니까 줄 수 있다, 해주 옆에 강령군이라고 있습니다. 강령군 땅을 앞으로 개성이 잘 되면 공업단지 해보라, 그렇게 말한 적이 있습니다.

대통령 : 예, 그래서 그….

위원장 : 그래서 그거는, 그런데 조건이 하나있는 거는, 군부에서 내가 결심하겠다 하니까 결심하시는 그 근저에는 담보가 하나 있어야 한다, 뭐야, 그러니까 이승만 대통령 시대 51년도에 북방한계선 있지 않습니까? 그때 원래 선 긋는 38선을 위주로 해가지구. 그거 역사적 그건데, 그걸 다 양측이 포기하는, 정전협정을 평화협정으로 하는 첫 단계, 기초단계로서는 서해를 남측에서 구상하는 또 우리가 동조하는 경우에는 제 일차적으로 서해 북방 군사분계선 경계선을 쌍방이 다 포기하는 법률적인 이런 거 하면 해상에서는 군대는 다 철수하고, 그담에 경찰이 하자고 하는 경찰 순시….

대통령 : 평화협력체제, 앞으로 평화협력지대에 대한 구체적인 협의를 해야 합니다.

위원장 : 그거 해야 합니다.

대통령 : 그것이 기존의 모든 경계선이라든지 질서를 우선하는 것으로 그렇게 한번 정리할 수 있지 않은가….

위원장 : 해주 문제 같은 것은 그런 원칙에서 앞으로 협상하기로 했다, 앞으로

그런 문제는 군사를 포함해서, 평화지대를….

대통령 : 군사문제 이 모든 것들을 군사적 질서, 그렇죠. 평화….

위원장 : 그래서 내가 다시 한번 지도를 봤는데 그때 그 양반이 생각을 잘했다고 생각합니다. 해주항에서 강령군 쪽으로 오게 되면 개성하고 연결되는 철교가 있습니다. 그 철길만 조금 손질하면 그저 개성에서부터도 해주로 기차로 오고, 해주항에서 기차로 개성으로 가고.

대통령 : 이것이 중요한 거이 평화문제와….

위원장 : 그 양반이 그걸 많이 생각했는데, 그때는 이런 법률적인 문제가 많이 구속받을 때니까, 그때는 그저 자꾸 결심해 달라, 결심해 달라, 부탁을 했는데, 지금 서해문제가 복잡하게 제기되어 있는 이상에는 양측이 용단을 내려서 그 옛날 선들 다 포기한다. 평화지대를 선포, 선언한다. 그러고 해주까지 포함되고 서해까지 포함된 육지는 제외하고, 육지는 내놓고, 이렇게 하게

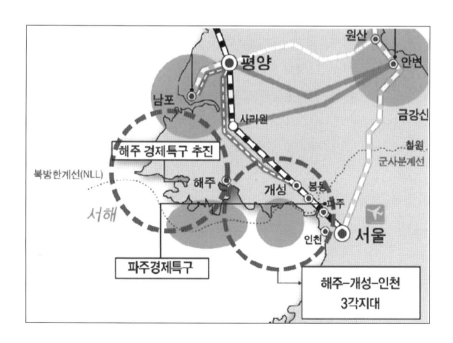

되면… 이건 우리 구상이고 어디까지나, 이걸 해당 관계부처들에서 연구하고 협상하기로 한다….

대통령 : 서해 평화협력지대를 설치하기로 하고 그것을 가지고 평화 문제, 공동번영의 문제를 다 일거에 해결하기로 합의하고 거기 필요한 실무 협의 계속해 나가면 내가 임기 동안에 NLL문제는 다 치유가 됩니다.

위원장 : 그건….

대통령 : NLL보다 더 강력한 것입니다.

위원장 : 이걸로 결정된 게 아니라 구상이라서 가까운 시일 내에 협의하기로 한다, 그러면 남쪽 사람들은 좋아할 것 같습니까?

서해바다 문제가 해결돼야 평화지대도 가능

대통령 : 그건 뭐 그런 평화협력지대가 만들어지면 그 부분은 다 좋아할 것입니다. 또 뭐 시끄러우면 우리가 설명해서 평화문제와 경제문제를 일거에 해결하는 포괄적 해결을, 일괄 타결하는 포괄적 해결 방식인데 얼마나 이게 좋은 것입니까? 나는 뭐 자신감을 갖습니다. 헌법문제라고 자꾸 나오고 있는데, 헌법문제 절대 아닙니다. 얼마든지 내가 맞서 나갈 수 있습니다. 더 큰 비전이 있는데… 큰 비전이 없으면 작은 시련을 못 이겨 내지만 큰 비전을 가지고 하면 나갈 수 있습니다. 아주 내가 가장 핵심적으로 가장 큰 목표로 삼았던 문제를 위원장께서 지금 승인해 주신 거죠?

위원장 : 평화지대로 하는 건 반대 없습니다. 난 반대 없고….

대통령 : 평화협력지대로….

위원장 : 협력지대로, 평화협력지대로 하니까 서부지대인데, 서부지대는 바다문제가 해결되지 않고서는 그건 해결되지 않습니다. 그래 바다문제까지 포

함해서, 그카면 이제 실무적인 협상에 들어가서는 쌍방이 다 법을 포기한다, 과거에 정해져 있는 것, 그것은 그때 가서 할 문제이고. 그러나 이 구상적인 문제에 대해서는 이렇게 발표해도 되지 않겠습니까?

대통령 : 예 좋습니다. 실제로 한강 하구의 골재 채취문제도 다 포함된 것입니다. 이 양측의 골재량이 전체적으로 약 28억 불 정도가 되는데, 이 골재를 치우면 임진강 수위가 1미터 낮아질 수 있기 때문에 수방 효과로, 굉장히 좋은 효과가 있고 또 뭐 운반선이 왔다 갔다 하고 이렇게 되면 이 일대가… 그러면 나중에 인천서 개성공단으로, 남측에서는 해주 얘기가 없을 때 인천서 개성공단으로 고속도로를 설치하는 것을 생각했는데, 또 해주가 열리면 새롭게 구상해 봐야겠습니다. 남측에서 해주 쪽도 가깝고 개성 쪽도 가까운 이런 큰 길을 내서 인천국제공항을 잘 활용하고, 남쪽의 비즈니스 지대하고 북측의 생산지대 이것을 엮어 놓으면 세계적인 경쟁력이 있지 않겠습니까? *(중략)*

위원장 : 그건 경제인들에게 앞으로 총리급회담에서라든가 상급회담에서…. 동의합니다. 조선업에 대한….

대통령 : 조선단지…, 뭐, 이런 정도로만, 표현, 말씀해 주시면, 나머지 문제는 구체적으로 우리들이…. *(중략)*

위원장 : 좋습니다. 반대 없습니다. 앞으로 좌우간 이런 문제, 집행문제 가지고 아마 총리급을 아마… 상급회담을 넘어서서 총리급을… 시기적으로 어떻게 작전할 것인가, 지난하게 전문가들끼리 토의해 나가고… 노 대통령께서 제기한 대로 조선소를 건설하겠다, 투자하겠다… 해주 공단으로 보나, 뭐라 그러겠습니까.

대통령 : 특구로 보십시다. 그래서 전체를 서해 평화협력지대로 선포를 하고, 그 안에 한강하구 개발, 해주공단, 공단이라고 해도 좋고 특구라도 해도 좋고… 다 좋습니다. 그 안에 공동어로구역 만들고, 북쪽에 생태평화공원까지

되면….

위원장 : 그건 아니… 정전협정 문제가 우선, 그게 풀어진 조건에서, 평화협정을… 중간에 시범적으로 하고… 그렇게 돼야지 지금은 아마… 아직 그 전 단계로서 하면 좋지 않겠는가, 그래서 두 부장이 문서화 하십시오.

"완고한 2급 보수라 할까요?"

위원장 : 남측의 반응은 어떻게 예상됩니까? 반대하는 사람들도 있지요?

대통령 : 없습니다. 서해 평화협력지대를 만든다는 데에서 아무도 없습니다. 반대를 하면 하루아침에 인터넷에서 반대하는 사람은 바보 되는 겁니다. 실제로, 뭐가 달라졌나 하면은 이전하고 달라진 것이 이제는 기업하는 사람들이 북측에 대해서… 반대에 앞장서 왔습니다. 이제는 기업하는 사람들이 북측과 같이 손잡고 가야 이 위기를 극복해 나갈 수 있다, 일본·중국… 또 한 가지가 있습니다. 이건 뭐, 혹시 오해될까 싶어 조심스러운데요. 어쨌든 북측이 경제발전해 봐야 하니까. 인민의 생활도 중요하고, 경제교류나 협력사업이 중국 쪽과 많이 일어나고 있거든요. 남측과는 불신 때문에 막혀있고…. 자꾸 일어나다 보면은 전 인민의 생활과 산업이나 경제가 원하든 원하지 않든 중국 경제권이 되어 버릴 가능성을 걱정하고 있습니다.

위원장 : 걱정도 하거니와 실질적으로 많은 사람들 속에 이야기되는 것은 중국에 사는 조선상을 통해서도 많이 얘기되고 있는데… 그 사람들의 경제전략이 영토나, 제도나, 경제분야에서는 동북 3성이 아니라 북을 염두에 두고 동북 4성으로 생각합니다. 경제면에서는 우리 인민들이 좋아합니다.

대통령 : 한민족 정체성에 심각한 위협이 되기 때문에 남측에서 가장 걱정하는 문젭니다.

위원장 : 경제적 측면에서 동북 4성이다, 중국 사람들은 좋은 의미 말하면서 교통문제를 풀자면서 얘기되는데, 단동–평양, 자기네 식, 자기네 규격과 같은 고속도로를 1년 반, 2년 내 자기들이 만들고, 압록강 다리를 철교와 동시에 고속도로 다리를 놓겠다. 우리나라에게 부담이 안되게 자기네들이 하겠다, 좋은 의견입니다. 우리를 도와주고 하자는데 좋고… 그러나 동북에 있는 조선 사람들은 중국 사람들에게 4성이라는 말을 듣습니다. 우리 정치인들보다도 인민들이 더 신경이 더 예민합니다. 그런 측면에서는….

대통령 : 동북 5성으로 만들어 가지고 남측까지 포함해서, 그렇게 부르라고 하고 실질적으로 우리가 주도해 나갈 수 있습니다. 동북 3성과 연해주… 이젠 뭐 연해주 쪽에 있어서 남북협력도 장차로 구상해 볼 수 있어….

위원장 : (웃음) 좋은 일을 하자고 하는 사람들의 경우에는 그럴싸하게 비치는 말들이 많고, 실제 이간시켜서 모든 일이 잘 안되게끔 하자는 것도 있고, 선의에 대해서 찬물 던지는 그런 게 있습니다. (중략)

대통령 : 항상 남쪽에서도 군부가 뭘 자꾸 안 할라구 합니다. 이번에 군부가 개편이 돼서 사고방식이 달라지고, 평화협력에 대해 전향적인 태도를 갖고 있습니다만, 그러나 군부라는 것은 항상… 북측에서도 우리가 얘기 듣기로는 마찬가지 아닙니까?

위원장 : 완고한 2급 보수라 할까요(웃음)?

"정세가 안정되면 군부가 있을 자리가 없죠!"

대통령 : 사업에 적극 참여하셔서, 군부가 이 사업에 적극 참여해서, 그래서 군비를 강화하는, 필요있는 곳을 강화해 나가는 방안을 모색해 가는 방법이 있지 않겠습니까? 우리가 제일 중요한 것은 군사적 보장, 합의가 되면 군사

적 보장이 따라와 주어야 하는데….

위원장 : 그건 얘기를 하면 길어질까봐 다음 기회에 얘기를 할 수도 있고…
기본, 서두에서도 얘기했지만, 미국과의 문제가 우선 기초적으로 안정이 되
면 국내적으로 쌍방이 대치하고 있는 분계선은 앞으로 점차 전환되지 않겠는
가, 전환되는 걸 전제로 하고 있으니까… 군부가 아마 그래서 법석을 떠는 게
아닐까, 모든 게 정황이, 주변 정세가 안정이 되고… 이렇게 되면 당연히 군
부가 있을 자리가 없죠. (중략)

대통령 : 어떻습니까? 위원장께서 나를 좀 더 보시겠다고 하면 뭐 하루도 좋
고 이틀도 좋구요. 아니면 위원장께서 저희 쪽에 하실 말씀이 계시면….

위원장 : 내일 내가 국방위원회 일정이… 내민 과업들 때문에 내일은 시간이
얼마 없는데… 대통령께서 오셨기 때문에, 대통령 내외분이 평양방문을 마감
장식을 잘하기 위해서는 내가 그저 한번 대통령하고 같이 식사를 같이 해야
겠다, 그래서 일명 오찬에… 그랬는데 우리 서기진들에게서 "아니 그 오찬이
라고 하면 이야기가 많이 오고 가고 하겠는데 어떻게 1시간 만에…" 아니 오
후에 당장 떠나는데 뭐 1시간 반도 좋으니까, 건배만 할 수 있는 시간만, 건배
한 5분이면 된다, 그러고 말았는데… 오늘 비는 몇았나? (중략)

위원장 : 여기 우리 합의한 것에 대해 의문점은, 우리는 뭐….

대통령 : 없습니다. 아주 좋습니다.

위원장 : 김대중 대통령께서는 6·15선언, 큰 선언을 하나 만드시고 돌아가셨
는데…. 이번 노 대통령께서는 실무적으로 선언보다, 선언도 중요하지만 보
다 해야될 짐을 많이 지고 가는 것이 됐습니다.

대통령 : 내가 원하는 것은 시간을 늦추지 말자는 것이고, 또 다음 대통령이
누가 될지 모르니까… 뒷걸음치지 않게… 쐐기를 좀 박아 놓자….

위원장 : 잘 됐다고 생각합니다. 하여튼 오늘 만남이 대단히 유익하고 좋은 결

| 2007년 10월 4일 정상회담을 마치고 돌아와 남측 남측출입사무소(CIQ) 환영식에서 '대국민 보고'를 하고 있다.

실을 맺었다고, 나는 이렇게 대만족하고 있습니다.

(이하 생략)

'남북관계 발전과 평화번영을 위한 선언' 합의

오후 회담에서 노 대통령은 남북경협과 서해평화협력지대의 필요성에 대해 장시간 설명했다. 이것도 부족했다고 판단했는지 노 대통령은 준비해온 〈남북경협의 성공 실패요인〉, 〈남북경협 핵심사업 추진방안〉, 〈남북공동체 구상(안)〉 등 3건의 문서를 전달하기도 했다. 김 위원장은 군부와 협의를 했다며, 오전 회의 때 부정적 입장을 보였던 해주특구 구상에 대해 전격 수용했다. 백두산관광, 조선단지 건설, 한강하구 골재채취 등 남측의 기업이 제기한 문제들에 대해서도 모두 수용했다.

다만 비무장지대를 생태평화공원을 조성하자는 제안에 대해서는 정전협정을 평화협정으로 바꾸기 전에는 어렵다는 입장을 보였다. NLL문제를 해결하는 조건에서 단계적으로 비무장지대를 생태평화공원으로 바꿔나갈 수 있다는 것으로 보인다. 특히 김 위원장은 남쪽의 반응을 언급하며 정상회담 합의가 제대로 이행될 수 있을지에 대한 우려를 간접적으로 표시하기도 했다.

정상회담 회의록을 꼼꼼히 읽다보면 노 대통령의 직설적 화법과 합의를 이끌어내려는 열정이 그대로 드러난다. 그러한 열정이 마침내 '남북관계 발전과 평화번영을 위한 선언'으로 결실을 맺게 된 것이다. 이 선언에는 '남북관계발전과 한반도 평화, 민족공동의 번영과 통일을 실현하는 데 따른 제반 문제들'이 폭넓고도 구체적으로 포함돼 있다.

선언의 합의 내용 8개 항의 구성을 살펴보면, 1, 2항은 남북관계의 바탕이 되는 기본 정신과 원칙을 명시했으며, 3, 4항은 군사적 적대관계와 정전체제 종식 문제를, 5항은 경제협력과 세부 방안, 6항은 사회문화 분야 교류협력을, 7항은 인도주의 협력사업을, 8항은 민족의 이익과 해외동포들의 권리와 이익을 위한 협력을 다뤘으며, 부속합의로 남북총리회담 개최와 정상회담의 수시 개최를 명기했다. 사실상 정상회담에서 논의된 남북관계의 거의 모든 현안을 포괄하고 있는 셈이다. 그런 점에서 2007년 남북정상회담의 논의 내용은 "사상과 제도의 차이를 초월하여 남북관계를 상호 존중과 신뢰관계로 확고히 전환"시켜 나가기 위한 합의였으며, 그 결과물인 10 · 4선언은 남북관계를 통일지향적으로 발전시켜 나가기 위한 대장정의 기치로 평가할 수 있을 것이다. ✿

제4부

이명박 정부 시기
남북정상회담 합의는 왜 무산됐나?

❙ 제38차 남북군사실무회담(2010.09.30, 판문점 남측–평화의집)

이명박 대통령이 당선된 뒤 북측은 '10·4선언'이 원만히 이행되기를 바랐다. 분단 후 처음으로 이명박 대통령의 취임식에 북측대표단을 파견하려는 시도까지 했지만 논의단계에서 공개되면서 좌절됐다. 이 대통령은 신년 기자회견에서 북한이 핵을 폐기해야만 본격적인 남북 경제교류가 시작될 수 있다고 강조했고, 이후 북한이 핵을 포기하고 개방에 나서면 대북 투자를 통해 북한의 1인당 국민소득을 10년 후 3000달러로 끌어올린다는 '비핵·개방·3000 구상'을 내놓았다. 북측은 이에 반발해 이 대통령을 '역도'로 표현하며 '비핵·개방·3000 구상'을 비판했다. 2008월 7월 11일 이명박 대통령은 국회 시정연설을 통해 북측에 '전면적인 대화재개'를 천명했으나, 이날 새벽 금강산에서 발생한 관광객 피살사건으로 남북관계는 더욱 얼어붙었다. 2009년 8월 김대중 전 대통령의 사망을 계기로 북측은 김기남 노동당 비서를 단장으로 하는 조문단을 파견했고, 이명박 대통령을 예방한 자리에서 남북정상회담을 제안했다. 이를 계기로 몇 차례 비밀접촉을 통해 남북정상회담에 합의했으나 청와대와 통일부의 반발로 무산됐다. 그후 2010년과 2001년 남과 북은 비밀접촉을 통해 정상회담에 사실상 합의했으나 2011년 5월 합의문구를 수정하자는 남측의 제안에 북측이 반발하면서 결렬됐다. 이명박 정부의 널뛰기식 대북정책, 북측의 연평도포격사건 등이 겹치면서 남북정상회담 논의는 오히려 남북관계를 악화시키는 요인이 돼 버렸다. 향후 남북정상회담을 추진할 때 반면교사(反面敎師)로 삼아야 할 경험이다.

1.

2009년
남북 고위급 비밀접촉 전말

2009년 8월부터 11월까지 김대중 대통령을 조의하기 위해 서울에 온 북측의 '특사조문단'이 남북정상회담 의사를 밝힌 이후 남북 간에는 남북정상회담을 위한 고위급·실무급 비밀접촉이 중국, 싱가포르, 개성 등지에서 네 차례 이상 진행된 것으로 드러났다. 특히 언론에 공개되면서 결렬된 것으로 보도됐던 10월 17~18일 남측의 임태희 노동부장관과 북측의 김양건 노동당 통일전선부장의 싱가포르 회동 이후 실무접촉이 진행된 것으로 확인됐다.

8월 이후 3차례 비밀접촉 정상회담 논의
북핵과 이산가족상봉 문제로 최종 결렬

2009년 10월 15일 조선로동당 김양건 통일전선부장과 원동연 부부장이 베이징 공항에 모습을 드러냈다. 두 사람은 싱가포르를 방문한 후 20일 베이징을 거쳐 북으로 돌아간 것으로 전해진다. 김양건 부장이 베이징에 도착한 것과 비슷한 시각, 월리스 그렉슨 미국 국방부 아태담당 차관보가 "김정일 국방위원장이 이명박 대통령의 평양 방문을 초청했다"라고 밝혔다.

청와대는 와전된 것이라며 이를 부인했다. 10월 20일 MBC는 김양건 부장이 이상득 한나라당 의원과 극비 접촉했다고 보도했다. 이틀 후에는 KBS가 김양건 부장과 국내 고위급 인사와의 싱가포르 접촉설을 또 보도했다. '접촉이 있었다'는 정도가 아니라 회담 내용과 결과까지 거론됐다. 접촉 당사자로 거명된 인사는 하나같이 "소설 같은 이야기"라며 펄쩍 뛰었다. 그러나 남북 고위급 인사의 싱가포르 회동은 사실인 것으로 확인됐다.

이후 국내 언론은 '접촉 당사자'가 누구인지를 추적하기 시작해 김숙 국가정보원 1차장, 김덕룡 민화협 상임의장, 인명진 목사(전 한나라당 윤리위원장), 원세훈 국정원장, 류우익 전 대통령 비서실장, 이기택 민주평통 수석부의장 등 대통령 측근 인사들이 줄줄이 거명됐다.

'싱가포르 비밀접촉' 보도의 미스터리

결국 언론의 끊질긴 추적 끝에 '싱가포르 회동'의 남측 관계자는 임태희 노동부장관으로 확인됐고, 10월 29일 국회 정보위원회 국정감사에서 원세훈 국정원장이 정상회담을 위한 남북 간 접촉을 시인했다. 이 자리에서 원 원장은 '정상회담의 필요성'에 대한 질문을 받고 "남북문제와 북핵문제 해결을 위해서는 언제든지 가능하다"는 입장을 밝혔다. 당시 그의 발언 중에 '어디서든'이라는 말이 없다는 것은 3차 정상회담이 열릴 경우 그 장소가 평양이어서는 안 된다는 점을 강조한 것으로 보도됐다. 싱가포르 회동에서 정상회담 장소문제가 논란이 됐음을 시사하는 발언이었다.

그러나 '임태희-김양건 싱가포르 회동' 사실보다 더 중요한 문제는 어떻게 이 사실이 언론에 노출됐느냐 하는 것이다. 이와 관련한 외교부 출입기자는 "국정원 조직 개편 과정에서 소외된 3차장실의 일부 관계자들이 언론에 흘렸을 가능성이 크다"라고 말했다. 당시 국정원이 조직개편을 추진하면서 남북 간 공식·비공식 대화, 교류협력사업, 남북 간 행사진행과 의전 등을 담당해온 3차장 산하 국(局) 단위의 별도 조직을 없애고 그 인력과 기능을 원내 다른 조직에 분산시켰고, 특히 3차장 산하에서 대북 정보 분석업무를 담당하는 조직과 인력을 모두 해외담당인 1차장 산하로 옮겼는데, 이 과정에서 3차장실 산하 일부 관계자가 MBC에 남북 접촉 사실을 흘렸고, 다음날 KBS에 좀더 구체적으로 내용을 전달했다는 것이다. 미시적으로 보면 이 같은 분석은 개연성이 높은 것으로 판단된다. 그러나 단순히 국정원 조직개편에 불만을 품고 비밀접촉 내용을 흘렸다는 데는 선뜻 동의하기가 어렵다. 다른 목적이 숨어 있는 것은 아닐까?

북이 먼저 정상회담 타진

의문은 얼마 후 풀렸다. '임태희-김양건 싱가포르 회동' 결과를 두고 여권 내에 대북 강온파 간에 대립이 있었다는 것이다. 여권의 한 관계자는 "싱가포르 회동이 아무런 성과 없이 결렬됐다는 언론의 보도는 사실이 아니다"라며 이렇게 전했다.

"언론에서는 싱가포르 회동에서 남측은 북측의 핵 폐기에 대한 근본적인 변화가 있어야 하고 김정일 국방위원장의 답방 형식으로 정상회담이 이뤄져야 한다고 요구했으나, 북측은 김정일 국방위원장에 대한 경호문제 등을 제기해 의견일치를 보지 못해 결렬됐다고 보도했다. 그러나 이러한 회담 내용을 알려준 관계자는 대부분 '남북정상회담 시기상조론'에 기울어 있던 사람들이었다. 즉 임태희 장관이 논의한 결과를 무산시키기 위해 흘린 내용인 것이다. 싱가포르 회동에서 노출된 남북 간의 이견을 계속 협의해 나가면서 정상회담을 추진하자는 임 장관을 견제하기 위해 그 같은 회동 사실과 내용을 흘렸다고 본다."

그렇다면 '임태희-김양건 싱가포르 회동'에서는 어떤 내용이 논의됐고, 합의를 보지 못한 사안은 무엇이었을까? 이 내용을 파악하기 위해서는 2009년 8월로 거슬러 올라가야 한다.

"북이 김대중 전 대통령의 서거에 대해 '특사 조문단'을 파견하는 것까지는 이해가 가지만 8월 23일 청와대를 예방해 이명박 대통령을 만나 김정일 국방위원장의 메시지를 전달하는 것을 보고 큰 충격을 받았다."

당시 통일운동단체에서 활동하는 한 관계자가 한 말이다. 실제로 북의 조문단이 청와대를 예방할 것이라고 예상한 사람은 드물었다. 8월 16일 김정일 국방위원장과 현정은 현대그룹 회장의 회담에서 이산가족상봉이 합의됐지만, 이명박 정부가 6·15공동선언과 10·4선언을 이행하지 않고 있는 시점에서 전면적인 남북대화를 점치기는 어려운 상황이었기 때문이다.

조문단의 청와대 예방에 통일운동 진영도 당혹

특히 2008년 북은 이명박 정부의 '비핵·개방·3000'을 '반통일선언', 심지어 '전쟁선언'이라고 규정한 바 있다. 김정일 국방위원장은 9월 5일 〈조선민주주의인민공화국은 불패의 위력을 지닌 주체의 사회주의 국가이다〉라는 담화를 통해 "누구나 6·15북남공동선언과 10·4선언을 지지하고 성실히 이행해 나가야 한다"라며 "(두 선언에 대한) 입장과 태도는 북과 남의 화합과 대결, 통일과 분열을 가르는 시금석"이라고 강조했다.

2009년 7월 월간 《민족21》(8월호)이 "북이 추석을 맞아 이산가족특별상봉을 제안할 것"이라고 단독 보도했을 때도 대다수 전문가들은 반신반의했다.

일부에서는 북의 이산가족상봉 제안이 인도적 제안과 민간교류 활성화를 통해 이명박 정부를 압박하기 위한 것이라고 진단했다. 이명박 정부도 북의 태도에 대해 '전술적 변화'에 불과하다고 평가했다.

그러나 〈김일성 민족의 위대한 정신력으로 강성대국 건설의 모든 전선에서 혁명적 대고조의 불길을 더욱 세차게 지펴올리자〉란 제목으로 김정일 국방위원장의 '6·25 담화'가 나오면서 분위기가 급반전됐다. 이 담화에 남북관계에 대한 직접적인 언급은 없다. 다만 이 담화가 나오기 전 남북관계와 관련해 북 내부에서 치열한 논쟁이 있었던 것은 확인된다. 한 대북소식통은 "북은 지난 5월 제2차 핵실험 이후 북미·남북관계를 어떻게 이끌어갈 것인지를 두고 치열한 내부 논쟁을 벌였다"며 "북 내부적으로 이명박 정부가 6·15공동선언과 10·4선언을 이행하지 않는 조건에서 남북 당국 간 대화 재개에 반대의견도 만만치 않았지만 최종적으로 유연한 입장에서 남북대화 복원이 결정됐다"라고 전했다.

2009년 8월 23일 청와대를 방문한 김기남 조선로동당 비서는 방명록에 "앞으로 북남관계 개선의 획기적인 계기가 되길 바란다"는 글을 남겨 이 같은 정책변화를 상징적으로 보여줬다. 북은 '특사 조문단' 파견을 앞두고 남북관계에 대해 "북과 남은 갖은 곡절 끝에 다시 손을 잡고 관계정상화의 새 출발선에 섰다"라고 규정한 것으로 전해진다. 재일조선인총련합회 기관지 《조선신보》도 "조미, 북남의 관계개선이 동시에 이루어져야 조선반도의 대립구도 청산이 가능하다"라고 보도했다.

북이 한때 '리명박 역도'라고 비난했던 태도와 비교해보면 극적인 반전이 아닐 수 없다. 북의 정책 변화에 대해 정부와 보수진영은 유엔의 대북 경제제재에 따른 결과라고 분석했다. 이명박 대통령도 9월 15일 일본 《교도통신》과의 인터뷰에서 북이 국제 대북공조에 위기를 느끼고 있기 때문에 위기에서 탈출하기 위해 대미 · 대남 · 대일 관계에 다소간 유화책을 쓰고 있다고 평가했다. 그러나 북의 정책 전환이 이미 6월에 이뤄졌고, 유엔 제재가 시작된 시점이 7월이라는 점에서 제재가 시작되자 북이 굴복하고 나왔다는 주장은 설득력이 떨어진다. 특히 대북제재에 대한 중국의 소극적 태도로 유엔 제재가 북에 치명적인 효과를 내기도 어려운 상황이었다.

북의 정책 전환, 전술인가 전략인가

따라서 북의 정책 전환에는 다른 이유와 목적이 있다고 볼 수밖에 없다.

첫째 요인은 두 차례의 핵실험을 통해 안보문제에서 자신감을 확보했기 때문인 것으로 보인다. 미국의 한 한반도 전문가는 "북은 핵무기 보유를 통해 재래식 전력 열세에 대한 부담을 털어 내고 체제유지에 대해 자신감을 갖게 됐다"라고 분석했다. 2009년 7월 북을 방문하고 돌아온 해외교포는 "북은 '이제 우리가 핵을 보유함으로써 미국의 핵위협에서 어느 정도 벗어났기 때문에 경제건설에 매진할 수 있는 환경이 조성됐다' 는 말을 자주하고 있다"라고 북 내부 분위기를 전했다. 실제로 북은 군인들을 대규모로 발전소 등 경제건설 현장에 투입하고 있는 것으로 전해진다.

둘째 요인은 '뉴욕채널' 등 다양한 물밑 접촉을 통해 북미대화 재개에 대한 확신을 가졌기 때문이다. 미국의 한 언론인은 "7월 초 북은 억류된 여기자 석방을 매개로 빌 클린턴 전 대통령을 초청했고, 이를 미국이 받아들일 것이라고 판단했다"라고 말했다. 북의 이 같은 판단은 8월 4일 클린턴 전 대통령이 평양을 방문해 김정일 국방위원장과 면담함으로써 정확했던 것으로 드러났다. 김정일 국방위원장과 클린턴 전 대통령의 면담 때 북측에서 대남정책을 책임지고 있는 김양건 조선로동당 통일전선부장이 배석한 것을 주목해 볼

I 2009년 8월 23일 김대중 전 대통령 조문단장으로 서울에 온 김기남 노동당 비서는 청와대를 예방해 자리에서 이명박 대통령에게 '남북정상회담을 추진하자'는 김정일 국방위원장의 메시지를 전달했다.

필요가 있다. 이미 북은 미국이 남북대화 복원을 주문할 것이라는 점을 사전에 알고 있었다는 추론이 가능하기 때문이다

특사조문단의 역할

2009년 8월 김대중 전 대통령의 서거를 계기로 서울에 온 북 '특사조문단'은 21~23일 2박 3일의 체류기간 이명박 대통령과 현인택 통일부 장관, 국내 정치권 인사 등과의 면담을 통해 남북관계의 총론과 각론에 걸친 북측의 구상을 전했다. 특히 조문단 단장인 김기남 노동당 중앙위원회 비서가 23일 이 대통령을 예방해 '정상회담을 추진하자'는 김정일 국방위원장의 구두 메시지를 전달한 것으로 전해진다. 이에 대해 청와대 외교안보수석실은 "북측이 정상회담을 제의했다는 일부 보도는 전혀 사실이 아니다"라며 "이명박 대통령의 북한 조문단 접견에서는 남북관계 진전에 대한 일반적인 논의가 있

었을 뿐 남북정상회담 관련 사항은 일체 거론된 바 없었다"고 부인했다. 그러나 이후 진행된 상황을 통해 볼 때 어떤 식으로든 정상회담 추진 의사가 전달된 것은 확실하다.

북측의 정상회담 추진 의사를 전달받은 이명박 대통령은 북측의 진의 파악을 위해 고위급회담을 수용했다. 《민족21》은 2009년 11월호에서 다음과 같이 보도한 바 있다.

"남북은 지난 8월 북의 조문단 서울 방문 직후 중국 베이징에서 고위급 접촉을 했던 것으로 전해진다. 남측 참석자는 누구인지 확인되지 않았다. 이 접촉에 북에서는 조문단의 일원으로 내려왔던 고위급 인사 2명이 직접 나섰다. 한 대북소식통은 이 접촉에서 남북대화를 위한 현안 전반에 대해 논의가 있었다며 북측은 남측의 소극적인 태도에 대해 우회적으로 불만을 표시한 것으로 알고 있다고 말했다."

1차 비밀접촉 통해 이산가족상봉 합의

이 보도에서 밝히지 않았던 북의 고위급 인사 2명은 김양건 통일전선부장과 원동연 부부장이었다. 남측의 참석자는 현인택 통일부장관이었다. 익명을 요구한 한 관계자는 "이 만남에서 현 장관은 이명박 정부의 '비핵·개방·3000' 구상을 자세히 설명하고, 남북정상회담이 열린 경우 북핵폐기, 국군포로·납북자 문제가 논의되어야 한다는 점을 강조했다"고 말했다. 현 장관은 이 만남에서 서독이 비밀리에 동독 정부에 돈이나 광물 등 현물을 주고 정치범을 석방·송환시켰던 이른바 '프라이 카우프적 방식'을 거론했던 것으로 전해진다.

9월 2일 현 장관이 "7월 이후 강경일변도의 북 태도에 변화가 있었다"며

"하지만 6자회담, 핵문제에 대한 태도가 변하지 않고 있기 때문에 근본적 변화가 아닌, 전술적 변화라고 생각한다"라고 밝힌 것도 1차 남북 회동이 순조롭지 않았음을 간접적으로 보여준다. 이날 그는 북핵문제 해결을 강조하면서 "앞으로 인도주의적 문제를 중심으로 (남북관계를) 해결하겠다"라고 강조했다. 1차 회동이 합의를 이끌어내지는 못했지만 이 접촉은 8월 말 남북적십자 회담으로 이어지는 계기를 마련했다. 그러나 북측은 내부적으로 현 장관과는 더 이상 대화가 힘들다고 판단한 것으로 알려졌다.

1차 비밀접촉이 결렬된 후 반전의 기회는 엉뚱한 사건으로 찾아왔다. 2009년 9월 6일 북측의 사전 통보 없는 임진강 댐 방류로 경기도 연천군에서 민간인 6명이 사망한 사건이 발생한 것이다. 그로부터 5주가 지난 10월 12일 이명박 정부는 임진강 수해방지 회담을 전격 제의했고, 북은 이례적으로 하루만에 이를 수용했다. 14일 개성에서 열린 남북회담에서는 무단 방류에 대한 유감과 함께 참사 유족에 조의를 표명했다. 정부도 이를 사과로 받아들였다. 일부 북측 인사들이 임진강 방류사태에 대해 추가적인 해명이나 유감 표명은 없다는 입장을 보였다는 점에서 대단히 이례적인 일이었다. 당시 통일부 기자들 사이에서도 남북이 "짜고 치는 것 아니냐"는 반응이 나왔다. 사전에 남북 간에 비밀접촉이 있었다는 추측이 나왔지만 더 이상의 심층취재는 이뤄지지 못했다.

임태희–김양건 1차 상해 비밀접촉

이러한 추측은 사실로 확인됐다. 북측 댐 방류사건이 발생한 직후 임태희 장관이 나선 것이다. 임 장관이 먼저 나선 것인지 이명박 대통령이 임무를 준 것인지는 확인되지 않았지만 전자일 가능성이 크다. 임 장관은 과거 경기 파주시 북부 비무장지대에 경제특구를 조성하자는 통일경제특구법안을 대표 발의한 적이 있고, 북측 금강송 수입을 위해 북측 인사와 접촉을 시도한 일도 있었다. 임 장관은 공식라인이 아닌 민간라인을 통해 북측에 대화를 제의한 것으로 보인다.

중국의 한 기업인은 "임 장관은 북측과 경협사업을 진행한 바 있는 유완영 회장에게 북측과 다리를 놓아 달라고 부탁했고, 유 회장은 홍콩의 한 대북 투자기업 책임자를 통해 북측에 의사를 전달한 것으로 알고 있다"라고 말했다. 그는 "당시 임 장관은 본인이 이명박 대통령의 특사임을 북측에 확인시켜 주었다"라고 덧붙였다. 얼마 후 북측에서 만나자는 연락이 왔다. 회동 장소는 중국 상해였다. 9월 하순 북측에서는 1차 접촉 때와 마찬가지로 김양건 부장과 원동연 부부장이 나왔고, 남측에서는 임 장관 외에 청와대 모 비서관이 배석한 것으로 전해진다.

이 회담에서는 남북정상회담을 위한 구체적인 사안들이 폭넓게 논의된 것으로 보인다. 이 회담에 간접적으로나마 연관이 됐거나 회담 내용을 일부라도 전해들은 관계자들의 전언을 종합해 보면 남과 북은 대단히 세부적인 내용까지 논의한 것으로 확인됐다.

정상회담 위한 세부 내용 논의

먼저 정상회담 시기와 관련해 북측은 2009년 안에 회담을 하자고 했고, 협의 과정에서 잠정적으로 10월 15~17일에 열리기로 의견을 모았다. 회담 장소는 북측이 평양을, 남측에서는 서울 또는 영종도, 제주도, 판문점을 제시했다. 회담 의제와 관련해서는 핵문제와 인도적 문제가 주로 논의됐다. 남측은 북핵폐기 명기를 하고, 납북자·국군포로문제 해결을 제기했다. 특히 남북정상회담이 성사될 경우 소수라도 이들을 데려오는 방안을 제안했다. 북측은 북핵문제에 대해서는 "조선반도 비핵화와 6자회담을 진전시키는 데 상호 노력한다"는 선에서 명기하고, 이른바 '납북자·국군포로문제'는 기존처럼 '흩어진 가족 상봉'을 정례화하고 금강산면회소를 활용해 상시 면회를 시행하자고 제안을 내놓았다.

이외에도 남측은 '비핵·개방·3000' 구상과 관련해 대북 인프라 구축, 녹색성장 방안, 탄소 배출권 확보를 위한 조림사업, 파주 통일특구 추진 등을 제안했다. 북측도 남측이 쌀 40만 톤, 비료 40만 톤을 지원 또는 차관형태로 제공해 줬으면 좋겠다고 요구하고, 개성-평양고속도로 포장을 위한 1억 달러 상당의 피치 제공과 북측의 국제금융기구 가입에 대한 남측의 보증을 제안했다.

'임태희-김양건 1차회동'에서 남북 상호 간의 요구를 충분히 논의하는 자리였으며, 남북정상회담을 본격적으로 논의하자는 공감대가 형성됐다는 후문이다. 특히 당시 현안이었던 북측 댐 방류사건을 먼저 풀기로 합의가 이뤄졌다. 앞서 언급한 중국의 한 기업인은 "상해에서 이뤄진 남북접촉에서 남측은 임진강 댐 방류사건에 대해 사과와 재발방지를 요구했고, 북측은 이를 수용했다"며 "또한 남북은 적십자회담을 다시 열기로 합의했다"라고 밝혔다.

이때의 합의사항은 남북 간에 그대로 추진되어 10월 중순 임진강 수행방지 회담과 남북적십자회담으로 이어졌다.

임태희-김양건 2차 비밀접촉

2009년 10월 17일 임태희 장관은 다시 싱가포르로 갔다. 남북적십자회담이 금강산에서 개최된 다음 날이었다. 1차 회동에서 합의한 사안이 원만하게 이행되자 본격적으로 남북정상회담을 논의하기 위해 다시 만난 것이다.

서울에 있는 한 해외 외교관은 "임태희 장관은 싱가포르에 가기 전 이명박 대통령을 만나 접촉 승인을 받은 것으로 알고 있다"며 "정상회담의 장소와 의제(북핵과 인도적 사안)에서 이견을 좁히지 못했다고 들었다"라고 말했다.

또 다른 서울의 소식통은 "임 장관은 1차 회동 이후 '북핵폐기'를 '북핵문제 해결과 6자회담 진전'이란 표현으로 바꾸고, 이산가족상봉문제는 '납북자·국군포로를 포함하는 이산가족상봉의 정례화'로 명기해 합의할 의사가 있었다"며 "북측의 적극적인 호응을 이끌어내기 위해 비료·쌀 지원을 정상회담 발표 직전에 먼저 제공하는 방식을 고려했던 것으로 알고 있다"라고 전했다.

실제로 2차 회동이 끝난 후 임 장관은 결과보고를 하면서 남측의 제안을 일부 수정해서라도 정상회담을 추진하는 것이 북핵문제와 남북관계를 근본적으로 푸는 최선의 방안이라는 취지로 말한 것으로 알려졌다. 그러나 외교안보팀 내부의 반발은 의외로 거셌던 것으로 전해진다. 이러한 분위기는 임 장관이 싱가프로에 가기 직전인 10월 15일 현인택 통일부장관의 발언에서도 감지됐다. 현 장관은 이날 "남북관계가 발전하려면 우리는 남북대화를 통해 북한 핵문제에 진전을 이루는 것을 목표로 해야만 한다"며 "(북측이) 북핵문제를 성실하게 다룰 준비를 해서 남북대화에 나올 것"을 촉구했다. 남북대화에서 북핵문제 논의하는 원칙을 강하게 제기한 것이다. 당시 미국에조차 북미대화에 '속도조절론'을 요구했던 것을 고려할 때 이명박 대통령의 결단이 없이는 더 이상 남북 접촉이 어려운 상황이 된 것이다. 결국 외교안보팀 내부의 논의 결과 남측이 제한한 원안을 그대로 밀어붙인다는 결론이 내려졌다.

또한 10월 21일 싱가포르 비밀회동 내용이 언론에 보도되기 시작하고, 접촉의 당사자가 임 장관이라는 사실이 드러나면서 임 장관 본인도 더 이상 남북접촉에 나설 수 없는 상황이 되어 버렸다. 이러한 정황 때문에 이 시점에 터져 나온 남북 비밀접촉 관련 보도가 정부 내 대북 강온파 간의 대립 속에서 터져 나온 것이라는 추정이 가능한 셈이다.

11월 7일 정부의 '원안'을 가지고 통일부의 한 고위간부가 개성에서 원동연 부부장과 만났고, 정상회담 추진을 위한 남북 접촉은 최종 결렬됐다.

11월 12일 북측은 두 차례 '임태희-김양건 회동'에서 논의된, 또는 잠정 합의된 내용이 남측 외교안보팀의 강경한 분위기로 더 이상 추진될 수 없다는 사실을 최종 확인한 것으로 전해진다. 이것은 11월 21일부터 시작된 북 언론 매체의 현인택·유명환 장관에 대한 공격을 통해서도 읽을 수 있다.

11월 21일 북 웹사이트 《우리민족끼리》는 "현인택과 통일부 같은 대결집단이 있는 한 북남관계 개선에 대해서는 생각할 수가 없다"고 주장했다. 이틀 후 북 《조선중앙통신》은 〈동족대결에 환장한 극악한 반(反)통일분자〉라는 제목의 기사에서 다시 현 장관을 강도 높게 비난했다. 중앙통신은 그동안 북의 다른 매체들과 비교할 때 선별적으로 중요한 사안만 논평해 왔다는 점에서 현 장관에 대한 '원색적' 비난은 이례적인 것으로 평가됐다.

《로동신문》도 11월 28일자 논평에서 "핵문제를 걸고들며 '북의 태도변화'니 뭐니 하는 잠꼬대 같은 망발을 늘어놓았다"며 현 장관 비난에 가세했다.

북의 현인택·유명환 장관 비난 이유는?

현 장관에 대한 공격이 가장 최고조로 이른 것은 2009년 12월 11일 나온 《로동신문》 논평원 명의의 논설이다. 이 논설은 현 장관의 실명을 24번씩이나 거론하면서 비난했다. 특히 이날 《로동신문》은 현정은 현대그룹 회장과 맺은 공동보도문, 조의특사방문단 파견, 추석 이산가족상봉에도 불구하고 남북관계 진전이 이뤄지지 않은 데 대해 "남조선 당국의 태도는 매우 실망스러운 것이었다"며 "그 사이 공식, 비공식 접촉과 회담을 통해 우리와 한 합의와 약속을 모두 뒤집어엎고 간신이 이어지던 민간급 내왕과 협력사업마저 봉쇄했다"라고 주장해 눈길을 끌었다. 그동안 이뤄진 접촉과 합의의 구체적인 내용에 대해서는 언급하지 않았지만 8월 이후 진행된 비밀접촉을 지칭하는 것으로 추측된다. 비난의 내용이 주로 북핵문제와 국군포로 및 납북자 문제에 대한 발언에 집중되어 있다는 점이 이를 뒷받침한다. 12월 14일 《로동신문》이 논평을 통해 남북대화에서 핵문제를 의제화해야 한다는 유명환 외교통상부 장관의 발언을 문제삼아 실명 비난한 것도 같은 맥락이다.

이와 관련 한 대북전문가는 "북이 이명박 대통령을 직접 거론하지 않고 있는 점으로 보아 여전히 남북대화를 이어가려는 생각을 가지고 있고, 정상회담 추진도 고려하고 있는 것으로 보인다"며 "통일부와 외교통상부 장관의 발언에 비난을 집중하고 있는 것은 정상회담 추진을 위해서는 현재의 외교안보팀을 교체해야 가능하다는 메시지인 것 같다"라고 해석했다.

이명박 대통령은 11월 27일 밤 TV를 통해 방송된 '특별 생방송 대통령과의 대화'에서 남북정상회담 추진 여부에 대해 "북핵 포기에 도움이 되고 국군 포로 등 인권문제를 위해서라면 언제든지 만날 수 있다"며 정상회담 장소에 대해서는 "굳이 서울이 아니어도 된다는 융통성을 갖고 있다"고 밝혔다. 회담 장소에는 융통성을 보인 발언이지만 역시 북핵 포기와 인권문제를 거론함으로써 북측이 수용하기 어려운 전제조건을 그대로 유지했다. 북미대화와 6자회담에서 획기적인 진전이 이뤄지거나 남측의 대폭적인 양보가 있기 전까지 남북정상회담 성사가 사실상 어려워 보였다. ✿

2.
북한의 계속된 정상회담 제안과 이명박 정부의 무리수

수차례 비밀접촉에도 천안함 사건 돌파구 마련 실패

북한은 방북한 지미 카터 전 대통령을 통해 남북정상회담을 다시 제안했다. 정상회담이 사실상 물 건너갔다는 관측이 나오는 상황에서 의외의 카드를 던진 것이다. 2011년 4월 말 김정일 국방위원장은 '디 엘더스(The Elders)' 대표단을 이끌고 방북한 지미 카터 전 미국 대통령에게 구두메시지를 전달했다. 4월 28일 서울에서 가진 기자회견에서 카터 전 대통령은 북이 두 가지 내용의 메시지를 보냈다고 밝혔다.

북, 사전조건 없는 대화 제안

하나는 "김정일 국방위원장과 북은 남측 정부뿐 아니라 미국 정부, 6자회담 다른 당사국과도 언제든지 모든 주제를 놓고 사전조건 없이 협상할 용의가 있다"는 것이다. 다른 하나는 "이명박 대통령과 언제든지 만나 모든 주제에 대해 논의할 준비가 돼 있다"는 것이다.

한반도 비핵화와 평화협정을 논의할 6자회담을 조속히 재개하고, 복잡하게 얽힌 남북관계를 정상회담을 통해 풀자는 제안이다. 북의 이러한 제안은 사실 갑작스러운 것이 아니었다.

2011년 신년공동사설에서도 북은 "일단 대화에 나와서 모든 문제를 다 탁상 위에 올려놓고 논의해 보자"며 "지금 북남관계가 전반 분야에 걸쳐 꼬이고 얽혀 풀기 어려울 것 같지만 사실 관계개선의 의지를 가지고 진지하게 달라붙는다면 해결 못할 문제란 없다"라고 밝혔다. 2010년 하반기부터 시작된 북의 평화 · 대화 공세는 단순히 선전 차원이나, 명분 쌓기 차원에서 이뤄지는 것이 아니었다. 또한 2010년 하반기부터 비공개적으로 이뤄진 북 · 미, 남북대화를 반영한 결과이기 때문이다.

2010년 7월 이후 북 · 미는 뉴욕채널을 가동해 6자회담 재개를 위한 물밑 접촉을 시작했다. 이 과정에서 북은 미국을 향해 핵과 미사일 개발능력을 보여줬다. 2010년 11월 미국의 핵 전문가인 지그프리드 헤커 스탠퍼드대 국제안보협력센터 소장에게 우라늄 농축시설을 공개한 것이 대표적 사례다. 미국은 기존의 '전략적 인내'에서 직접 '개입 정책'으로 변화를 모색하지 않을 수 없었다.

2010년 하반기부터 북 · 미 · 남북 비밀접촉

미국의 이 같은 입장은 2011년 1월 20일 발표된 미 · 중 정상회담의 공동성명을 통해 나타났다. 미국과 중국은 대화와 협상을 통해 북핵문제를 비롯한 한반도 관련 문제를 해결하자는 데 합의했다.

특히 핵심 쟁점 사안이었던 '한반도 비핵화'와 관련해 공동성명은 "동북아시아의 평화 · 안정 유지를 위해 한반도 비핵화가 매우 중요하다는 데 동의

하면서, 미·중은 9·19공동성명에 따른 비핵화 목표 및 기타 합의의 전면 이행을 위한 구체적이고 효과적인 조치의 필요성을 강조했다"고 밝혔다. 이러한 기조는 5월 초에 미국 워싱턴 DC에서 열린 제3차 미·중 전략경제대화에서도 확인됐다.

북·미 접촉에 대해 4월 캐슬린 스티븐스 주한 미국 대사는 "북과의 진정성 있는 대화를 위해 여러 가지 접촉과 노력을 하고 있다"며 "1~2개월 내에 좋은 상황이 조성될 것으로 기대된다"고 밝혀 뉴욕채널 등을 통해 이뤄진 북·미 비밀접촉을 인정했다.

남북 간 물밑 접촉도 2010년 8월부터 구체화됐다. 9월 12일 《동아일보》는 "남북 최고위급 당국자들이 올해 6월 이후 3차례 개성에서 비밀 대화를 한 것으로 안다"며 "북측에서는 국가안전보위부 수뇌부가 왔고 남측에서도 그에 상응하는 인사가 나갔다"고 보도했다. 당시 미국은 북·미접촉에서 북측에 남측과의 화해 없이는 북·미대화를 재개할 수 없다는 입장을 전달했고, 남측에도 "남측이 주도적으로 북과 대화를 통해 천안함 문제를 풀어야 한다"고 주문한 것으로 전해진다. 2010년 9월 커트 캠벨 미 국무부 동아태 차관보가 북핵 6자회담 재개 전망을 묻는 질문에 "(현 상태에서) 어떤 진전이 있기 위해서는 남북 사이에 모종의 화해 조치가 있는 게 중요하다고 믿고 있다"고 말한 것도 당시 미국의 기류를 보여준다.

북측의 전향적 태도에도 불구하고 남북은 '천안함 사건' 해결의 출구를 찾지는 못했다. 9월 12일 《아사히신문》은 남북접촉에서 남측이 남북관계 정상화의 전제로 '천안함 사건'에 대한 북측의 사과와 비핵화를 위한 구체적인 조치를 요구했으며 북측은 남측의 '햇볕정책 복귀'를 주장했다고 전했다. 다만 실무급 차원의 대화채널 가동에는 합의한 것으로 보인다.

북 최고위급 인사 서울 다녀갔다

11월 연평도 포격사건으로 전면 중단됐던 남북접촉은 12월 북측 최고위급 인사의 서울 방문을 통해 다시 물꼬를 텄다. 대화 내용은 알려져 있지 않지만 북측은 연평도 포격사건에 대한 유감 표명과 남북 현안 해결을 위한 정상회담을 제의했을 가능성이 크다. 이 접촉에서 최종 합의에 도달하지는 못했지만 논의를 진전시키기 위한 후속 접촉에는 의견 접근이 이뤄졌고, 2011년 1월 실제로 접촉이 있었던 것으로 전해진다.

2011년 3월 4일 《아사히신문》은 남북의 당국자가 올해 1월 남북정상(수뇌) 회담을 위해 중국에서 비밀접촉을 했다고 보도했다. 이 신문에 따르면 비밀접촉에 북측은 남북관계를 주로 담당하는 조선로동당 통일전선부 관계자가 출석했으며, 남북접촉에서 정상회담 개최에 장해가 되는 천안함 침몰사건과 연평도 포격사건, 핵문제 등이 협의됐다.

정부는 즉각 남북접촉설을 부인했지만 현인택 통일부장관은 "여러 갈래의 흐름이 있으나 아직은 불안하고 불확실해 보인다"며 "정부는 어떻게든 그 흐름들을 대화와 협력, 평화와 통일의 방향으로 모아 나가기 위해 노력하고 있다는 점을 말씀드린다"라고 말해 남북접촉을 사실상 시인했다.

1월의 남북접촉과 미·중 정상회담 직후 북은 남북 고위급 군사회담을 전격 제안했고, 남측도 이를 수용했다. 그러나 2월 8~9일 개성에 열린 남북 고위급 군사회담 개최를 위한 대령급 실무회담은 아무런 성과 없이 끝났다. 당시 이명박 대통령과 청와대는 일단 실무회담을 타결하고 고위급 군사회담까지는 열고 대화해 보자는 입장이었지만 '알 수 없는 이유'로 실무회담 자체가 결렬됐다. 남북접촉 직후 정부 내 강온파 간의 대립으로 결렬됐다는 설이 나돌기도 했다. 어떤 형태로든 출구전략을 모색해야 한다는 입장과 천안함·

연평도 사건에 대한 북의 사과, 책임있는 조치가 있어야 남북대화가 가능하다는 입장이 팽팽히 맞섰고, 결과적으로 실무 접촉 과정에서 후자의 입장이 관철됐다는 것이다.

이후 북은 백두산 화산 공동연구와 학술토론회 등 협력사업을 추진시켜 나가기 위한 협의를 진행하자고 제안했지만 남측은 남북협의의 성격을 민간 전문가협의로 격을 낮췄다. 남북은 전문가회의를 통해 백두산 화산연구를 위한 전문가 학술토론회를 평양이나 편리한 장소에서 5월 초에 열기로 했지만 북측은 그 후 아무런 반응을 보이지 않았다. 북은 동해 표기와 관련해 남북 역사학자들이 공동으로 대처하자는 제의에 추가로 내놓았지만 남측이 5월 중순 개성에서 관련 협의를 하자고 호응한 후에는 별다른 반응이 없었다. 이 같은 비정치적 민간차원의 대화로는 남북 당국 간 대화로 이어질 가능성이 크지 않다고 판단한 것이다.

이러한 상황에서 북은 카터 전 대통령 일행의 방북을 계기로 전격적으로 남북정상회담 제안을 다시 내놓았다. 당시 이 제안은 김정일 국방위원장의 명의로, 공개적으로 이뤄진 제안이라는 점에서 주목을 받았다. 된다. 이 제안을 통해 북은 두 가지 점을 분명히 했다.

첫째는 '남북 핵회담'을 북이 6자회담의 틀 속에서 수용함으로써 '남북 수석대표 회담→북·미 수석대표 회담→6자 수석대표 회담'으로 이어지는 6자회담 재개프로세스에 사실상 동의했다. 통상적으로 북이 한반도 평화문제와 핵문제가 북·미간의 문제라면서 남북 간에 논의되는 것을 극히 꺼려 왔던 점에서 상당한 변화였다.

둘째는 '모든 사안에 대해 사전조건 없이 대화'는 하겠지만 천안함 사건에 대해서는 북이 개입되지 않았기 때문에 사과를 표명하기는 어렵다는 점을 다시 확인했다. 평양을 다녀 온 카터 전 대통령은 "제가 만난 (북의) 군 관계자나 정치 관계자들은 천안함 사태로 인해 사람들이 생명을 잃고 연평도 사건으로 인해 민간인이 목숨을 잃은 데 대해서는 깊은 유감을 표했다"면서 "깊은 유감을 표하기는 했지만 천안함 사건에 대해 사과하거나 자신들의 개입을 인정하지는 않았다"고 밝혔다.

이명박 정부가 요구해왔던 남북 간 '비핵화회담'은 수용하고, 천안함 사건 사과에 대해서는 분명하게 선을 그은 셈이다. 북의 제안은 김정일 국방위원장 명의로 나왔다는 점에서 사실상 마지막 대화 제안이었다.

이명박 대통령, 김정일 위원장을 핵정상회의에 초대

북의 제안에 대한 남측의 반응은 5월 9일 이명박 대통령의 유럽 순방 중에 나왔다. 그러나 엉뚱하게도 이명박 대통령은 김정일 국방위원장을 2012년 3월 제2차 핵정상회의에 초대한다는 제안을 내놓았다. 그리고 북의 주장에 따르면, 이날 이명박 정부는 베이징 비밀접촉을 통해 6월 하순 판문점에서, 8월에는 평양에서, 그리고 2차 핵안보정상회의가 예정된 2012년 3월에는 서울에서 남북정상회담을 하자고 제안했다고 한다. 이 제안은 시간의 촉박성, 내년 총선을 앞둔 정치적 포석 등 여러 논란이 있지만 논외로 하면, 문제는 2010년 하반기부터 이뤄진 비밀접촉의 최대쟁점이었던 천안함·연평도 사건 사과를 이명박 대통령이 다시 공개적으로 거론했다는 점이다. 이 대통령은 "사과는 (대화의) 진정성을 담보하는 최소한의 기준"이고, "그렇기 때문에 북이 사과하는 문제는 6자회담이나 남북(대화) 등 여러 가지에서 기본이다"라며 '천안함·연평도 사건 사과'를 회담의 전제조건으로 내세웠다. 북측의 '사전조건 없는 대화'를 거부하고 '선 사과 후 대화'를 촉구한 것이다.

북측은 당연히 김정일 위원장의 정상회담 제안에 대한 거부로 받아들였을 것이다. 특히 김정일 위원장의 2010년 5월 말 중국 방문은 사실상 '이명박 정부와의 남북대화를 기대하지 않는다' 는 무언의 선언이었다.

결국 2010년 하반기부터 수차례 비밀접촉이 있었고, 마지막으로 김정일 국방위원장이 정상회담까지 제안했지만 남북이 천안함 사건 사과를 둘러싼 쟁점을 넘어서지 못한 것이다.

2011년 5월이 한반도 정세의 분수령

돌이켜 보면 이때가 한반도 정세의 분수령이었다. 4월 중순 방한한 힐러리 클린턴 미 국무장관은 한 · 미 외교장관회담에서 북핵 6자회담 재개방안, 북 우라늄농축프로그램(UEP) 대응, 대북 식량지원 등을 협의했다. 이때 미국은 대북 제재와 대화 병행을 강조하면서 이명박 정부에 천안함 · 연평도 사건과 6자회담 재개문제의 분리를 강조한 것으로 전해진다. 이명박 정부도 2010년 12월과 2011년 1월 남북 간 비밀특사 교환을 통해 남북정상회담을 추진하면서 4월에 들어 2차례 남북정상회담을 갖기로 원칙적으로 합의한 상태였다. 4월 말 지미 카터 전 대통령의 방북 때 북은 남북정상회담 의사를 다시 확인했다. 4월 말 북 · 미 접촉에서는 로버트 킹 미국무부 북 인권특사의 방북이 합의됐다.

5월 16일 이번에는 스티븐 보즈워스 미 대북정책 특별대표가 방한했다. 그는 "한 · 미는 대북 식량지원과 관련해 매우 강한 공통의 시각을 갖고 있다. 한 · 미 공조의 환경과 분위기는 매우 좋다"고 강조한 후 킹 인권특사의 방북 사실을 공개했다.

보즈워스 대표가 방한 중인 5월 18일 캐슬린 스티븐스 주한 미국대사가 주목할 만한 발언을 했다. 북의 비핵화를 전제로 "북 · 미 정상회담도 가능하다"는 발언이었다. 그는 "북이 비핵화 행동을 약속한다면 북·미, 북·일관계 정상화를 포함해 모든 것이 가능하다는 메시지를 북 지도부에 보내고 있다"며 "현재는 진지하고 생산적인 협상이 되고 현실적이고 긍정적 여건을 조성하는 게 중요한 단계"라고 밝혔다. 북·미 간 물밑 접촉에서 상당한 진전이 있었음을 시사하는 발언이었다.

5월 24일 방북한 킹 목사는 기대(?)하지 않았던 첫 북·미 인권대화까지 나누고 돌아왔다. 이제 남북대화만 잘 풀리면 곧바로 북·미 고위급대화를 열어 6자회담 재개로 가는 일만 남은 시점이었다.

그런데 남북관계에서 예상치 못한 돌발변수가 발생했다. 이명박 대통령이 5월 9일 유럽 순방 중 베를린에서 "북이 국제사회와 비핵화에 대해 확고히 합의한다면 내년 봄 50여 개국 정상이 참석하는 2차 핵안보정상회의에 김정일 위원장을 초청할 용의가 있다"고 밝힌 후 남측이 무리수(?)를 둔 것이다. 바로 이날 중국 북경에서 있은 남북비밀접촉에서 4월 남북비밀접촉에서 합의한 내용을 수정하는 제안을 내놓은 것이다. 남측은 천안함 사건에 대한 좀 더 구체적인 사과 표명과 핵안보정상회의 때 한 차례 더 남북정상회담을 갖자고 제안한 것으로 전해진다.

이명박 정부의 무능으로 정상회담 기회 놓쳐

그러나 비공개로 하기로 한 이날 회담에 대해 5월 18일 청와대 관계자가 "김정일 국방위원장 초청 문제와 관련해 우리 정부의 진의가 북측에 전달이 됐다"며 발설했다. 이 와중에 일부 군부대에서 김일성 주석과 김정일 위원장을 얼굴을 사용한 표적지 문제가 돌출됐다. 그러자 북은 6월 1일 "4월부터 남측이 요청해 5월 9일부터 남북 비밀 접촉이 있었다"고 폭로했다. 말레이시아에서 다시 만나자는 남측의 제의를 사실상 거부한 셈이다. 남북정상회담이 좌절된 순간이었다. 남북대화와 북·미대화가 병행해서 열릴 수 있는 한반도 정세의 '빅뱅' 기회가 좌절된 것이다.

대북 식량지원, 6자회담 재개 등 정상회담 개최를 위한 분위기 조성 없이 남북정상회담이 가능하다고 본 무모함과 즉흥성, 김정일 위원장의 정상회담 제안을 진정성이 없다고 일축하고 카터 방북의 성과를 폄훼하면서도 비밀접촉을 통해 천안함·연평도 사건에 대해 정치적 타결을 시도한 일방적이고 이중적인 태도 등 이명박 정부는 정상회담 추진 과정에서 총체적인 난맥상을 드러냈다. 이명박 대통령이 임기 안에 어떤 형식으로든 천안함 사건에 대한 북측의 사과 표명을 받아내려고 총력을 기울이다 망신만 톡톡히 당한 꼴이다.

강온파 간의 대립과 혼선

2011년 하반기 들어 이명박 정부는 미국의 대화압력을 고려하고, 2012년 3월 핵안보정상회의를 앞두고 다시 '북 관리'에 나섰다. 9월 취임한 류우익 통일부장관은 스스로 "내 이름이 '류(유)연성'으로 바뀌었다"고 농담할 정도로 대북정책의 '유연성'을 강조했다. 류 장관은 다양한 채널을 가동해 남북 당국대화의 복원에 나서고 있고, 개성 만월대발굴사업 등 일부 남북 협력사업에 대해서도 승인하기 시작했다. 국회에서도 '제2개성공단' 조성을 위해 국회에 계류 중인 '통일경제특구법(안)' 통과도 추진되었다.

그러나 정부의 대북 '유연화' 조치도 결국 금강산 관광, 이산가족상봉 문제를 풀기 위한 남북당국 간 대화복원으로 이어지지 못한다면 큰 성과를 기대하기 어려운 상황이었다. 금강산관광 문제는 결국 남북관계가 최악의 상황에 이르게 된 근본적인 원인이면서 천안함·연평도 문제 해결과도 직접 연결된 문제이기 때문이다.

2011년 1년간 남과 북은 '천안함, 연평도 사건 사과에 대한 진정성'과 '남북 관계개선의 의지'를 확인하기 위해 공개적으로, 비공개적으로 의견을 주고받았다. 이를 통해 남북은 여러 차례의 비밀접촉을 통해 남북정상회담까지도 합의했으나 이명박 정부는 정부 내 대북강경파와 보수진영의 반대여론을 뛰어넘지 못했다. 이 과정에서 우리 정부 내의 일관성 없는 대북정책이 남북관계에 혼선을 초래했다. 이른바 대북강경파와 온건파의 갈등이다.

온건파가 '출구전략'을 주장하며 남북접촉을 통해 '모종의 합의'를 이뤄내면, 강경파가 이를 뒤집는 경우가 몇 차례 발생했다는 후문이다. 북 국방위원회 대변인이 "남측 인사들이 우리와 한 초기 약속을 어기고 '천안'호 침몰 사건과 연평도 포격사건이 남북관계 개선을 위하여 '지혜롭게 넘어야 할 산'이라며 우리의 '사과'를 받아내려고 요술을 부리기 시작하였다"고 지적한 대목이 이를 시사했다.

오히려 2011년 10월 한미정상회담은 "한·미동맹을 위해 아무리 많은 비용을 지불하더라도, 북이 두 손 들고 항복하고 나오게만 하면 된다"는 이명박 정부의 대북정책 기본골격이 하나도 변하지 않았음을 그대로 보여줬다. 여전히 '북 붕괴', '북 체제 위기'라는 헛된 '이념'에 빠져있었던 셈이다. 그런 사이에 북은 핵과 장거리 미사일 능력을 강화하고, 중국·러시아 등과의 경제협력을 통해 '장기 경제재건 프로젝트'를 추진했다. 남북관계가 파탄 나면서 동북아에서 우리의 정치·군사적 입지가 급격히 축소되는 결과만 가져왔다. ✿

제5부

박근혜 정부는 **남북정상회담의 '가능성'**을 현실화시킬 수 있을까?

박근혜 대통령은 개성공단 재가동이후 DMZ평화공원 조성,
'실크로드 익스프레스' 구상을 내놓고, 2013년 11월 취임 후
처음으로 남북정상회담을 언급했다. 김정은 국방위원회 제1위원장도
신년사에서 남북관계 개선을 위한 분위기 조성을 강조하며
남북정상회담을 포함한 당국 간 대화 의지를 표명했다.
그러나 북측이 반발하는 '선(先)비핵화'를 요구하고, '냉전적 정치구조'를
뛰어넘기 어렵다는 점 때문에 올해 남북정상회담 개최 전망은 비관적이다.
남과 북 모두 적어도 6자회담이 재개되고 북핵해결의 가닥이 잡혀야
정상회담을 추진할 수 있는 동력이 생길 것이다.
남북정상회담은 구조적으로 보면 어렵지만,
올해 6자회담이 재개되고 이산가족상봉 행사가 열릴 가능성이 높다는
상황적 측면에서 보면 '가능성'이 남아 있다.
박 대통령은 "북한 지도부가 핵을 포기하는
전략적 결단을 내리는 것이 중요하다"며 "북한이 스스로 변화해야 되겠지만
또 그렇게 스스로 변화하지 못한다면 그렇게 변화할 수밖에 없는
환경을 만들어가야 한다"고 밝혔지만, 동북아정세는
오히려 북한이 변화할 수밖에 없는 환경을 만들 수 있는 것이 아니라
박근혜 정부가 변화할 수밖에 없는 환경으로 전개될 수도 있다.

신년부터 기선잡기 공방

지난 1월 6일 박근혜 대통령은 신년 기자회견에서 '통일은 대박'이라며 설 명절을 계기로 이산가족상봉을 북측에 제안했다. 이날 정부는 이산가족상봉을 위한 남북 적십자사 실무접촉을 판문점 북측지역 통일각에서 개최하자고 공식 제의했다. 지난해 무산된 이산가족상봉 행사를 통해 남북대화의 계기를 마련하자는 의도였다. '작은 신뢰'부터 차근차근 쌓아 높은 차원의 신뢰에 기초하는 고위급대화로 높여가자는 것이다.

그러나 북측은 사흘 뒤인 1월 9일 조국평화통일위원회(조평통) 서기국 명의로 통지문을 보내 "좋은 계절에 마주앉을 수 있을 것"이라며 유보적 입장을 표명했다.

조평통은 3, 4월 '키 리졸브-독수리' 한미 연합군사연습을 언급하며 "곧 대규모 합동군사연습이 벌어지겠는데 총포탄이 오가는 속에서 흩어진 가족, 친척 상봉을 마음 편히 할 수 있겠느냐"며 4월 이후 재논의할 것을 제안했다. 그리고 북측은 "남측에서 다른 일이 벌어지는 것이 없고, 우리의 제안도 다 같이 협의할 의사가 있다면 좋은 계절에 마주 앉을 수 있을 것"이라며 두 가지 조건을 붙였다. 논의가 시작될 때까지 북측을 자극하는 발언이나 행동이 없어야 하고, 금강산관광 재개 등 남북 간 현안을 포괄적으로 논의하자는 조건을 내걸은 셈이다.

북한, '중대 제안' 발표

이어 북측은 1월 16일 국방위원회(제1위원장 김정은) 명의로 음력설을 계기로 1월 30일부터 "서로를 자극하고 비방중상하는 모든 행위부터 전면중지"

하자고 제안하는 등 세 가지 중대 제안을 전격 발표했다. 특히 군사적으로 상대방을 자극하는 모든 행위를 중단하자면서 북측이 실천적 행동을 먼저 보이겠다고 밝히고, 중대 제안이 실현되면 이산가족상봉 등 남북 간 현안이 다 풀릴 수 있을 것이라고 제안해 눈길을 끌었다.

북측은 또한 "민족의 안전과 평화를 수호할 데 대한 력사적인 호소에 화답하여 상대방에 대한 모든 군사적 적대행위를 전면중지하는 실제적인 조치를 취할 것을 제안한다"며 "당면하여 남조선 당국은 '년례적'이며 '방어적'이라는 미명하에 2월말부터 강행하려는 '키 리졸브, 독수리' 합동군사연습부터 중단하는 정책적 결단을 내려야 할 것"이라고 주장했다. 그리고 북측은 "특히 총부리를 맞대고 있는 서해 5개섬 열점지역을 포함하여 지상, 해상, 공중에서 상대방을 자극하는 모든 행위를 전면중지할 데 대하여 특별히 강조하여 제안한다"며 "이 제안의 실현을 위하여 우리는 실천적인 행동을 먼저 보여주게 될 것"이라고 예고했다.

나아가 "조선반도비핵화는 민족공동의 목표"라며 "조선반도비핵화를 실현하려는 것은 우리 군대와 인민의 변함없는 의지"라며 한반도비핵화에 대한 입장을 재확인했다. 정치·군사적 분야에서 분위기가 조성돼야 이산가족상봉 등 다른 현안도 논의가 가능하다는 입장을 나타낸 것이다.

이에 대해 박근혜 정부는 "비방중상 중지 합의 위반은 북한"이라며 다음 날 북측의 제안을 전면 거부했다. 다만 비방중상 중지에 대해서는 "쌍방이 동시에 비방중상을 중지해야 된다고 생각한다"며 "설 계기로 비방중상을 중지하자고 했고, 일단은 정부로서는 북한의 행동을 말뿐이 아니라 행동을 구체적으로 지켜보도록 하겠다. 북한의 행동을 보아가면서 대응해 나가도록 하겠다"며 여지를 남겼다. 의외로 빠른 반응을 보인 셈이다.

그러자 북한은 18일 〈대결의 악순환을 끝장내기 위한 실천적 제안〉이라는 제목의 《로동신문》 논평을 통해 "중대 제안을 실현하려는 우리의 의지는 확고부동하다"며 "이미 선언한대로 실천적인 행동을 먼저 보여주게 될 것"이라고 다시 한 번 '중대 제안' 수용을 촉구했다.

큰 틀에서 한반도 정세와 남북대화 사고해야

연초부터 남북관계 개선을 위한 분위기 조성을 두고 남북 간의 공방이 시작된 것으로 보인다. 나쁘지 않은 시작이다. 역시 2월 말부터 시작되는 한미합동군사연습기간을 충돌 없이 넘기는 것이 중요하다. 특히 박근혜 정부가 남북정상회담 의지가 있다면 큰 틀에서 한반도 정세와 남북대화를 사고해야 할 것이다.

남과 북이 '통일시대'를 이야기하고, 남북정상회담을 거론한다고 해서 실제 남북정상회담으로 이어지는 것은 아니다. 남과 북의 내부상황, 그리고 한반도를 국제환경은 남북정상회담 성사를 전망하기에는 대단히 비관적이다.

북한은 논외로 하더라도 우선, 박근혜 대통령에게 김대중 대통령처럼 남북관계와 주변정세에 일희일비하지 않고 남북정상회담을 성사시키려는 확고한 의지와 '통일 철학'이 있는지 불투명하고, 대북정책을 일관되게 추진할 수 있는 실력 있는 참모진이 있는지도 의심스럽다.

더구나 1월 3일 통일부가 내놓은 북한의 신년사에 대한 정부의 입장은 대단히 실망스러운 내용을 담고 있다. 남북관계 개선 제안을 담은 북한의 신년사에 대해 대부분 언론과 여야 정치권이 환영 입장을 밝히고, 통일부조차도 '관망 입장'을 내놓았으나 국가정보원과 국가안보실 등 유관기관 협의를 거친 후 정부의 입장이 돌변했다.

북한이 신년사에서 비핵화를 언급하지 않았고, 구체적 대화제의를 하지 않았다는 점을 들어 "진정성에 대해서는 의구심을 가질 수밖에 없다"고 비판한 것이다. 진정성이 의심되면 북한의 진정성을 확인할 수 접촉과 대화를 제의하면 될 것을 북한의 신년사가 나온 지 이틀만에 비난에 가까운 입장을 밝힌 것은 아쉬운 대목이 아닐 수 없다.

둘째로, 박근혜 정부는 남북대화에서 다룰 사안과 북미 또는 6자회담에서 다룰 사안을 분리하지 못하고 있다. 김대중 대통령은 남북정상회담에 의구심을 갖는 미국을 지속적으로 설득해 대북정책에 대한 '한미공조'를 이끌어냈고, 북핵문제는 북미 직접대화와 다자회담을 통해 해결하려는 원칙을 견지해 남북정상회담을 성사시켰다. 그러나 박근혜 정부는 지속적으로 '선(先) 북한의 비핵화'만을 지속적으로 강조하고 있다. 3일 통일부가 내놓은 입장에서도 "무엇보다 북한이 비핵화를 위한 진지한 노력을 기울여야 한다는 것을 명백히 밝혀둔다"고 강조했다. 우연의 일치일까? 이러한 입장은 1월 2일(현지 시각) 미 국무부가 "우리가 유일하게 주목하는 바는 비핵화 관련 북한의 어떠한 언급도 없었다는 점"이라고 평가한 것과 비슷한 맥락이다. 미국과 어느 정도 교감이 있었다는 추론이 가능하다.

이러한 박근혜 정부의 입장은 3단계로 돼 있는 '한반도 신뢰프로세스'의 2단계까지는 비핵화 같은 조건을 걸지 않고 정치 상황과 구분해 추진하겠다는 설명과도 맞지 않는다. 한반도 신뢰프로세스의 시작부터 '선(先) 북한의 비핵화'를 전제조건으로 삼는 것은 신뢰프로세스를 사실상 무력화시키는 정책일 뿐이다.

불씨는 남아 있지만…

이와 같이 박근혜 대통령의 남북정상회담 발언 외에 2000년의 조건과 비교해 보면 올해 남북정상회담 개최 전망은 비관적이다. 개성공단이 우여곡절 끝에 그나마 유지되고 있지만 2007년 남북정상회담 회의록 공개, NLL논쟁, 종북논란 등 지난 1년간 국내 정치의 주요 이슈들은 남북정상회담과 거리가 멀다. 지난해 어렵게 합의됐던 이산가족상봉 행사는 연기됐고, 금강산관광 재개회담은 시작도 하지 못했다. 북핵문제와 평화체제를 논의할 6자회담도 개최 전망이 불투명하다. 남북정상회담 연내 개최를 예상할 수 있는 요인들이 거의 없다.

다만 불씨 자체가 완전히 꺼진 것은 아니다. 문정인 연세대 정치외교학과 교수는 최근 《프레시안》과의 대담에서 남북대화를 위해 막후접촉의 필요성을 조언했다.

"대통령이 물밑접촉과 막후접촉을 구분해서 북한과 막후접촉을 통해 관계 개선을 타진했으면 좋겠다. 물밑접촉은 비(非)정부 행위자를 통해 북측과 소통을 하는 것인데, 비정부 행위자이기 때문에 잡음이 생길 수도 있다. 그렇다면 물밑접촉은 안 해도 좋다. 하지만 국정원, 통일부, 청와대 관계자 등 정부 당국자들이 북측과 막후에서 접촉을 할 필요는 있다. 막후에서라도 뭐가 돌아가고 있는 것인지 알아야 대응을 할 것 아닌가? 대통령이 대북 막후접촉을 시작해서 장성택 문제를 비롯해 경제개방 문제 어떻게 할 것인지 북한에 직접 물어보고 협의하는 것이 필요하다. 이런 식으로 북한과 입장 정리하고 나중에 그것을 통일부가 공개적으로 하면 된다. 지금 이러한 과정이 없는 것이다."

문정인 교수의 구분을 따르자면 김대중 대통령은 남북정상회담 성사를 위해 물밑접촉(민간채널)과 막후접촉(정부채널)을 동시에 가동했다. 노무현 대통령 때도 마찬가지였다. 성사는 되지 않았지만 이명박 정부 때도 민간과 정부 채널이 동시에 동원됐다. 박근혜 정부도 이러한 채널이 없다고 단정할 수는 없을 것이다.

박근혜 대통령은 2013년 4월 16일 국회 상임위원회 민주통합당 간사단과의 만찬에서 "대북 대화 창구가 필요한데, 여기 저기 줄을 대려는 사람이 있으나 그 사람들이 어떤 정부 사람들인지 알 수 없어 비선라인을 활용하지 않겠다"고 말했다. 박 대통령의 이 같은 언급은 "북한과 대화채널을 국가정보원 등 공식라인을 통해 열어가겠다"는 의미라고 청와대는 설명했다.

이 같은 언급과 지난 정부 시기의 경험을 통해 볼 때 박근혜 정부는 물밑접촉 단계에서 막후접촉 단계로 접어들었다고 추론해 볼 수 있다. 그런 점에서 공개적으로, 공식적으로 벌어지고 있는 남북 간의 공방만으로 남북정상회담 성사 여부를 점치기는 쉽지 않다. 물론 예측할 수 있는 단서는 있다.

남북정상회담 성사를 예측할 수 있는 단서들

2013년 11월 박근혜 대통령의 첫 정상회담 발언에 대해 북한 조국평화통일위원회는 "진정으로 정상회담을 바란다면 올바른 예의부터 갖춰야 한다"며 "필요한 때 언제라도 만날 수 있다"도 답변했다. 2014년 신년사에서도 북한은 남북관계 개선을 위한 분위기 마련을 강조했다. 남이나 북이나 신뢰와 분위기 조성을 남북정상회담의 선결조건으로 내세우고 있는 셈이다.

무엇보다도 남북정상회담이 성사되려면 상호신뢰와 함께 남북관계의 획기적 진전이라는 성과를 기대할 수 있어야 한다. 그런 점에서 박근혜 정부는 적어도 6자회담이 재개되고 북핵해결의 가닥이 잡혀야 정상회담을 추진할 수 있는 국내적 지지기반을 갖추게 될 것이다. 이것은 북측도 마찬가지일 것이다. 두 차례의 남북정상회담 때 북한은 북미대화가 진전되는 조건에서 정상회담에 나왔다.

따라서 남북정상회담은 북미대화와 6자회담이 재개되는 조건에서만 가능하다. 남북관계에서 보면 북측이 연기된 이산가족상봉 행사에 적극적 태도를 보이고, 남측이 금강산관광 재개회담에 적극성을 띠어야 단초를 마련할 수 있다. 북미대화, 6자회담 재개가 정상회담 성사여부를 판단할 수 있는 핵심 단서인 것이다. 남북 간 막후접촉을 통한 합의도 6자회담 재개가 뒷받침돼야 추진력을 얻을 수 있다.

결국 남북정상회담은 구조적으로 보면 어렵지만, 올해 6자회담이 재개되고 이산가족상봉 행사가 열릴 가능성이 높다는 상황적 측면에서 보면 가능성이 남아 있다고 할 수 있다. 미국의 중간선거가 있는 11월 이전까지 '가능성으로의 남북정상회담'에 주목해야 하는 이유다.

남북정상회담은 어려운 문제라고 하더라도 현안을 일시에 해결할 수 있는 효율적인 대화방식이다. 특히 박근혜 정부 기간에 남북정상회담이 열릴 경우 과거 김대중·노무현 정부 시절에 성사된 남북정상회담보다 훨씬 큰 파장을 몰고 올 수도 있다. 다음 정부까지 그 합의가 이어질 가능성이 크기 때문이다. 다만, 박근혜 정부가 남북정상회담 개최라는 큰 그림 속에서 상호 '신뢰'를 쌓을 수 있는 '일관된 정책'을 내놓아야 '냉전적 정치구조'를 넘어 '가능성'을 현실로 만들 수 있을 것이다. 우선 한반도 평화와 통일, 대북정책 측면에서 전향적인 인식 전환과 구체적인 실천이 있어야 한다.

1) 한반도 평화체제 구축에 나서야 한다

분단 70년이 다가오고 있지만 한반도에는 아직도 20세기의 산물인 국제적 냉전과 적대적 남북관계가 청산되지 않고 있다. 한반도는 여전히 1953년 이후 여전히 '정전상태'가 유지되고 있고, 남북관계도 불안정한 공존에서 벗어나지 못하고 있다.

　소련과 동구 사회주의권이 붕괴된 후 세계적으로 탈냉전의 흐름이 대세를 이루었지만, 한반도를 중심으로 한 동북아 지역에는 여전히 냉전의 잔재가 남아 있다. 동북아 지역의 군사적 불안정을 부추기는 요인으로 작용하고 있는 이러한 현상은 한반도의 특수한 상황에서 기인한다.

여전한 냉전의 유산

　첫째, 냉전해체의 비동시적(非同時的) 진행에 영향을 받고 있다. 냉전해체의 비동시적 진행이란 세계적 차원과 동북아 수준, 한반도 수준의 냉전해체가 시간상 차이를 두고 진행되고 있는 현상을 말한다. 세계적 차원의 냉전해체는 소련, 동구 등 사회주의권의 붕괴를 시작으로 빠른 속도로 진행되었고, 한국과 소련, 중국간 수교가 이루어지면서 동북아시아 지역의 냉전 해체로 이어졌다. 그러나 냉전의 한 축이었던 북미 · 북일관계의 정상화 과정이 지체되면서 동북아의 냉전해체는 여전히 진행 중인 상태에 머물러 있다.

　둘째, 계속된 '북한붕괴론'에도 불구하고, 북한이 사회주의체제를 여전히 고수하면서 북미 간 갈등과 대결이 계속되고 있다. 한반도와 마찬가지로 냉전으로 분단됐던 독일이 세계 냉전의 해체와 함께 통일이 됐지만, 동일한 이유로 분단된 한반도는 여전히 분단 상태가 유지되고 있다. 이것은 동북아 냉전에는 특수성이 있으며, 그 특수성의 핵심인 북미 간의 대결구도가 해결되어야 한다는 것을 의미한다.

　셋째, 한반도 주변 강대국들이 한반도문제에 대한 영향력의 확대를 위해 경쟁하면서, 한반도문제의 '국제화'가 심화되고 있다. 동북아 지역에서 미국과 중국은 상호 협력을 하는 한편, 동북아 지역의 미래에 상대방이 미칠 영향에 대해 신중한 입장을 보이고 있다. 동북아에서 냉전 해체 이후 자국의 이익을 중심으로 지역의 강대국들이 유기적으로 연결되는 동북아 질서가 아직까지 안정적으로 형성되지 못한 것이다. 특히 북미관계의 후퇴와 진전이 반복되면서 한미동맹, 북중동맹을 강화하려는 움직임 또한 동시에 나타나고 있다. 그러나 2000년대 들어와 두 차례의 남북정상회담, 6자회담 개최와 한반도 평화협정 논의의 진전 등으로 동북아에 남아 있는 냉전의 유산도 해소될 분위기가 조성되었다.

남북대화와 6자회담

남북이 세계적인 냉전의 결과로 분단이 된 만큼 남북관계는 세계와 동북아의 탈냉전 분위기에 크게 영향을 받아왔다. 1960년대 후반 미국과 중국의 정치적 화해가 이뤄지면서 한반도에도 대화의 기운이 조성되었다. 1972년 7·4남북공동성명 발표를 계기로 남과 북은 한편으로는 대화하고, 다른 한편으로 정치 군사적 경쟁을 계속하는 시기를 맞게 된다. 1980년대 후반 세계적으로 냉전이 해체되면서 남과 북도 1990년 9월 4일 제1차 남북고위급회담(남북총리회담)을 개최한 이래 1992년 9월가지 서울과 평양을 오가며 총 8차례의 회담을 열었다. 특히 남과 북은 1991년 10월 평양서 열린 제4차 회담에서 '남북 사이의 화해와 불가침 및 교류협력에 관한 합의서'(남북기본합의서) 채택에 합의했다. 또한 1991년 12월에는 '한반도 비핵화에 관한 공동선언'이 채택되었다.

1991년 남북기본합의서 채택으로 남과 북은 본격적으로 대결보다는 남북 공존의 길로 들어서게 되고 다양한 분야의 교류가 이뤄지기 시작하였다. 그러나 남북기본합의서의 합의가 재확인되기까지는 다시 8년이 흘러야 했다. 2000년 6월 역사적인 남북정상회담을 계기로 남북관계는 화해와 협력을 통해 통일을 모색하는 단계로 발전했다. 이후 남북 간에는 금강산관광, 개성공단사업 등 다양한 협력사업이 진행되었고, 2007년 10월 2차 남북정상회담을 통해 남북관계는 안정적인 대화틀을 확보하게 되었다.

한편, 동북아에 항구적인 평화안보보장체제 수립을 위한 6자회담이 남북관계 진전과 함께 병행 추진되었다. 2003년 8월부터 2007년 10월까지 모두 6차례 열린 6자회담은 북핵문제 해결과 한반도의 비핵화를 실현하기 위해 한국·북한·미국·중국·러시아·일본 등 6개국이 참가하는 다자회담으로 출범하였다. 그러나 2007년 6자회담에서 2·13합의를 통해 한반도비핵화, 북미관계 정상화, 북일관계 정상화, 경제·에너지협력, 동북아평화안보체제 실무그룹회의가 구성되면서 한반도 평화체제와 동북아안보체제를 논의하는 틀로 변모되었다. 1989년 세계적인 탈냉전 이후 20여 년이 지난 시점에서 동북아에서 냉전을 종결하려는 구체적인 대화의 틀이 마련된 것이다.

한반도 평화프로세스 재가동 필요

지난 70년의 경험을 통해 볼 때 한반도의 평화는 동북아의 평화와 직결되어 있다. 동북아의 평화 없이 한반도의 평화가 보장될 수 없으며, 한반도의 평화 없이 동북아의 평화를 기대하기 어려운 것이다. 따라서 지난 70년의 역사는 한반도 평화와 남북의 협력관계가 동북아에서 탈냉전, 평화안보체제 형성과 병행되어야 가능하다는 것을 잘 보여준다.

한반도 평화체제 수립에서 가장 중요한 선결과제는 평화협정 체결이다. 2010년 1월 11일 북한은 외무성 성명을 통해 정전협정 당사국 간 한반도 평화협정 회담을 제안했다. 2009년 12월 8~10일 스티븐 보즈워스 미 국무부 대북정책 특별대표가 방북해 북한 측과 협의한 내용을 구체화한 것이다. 보즈워스 대표와 강석주 외무성 제1부상 간 회담을 통해 북한과 미국은 평화협정과 6자회담 재개에 대해 공통의 이해에 도달했다. 미국이 북한의 요구인

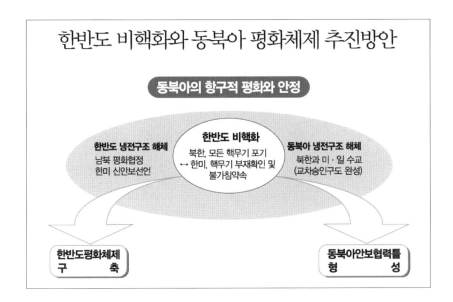

한반도 평화체제 논의를 수용하고, 북한이 미국의 요구인 6자회담 재개 및 9·19공동성명의 이행을 수용한 것이다.

이것은 한반도 비핵화와 평화체제 논의가 동시 병행으로 진행될 것이라는 점을 시사했다. 논의틀과 관련해 북미는 한반도 비핵화를 기존처럼 6자회담에서 논의하고, 한반도 평화체제는 4자대화를 통해 진행하기로 잠정 합의하였다. 평화협정 논의를 위한 4자대화 또는 회담은 2000년 10월 북한 조명록 인민군 차수가 김정일 국방위원장 특사 자격으로 방미했을 때 합의한 '조미 공동코뮈니케'에 처음 명시됐다. 이 합의에는 "정전협정을 공고한 평화보장체계로 바꿔 조선전쟁을 공식 종식시키는 데서 4자회담 등 여러 방도가 있다는데 견해를 같이 했다"라고 명기되어 있다.

그후 2005년 6자회담에서 발표된 9·19공동성명에는 "직접 당사국들은 적절한 별도 포럼에서 한반도의 항구적 평화체제에 관한 협상을 가질 것"이라고 명기됐다. 이때부터 북핵문제 해결과 북미관계 정상화가 동시에 병행 추진되기 시작했다.

평화협정 체결 시급

그동안 한국 · 북한 · 미국 간에 논란이 되어 온 한반도평화체제의 이행방안, 평화협정의 주체 등에서도 당사국 간에 의견 접근이 이루어졌다. 2006년 11월 18일 베트남 하노이에서 열린 한미 정상회담에서 조지 부시 미 대통령은 북한의 핵 폐기 후 체제보장 문제와 관련, 한국 · 미국 · 북한 3국이 '종전협정'(종전선언)에 서명하는 방안을 언급하였고, 한국과 북한도 이에 동의하였다.

이를 통해 종전선언→평화협정→평화체제 구축이라는 한반도 평화체제프로세스가 잠정적으로 마련되었고, 평화협정의 당사국도 '3자 또는 4자'로 합의되었다. 2007년 10월 제2차 남북정상회담 합의인 10 · 4선언에도 "3자 또는 4자 정상들이 한반도 지역에서 만나 종전을 선언하는 문제를 추진하기 위해 협력해 나가기로 했다"는 남북 간 합의 내용이 담겼다. 여기서 4자는 남 · 북과 미국, 중국을 의미한다. 1953년 정전협정의 서명 당사자인 북한과 미국, 중국에 남한까지 포함하는 구도이다.

이러한 프로세스는 북한의 전략적 선택과 압박에 미국이 호응하면서 구체화된 것이다. 과거 북한은 1953년 7월 27일 정전협정을 맺은 이후 평화협정 체결, 정전협정 무용론을 꾸준히 제기해왔다. 북한은 1974년 3월 최고인민회의 제5기 3차회의에서 미국 의회에 보내는 편지를 채택해 ▲상대방에 대한 불가침 서약과 무력충돌의 위험성 제거 ▲군수물자 반입 중지 ▲외국군의 빠른 기간 내 철수 ▲미군철수 후 남한의 외국군 기지화 불가 등을 내용으로 한 평화협정 4개 항을 제시했다.

그러나 북한은 2000년 10월 12일 '조미공동코뮈니케'를 통해 정전협정 체결당사자인 북한과 미국이 '평화보장체계'를 체결해야 한다는 기존의 주장에서 벗어나 북미협의가 보장되는 가운데 미국이 주장하는 다자방식의 평화협상에 동의했다. 북한의 이 같은 입장 변화는 미국이 반대하는 한 북미 양자협정은 불가능하다는 판단에다 한국과의 관계 진전 등을 감안한 것이다.

또 다른 쟁점인 주한미군 주둔문제는 이미 1990년대 초 북한이 미국에 주한미군의 성격변화를 전제로 '주한미군 용인' 의사를 밝혔고, 2000년 남북정상회담에서도 다시 한번 확인됨으로써 평화협정 체결 단계에서 심각한 쟁점이 되지는 않을 것으로 보인다.

북핵문제 해결과 평화체제 구축은 동전의 양면

시간적으로 보면 평화협정 체결은 당사자 간 합의만 되면 빨리 할 수 있으나 평화체제 구축에는 상당한 기간의 준비작업이 필요할 수밖에 없다. 평화협정의 프로세스, 협정의 주체 등이 어느 정도 확정되었고, 동북아평화안보체제의 논의틀이 마련됐기 때문에 6자회담을 통한 북핵문제 해결과 한반도비핵화, 북미·북일관계의 정상화 등이 병행적으로 추진될 경우 한반도평화체제 구축도 속도를 낼 수 있을 것이다.

지금까지 6자회담 과정에서 드러났듯이 북핵문제는 합의가 아니라 상호신뢰가 필요하다. 특히 미국이 구상하고 있는 포괄적 패키지론이 가지고 있는 비대칭성을 어떻게 해소하느냐가 관건이다. 즉 북핵폐기는 불가역적(irreversible)으로 비교적 단기에 이룰 수 있지만, 반대로 체제보장과 경제적 지원은 시간을 두로 이뤄질 수밖에 없고 언제든지 가역적(reversible)이 될 수 있다는 점이다. 북한은 2000년대에 들어와 북미합의, 6자회담 합의가 한국·일본·미국의 정권 교체에 따라 뒤집어지거나 재검토되는 경험을 여러 차례 했다. 한·미·일은 6자회담을 통해 북핵시설 철거, 핵무기와 핵물질

폐기, 비핵화 검증 등 3개 분야를 수년간에 달성하는 것을 목표로 하고 있었는데, 이를 위해서는 한·미·일에서 정권교체가 되더라도 합의사항이 유지될 수 있다는 신뢰를 북측에 어떻게 줄 것인가가 관건이다.

불가역적인 북핵폐기와 불가역적인 북미관계정상화 프로세스가 '행동 대 행동' 원칙에 따라 이행되고, 보장된다면 6자회담은 순항할 것이다. 그러나 6자회담이 순조롭게 진행되더라도 북미관계 정상화 과정에 상당한 기간이 필요할 것으로 보여 한·미·일이 목표로 하는 것처럼 수년 내에 북핵문제가 완전히 해결되기는 어려울 것이다.

따라서 북핵폐기와 북미관계 정상화 및 평화협정 체결이 장기간에 진행될 수밖에 없다면 단계별로 달성가능한 현실적 목표 설정이 필요하다. 이런 점에서 평화협정 체결에 앞서 종전선언이 구체적으로 추진될 수 있을 것이다. 특히 종전선언은 4자 고위급회담 또는 정상회담을 통해 이뤄질 가능성이 크기 때문에 한반도 주변 정세를 결정적으로 변화시키는 계기가 될 수 있다.

2) '북한붕괴론', '급변사태론'에서 벗어나야 한다

이명박 정부는 이전 정부들(노태우-김대중-노무현)의 포용정책을 부정하고 차별화를 추진했다. '북한붕괴론'의 시각에서 보고, 급변사태와 흡수통일을 기대한 것이다. 통일은 우리가 노력하여 만들어 나가는 것이 아니라 어느 날 갑자기, 저절로 다가올 것이라는 환상을 갖고 있었다. 그 결과 북한의 굴복과 붕괴를 도모하는 압박과 제재의 대결정책을 선호하게 됐다. 북미 적대관계의 산물인 북핵문제도 '비핵·개방·3000' '선 북핵해결, 후 남북관계 개선'이라는 핵 연계전략을 고집해, 핵문제 해결에 기여하지도 못하면서 북한의 핵 능력을 증대시키는 역효과를 초래했다.

2011년 2월 15일 열린 한반도평화포럼 토론회에서 주제발표를 맡은 고경빈 한국사이버대 교수(전 통일부 정책홍보본부장)는 "북한 붕괴론은 거의 20년 동안 이야기돼온 것이며, 북의 경제가 어렵다고 해서 바로 붕괴로 이어지는 것이 아니라는 역사적 경험에도 불구하고 붕괴론에 대한 기대가 언제나 새로워지는 것은 시한부 종말론의 끈기와 같다"며 '북한붕괴론'의 허구성을 잘 분석했다.

"북한 붕괴론은 이단종교의 시한부 종말론과 같다"

　　"과거 북에 극심한 식량난이 발생하고 김일성 주석이 사망한 전후로 북한 붕괴론이 부쩍 유행했었습니다. 최근 우리가 대북지원을 중단하고 국제적 대북제재가 강화되면서 특히 김정일 국방위원장 건강문제로 다시 북 붕괴론이 재유행하고 있습니다. 김정일 국방위원장이 사망하면 김일성 주석 때와 달리 진짜 북의 붕괴가 시작될 지도 모릅니다. (아니면 말고) 김일성 주석 사망 이후에도 북 체제가 17년을 지탱해 왔듯이 또 17년을 김정은 체제 아래 지탱해 갈지도 모릅니다. (아니면 말고) 그러면 김정은 부위원장의 사망을 또 기다리고. (아니면 말고) 이런 식의 붕괴론은 이단종교의 시한부 종말론과 다를 것이 없습니다. 종말에 모든 것을 걸고 현실을 팽개치는 태도가 문제입니다."

　　실제로 이명박 정부는 시도 때도 없이 북한의 경제위기를 강조했다. 그러나 남북경협이 중단된 이명박 정부 기간 동안 북한의 경제가 후퇴했다는 명확한 근거는 하나도 없다. 예를 들어 북한의 식량가격이 수급상황에 따라 오르락내리락하고 있는데 이명박 정부는 식량가격이 오른 상황만 주목했다. '급변 사태'라는 색안경을 끼고 북한에서 일어나는 일상적 모습, 과거부터 존재했던 현상들을 견강부회했다.

　　김정일 국방위원장이 갑자기 사망하고 젊은 김정은체제가 등장하자 다시

'북한붕괴론'이 고개를 들었다. 김정은 제1위원장의 권력기반이 약해 권력투쟁이 일어날 것이라든지, 집단주의체제로 갈 것이란 전망이 나왔다. 심지어 어린 나이로 권력승계 준비가 전혀 안 돼 김정은체제가 오래 지속되지 않을 것이라는 예측도 있었다. 김정일의 후광 속에서만 활동했지 단독으로 정책을 결정하고 국정을 운영해본 경험이 거의 없다는 것이 그 근거였다. 그러나 안정적으로 권력승계를 마무리 한 김정은 제1위원장은 정치적 리더십 확보뿐 아니라 권력엘리트의 재편과 단합을 이끌면서 당·정·군의 핵심 실세들을 신속하게 장악했다. 김정은체제의 안정은 적어도 권력정치 차원에서는 확고부동한 것으로 드러났다. 2013년 12월 장성택 행정부장의 숙청사건도 북한체제의 불안정성을 보여주는 것이라기보다는 김정은체제가 공고화되는 과정에서 일어났다고 볼 수 있다.

'유일적 영도체계'와 '인격적 리더십'의 확립

김일성 주석에서 김정일 국방위원장으로의 권력승계과정을 통해 볼 때 북한에서 최고지도자의 리더십은 '제도적 리더십'과 '인격적 리더십'의 결합으로 완성된다. 이를 기준으로 볼 때 김정은 제1위원장은 2012년 4월 당·정·군의 최고직책을 모두 승계함으로써 '제도적 리더십'을 확립했고, 이후 '인격적 리더십' 형성에 나선 것으로 판단된다.

2014년 신년사에서 김정은 제1위원장은 당의 유일적 영도체계의 철저한 확립과 '일심단결'을 강조했다.

우선 '당의 유일적 영도체계' 확립과 '당조직들의 기능과 역할' 강화를 강조한 대목이 눈에 띈다. 김정은 제1위원장은 "당안에 유일적 영도체계를 철저히 세우고 당대렬의 순결성을 확고히 보장하며 당조직들의 전투적 기능과 역할을 높여야 합니다"라고 밝혔다.

김정은 제1위원장을 중심으로 하는 '당의 유일적 영도체계' 확립 과정은 2012년 4월 노동당 제4차 대표자회 개최를 계기로 본격화됐다. 2009년부터 시작된 후계자 중심의 '유일지도체계' 수립이 김정은 후계자의 국방위원회 제1위원장과 노동당 제1비서 공식 취임을 계기로 '유일적 영도체계' 확립으로 전환된 것이다. 김정은 제1위원장은 2012년 노동당 제4차 대표자회를 앞둔 4월 6일 노동당 중앙위원회 책임일군들과 한 담화에서 '온 사회의 김일성 · 김정일주의화'를 당의 최고강령으로 수정하고, "당의 유일적 영도체계를 더욱 철저히 세우는 것"을 가장 중요한 과제로 제시했다.

　당의 유일적 영도체계 확립은 크게 두 방향에서 추진됐다. 하나는 "전당에 당중앙(김정은)의 유일적 영도 밑에 하나와 같이 움직이는 혁명적 규율과 질서"를 엄격히 세우는 것이다. 김정은 제1위원장은 '전군(全軍) 김일성 · 김정일주의화를 군 건설의 총적 임무'로 규정했다. 이 과정에서 '김정은 동지를 수반으로 하는 당중앙위원회를 목숨으로 사수하자!'는 구호가 나왔다. 김 제1위원장은 2013년 6월 19일 당 · 국가 · 군대 · 근로단체 · 출판보도부문 책임일군들 앞에서 한 연설에서 "당의 유일적 영도체계를 철저히 세우는 것은 우리가 틀어쥐고 나가야 할 가장 중요한 사업"이라고 규정했다.

　다른 하나는 간부들의 "낡은 사상관점과 뒤떨어진 사업기풍, 일본새"를 바꾸는 것이었다. 북한이 이야기하는 '일심단결'과 '군민(軍民)대단결'을 강조한 것이다. 김정은 제1위원장은 "일군(간부)을 위하여 인민이 있는 것이 아니라 인민을 위하여 일군이 있다"며 간부들이 "인민을 위하여 자기의 모든 것"을 바칠 것을 주문했다. 2013년 신년사에서는 '모든 것을 인민을 위하여, 모든 것을 인민대중에게 의거하여!'란 구호를 제시하기도 했다.

　이를 위해 북한은 2013년 노동당 제4차 세포비서대회(1월 29일), 전군선전일군회의(3월 28일)와 인민군 제4차 중대장 · 중대정치지도원대회(10월 22~23

일)를 개최했다. 기층조직 강화와 아래로부터의 비판을 통해 '유일적 영도체계' 확립에 나선 것이다.

김정은 유일 영도체계 확립과 장성택 숙청

이 과정에서 가장 비판의 대상으로 떠오른 것이 '세도와 관료주의'였다. 2013년 1월 29일에 열린 제4차 당세포비서대회에서 김정은 제1위원장은 직접 "세도군, 관료주의자들이야말로 우리 당이 단호히 쳐야할 주되는 투쟁대상"이라며 처음으로 '세도'를 언급했다. 그는 6월 19일에도 노동당과 군, 내각 등의 고위 간부를 모아 놓고 〈혁명발전의 요구에 맞게 당의 유일적 영도체계를 더욱 철저히 세울 데 대하여〉라는 제목으로 '유일 영도체계' 확립에 대한 연설을 하면서 노동당 내에서 배척해야 할 대상으로 '세도'를 가장 앞에 내세웠다.

조선노동당의 이론지 《근로자》(월간)도 2003년 6호부터 집중적으로 '세도'와 '종파행위'를 거론하기 시작했고, 〈세도와 관료주의를 부리면 사회주의를 잃게 된다〉(2013년 제6호)란 제목으로 소련공산당의 사례까지 거론했다. 이러한 흐름에서 불거진 사건이 바로 장성택 숙청이다. 장성택 숙청이 흔히 거론되는 최룡해 총정치국장으로 대표되는 군부와의 '권력투쟁'에서 비롯된 사건이 아니기 때문에 당과 군 전반으로 영향이 확대되지 않고 있다.

그럼에도 불구하고 한국과 미국은 북한의 '급변사태'를 명분으로 '키 리졸브-독수리 한미 군사연습'을 강화하고 있다. 한미 양국군의 '북 급변사태' 대응 시나리오인 '개념계획 5029'는 ▲핵과 미사일, 생화학무기 등 대량살상 무기 유출 ▲북의 정권 교체 상황 ▲쿠데타 등에 의한 내전 상황 ▲북 주민 봉기 ▲북쪽 내 한국인 인질 사태 ▲대규모 북 주민 탈북사태 등 6~7가지 유형을 상정하고 있다.

그러나 한미 합동군사훈련이 상정하고 있는 사태가 모두 단기간에 현실화될 것이라는 징후는 거의 나타나지 않고 있다. 오히려 한미 군사연습은 안보 강화보다는 한반도 긴장만 고조시킬 뿐이다. 지금 우리에게 필요한 것은 북한의 '급변사태'에 대한 우려와 대비가 아니라 남북관계 개선과 6자회담 재개일 것이다. 따라서 박근혜 정부가 남북정상회담을 성사시키려면 '급변사태' 색안경을 벗고 현실을 직시해야 한다. 그것이 주기적으로 불거지는 '한반도 위기설'을 근원적으로 잠재울 수 있는 지름길이자 남북정상회담의 가능성을 현실화 할 수 있는 기본전제이다.

3) '과정으로서의 통일'을 추구해야 한다

박근혜 대통령은 최근 '통일은 대박'이라고 언급했다. 이 발언이 통일의 당위성을 강조하고, 통일이 가져다 줄 정치적, 경제적 효과를 염두를 둔 것이라면 의미 있는 발언이라고 할 수 있다. 그러나 장기적으로 남북의 화해협력을 추진해야 하는 '통일 과정'을 무시하고 단기간에 통일을 이룰 수 있다는 인식에서 나온 것이라면 대단히 위험한 발상이 아닐 수 없다.

2000년 남북은 첫 정상회담을 통해 '사실상의 통일' 개념에 합의했다. 법과 제도상의 완전한 통일이 아닌 '사실상의 통일'로 가는 프로세스를 상정한 것이다. 아직까지 '사실상의 통일'이란 개념은 일반적으로 익숙하지 않은 것이 사실이다. 다만 6·15공동선언의 정신에 입각해 '10·4선언'의 합의 내용을 실천해 나가는 것이 곧 '사실상의 통일'을 의미한다고 설명하면 조금은 쉽게 와 닿을 수 있을 것이다. 남북이 힘을 합쳐 한반도 평화협정을 체결하고 남북 교류협력을 통해 경제공동체를 만드는 데 총력을 기울여 '사실상의 통일'을 만들어가자는 것이다.

'사실상의 통일'(de facto unification)이란 개념은 독일에서 유래된 것으로, 김대중 정부 시기 대북정책의 핵심 키워드 중 하나였다. 남북연합을 구성해 남북관계를 정상화하여 남북협력사업을 공동으로 추진하고, 남과 북이 서로 오고가고 돕고 나누면서 통일된 것과 비슷한 상황부터 실현한다는 내용이다. 북도 '남북연합' 대신 '낮은 단계의 연방제'라고 불렀지만 이 같은 개념에 동의했다. 6·15공동선언(제2항)에는 "남과 북은 나라의 통일을 위한 남측의 연합제 안과 북측의 낮은 단계의 연방제 안이 서로 공통성이 있다고 인정하고, 앞으로 이 방향에서 통일을 지향시켜 나가기로 하였다"라고 명기됐다.

남북, 3단계 통일방안에 근접

통일은 화해 협력으로 시작하여 변화와 창조의 과정을 통해 현재진행형으로 만들어 나가야 되며, 이를 위해 화해협력→남북연합(남북연방='사실상의 통일')→완전통일['법적통일'(de jure unification)]의 단계를 밟아 나가야 한다는 것이다. 남북이 6·15공동선언을 통해 '사실상의 통일' 개념에 합의했다면, 2007년에 있은 제2차 남북정상회담의 성과로 나온 남북정상선언(10·4선언)은 '사실상의 통일'로 가는 구체적인 프로세스를 규정했다.

우선 남북정상회담을 수시로 개최하고, 남북협력을 위한 대화기구에 대해 합의했다. 남북협력을 위한 총괄수행 조정기구로 총리급회담, 경제공동협력을 위한 부총리급 경제회담, 군사적 신뢰구축을 위한 국방장관 회담 등에 합의했다. 또한 남국 국회(의회)회담에도 합의했다. 의회 차원의 남북 대화는 통일로 가는 길목에 남북이 함께 만들어야 할 법과 제도의 틀을 마련하는 데도 필요하다. 남북이 의회회담을 통해 서로의 이해 폭을 넓혀가며 법과 제도적 측면에서 많은 합의를 이뤄 정치권력이 5년마다 바뀌는 남측 당국의 정치적 의지에 따라 남북관계가 널뛰지 않고, 안정적으로 남북관계를 발전시킬 수

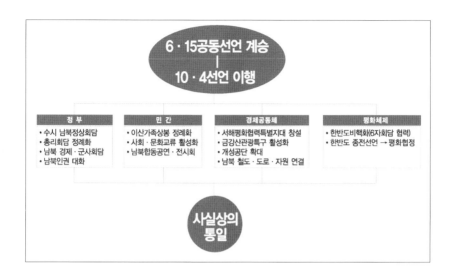

있는 제도적 장치를 마련하려는 것이었다.

　이러한 방안은 남측의 '민족공동체통일방안'에 나와 있는 연합 기구인 정상회의, 각료회의, 남북 평의회 구성과도 비슷하다. 또한 김정일 국방위원장이 2000년 정상회담에서 낮은 단계 연방제에 대해 김대중 대통령의 질문에 답변했던 내용 중 정상, 정부 각료, 의회 차원의 협의 기구 구성과도 유사하다.

　2000년 남북정상회담 때 김정일 국방위원장은 "정부의 각료급은 각료급 대로 협의기구를 만들고, 또 국회는 국회대로 의회차원에서 협의기구를 만들고, 정상 간에는 지금과 같이 서로 만나서 남북 간의 모든 문제를 서로 협의해서 합의하며, 또 합의한 것을 실천해 나가는 것이 우리가 생각하는 낮은 단계의 연방제"라고 설명하며 "협의체 구성과정에서 중앙정부를 하나 마련하는 것"을 제안했다. 이 제안에 대해 김대중 대통령이 "현실적으로 연방정부를 설치하는 것은 불가능"하다고 하자 김정일 국방위원장은 "(지금 단계에서) 사실상 외교권과 군사권을 통합한다는 것은 불가능한 일이죠. 그걸 하려면 아마 수십 년이 걸려야 할 것"이라고 정리한 바 있다.

남북연합(연방)기구 구성='사실상의 통일'

즉 '10·4선언'은 6·15공동선언 제2항에서 합의한 연합-낮은 단계 연방의 공통성을 인정하는 방향에서 전면적인 남북관계 발전을 위한 안정적 협의 틀을 마련한 셈이다. 특히 장기적으로 '연합(연방)기구'를 논의할 수 있는 단계까지 진입할 수 있는 전망을 열어놓았다.

또한 남과 북은 남북관계 발전을 가로막고 있는 요인 중 하나인 한반도비핵화를 위해 6자회담의 합의사항인 '9·19공동성명'과 '2·13합의'가 순조롭게 이행되도록 공동으로 노력하기로 했다. 남과 북은 현 정전체제를 종식시키고 항구적인 평화체제를 구축해 나가야 한다는 데 인식을 같이하고 직접 관련된 3자 또는 4자 정상들이 한반도지역에서 만나 종전을 선언하는 문제를 추진하기 위해 협력해 나가기로 했던 것이다.

임동원 전 통일부 장관은 "남북이 개성공단 확대, 지하자원 공동개발, 가스관 사업 등 협력사업을 시행하고 군사력을 감축해나가면 경제적 시너지 효과와 통일비용 감소를 기대할 수 있다"며 "남북경협을 통해 '사실상의 통일'을 달성할 수 있다"라고 밝혔다.

박근혜 대통령 언급처럼 '통일이 대박'이 되기 위해서는 남과 북이 평화와 공존, 공동 번영으로 갈 수 있는 '사실상의 통일'을 추구하는 것이 중요하다. 이명박 정부 시절 국민들은 잘못된 대북정책과 남북관계 악화로 통일하면 '대북퍼주기', '종북', '통일비용'처럼 부정적 단어를 연상케 됐다. 박근혜 정부가 남북정상회담 의지가 있다면 이러한 인식을 바꿀 통일담론과 통일교육을 확산시켜야 한다. 한반도 평화협정을 체결하고 남북 교류협력을 통해 경제공동체를 만드는데 힘써 '사실상의 통일'을 추진할 경우 통일비용을 획기적으로 줄일 뿐 아니라 우리 경제가 새로운 성장기반과 동력을 확보할 수 있다는 점을 부각시켜야 한다.

박근혜 정부가 이러한 인식의 대전환을 시도할 가능성은 없을 것이다. 그러나 통일이 갑작스럽게 이루지지 않고 오랜 교류와 협력을 통한 '준비 과정'을 거쳐야 하듯이 남북정상회담을 추진하는 과정에서, 남북정상회담이라는 계기를 통해 단계적으로 변화할 여지는 있을 것이다. 불행한 일이지만 김영삼 정부 말기 때 갑작스럽게 남북정상회담에 나섰던 것처럼 주체적 준비와 판단이 아니라 북미대화와 6자회담의 진전이라는 외부적 요인에 떠밀려 남북정상회담에 나서는 상황이 될 수도 있다. 2011년 4월과 8월 미국이 비밀리에 평양에 특사를 파견해 독자적으로 협상에 나선 것처럼 미국과 한국의 이해관계는 다를 수 있다.

박근혜 정부는 '북핵'과 '국내 정치구조'를 뛰어넘을 수 있을까?

2013년 10월 중순이후 남과 북이 정체된 남북관계를 개선하기 위한 환경 조성에 나선 것은 분명하다. 박근혜 정부는 대북정책 공약 중 하나인 이산가족상봉을 되도록 임기 초반에 실현해야 하는 부담을 안고 있고, DMZ평화공원 조성, '실크로드 익스프레스(SRX)' 구상에 성과를 내기 위해서는 남북관계를 개선해야 한다. 그래야 MB정부와의 차별성도 드러낼 수 있다.

북미대화와 남북대화를 포괄적으로 발전시킨다는 대외노선을 김정은시대의 기본노선으로 확정한 북한도 가시적인 성과를 내기 어렵게 만드는 남북관계의 장기간 경색이 부담으로 작용할 수 있다. 해외자본 유치와 경제협력을 활성화하기 위해서라도 남북대화가 필요한 상황이다.

그러나 개성공단 재개와 이산가족상봉에 합의한 후 다시 남북대화가 중단됐던 경험은 대화의 수요자체가 현실로 그대로 이어지지 않는다는 점을 보여줬다. 더욱이 과거 2차례 남북정상회담 성사와 이명박 정부 때의 남북정상회담

무산 과정을 되돌아볼 때 남북정상회담이 실제로 성사되기까지는 수많은 우여곡절과 돌발변수가 가로놓여 있다. 특히 박근혜 정부는 여러 가지 국내외의 난제들을 지혜롭게 해결해야 할 과제들을 안고 있다.

우선 손발이 맞는 않는 박근혜 대통령과 외교안보라인의 부조화를 해소해야 한다. 북한은 이산가족상봉을 연기하면서 '대화와 대북강경발언은 양립할 수 없다' 는 점을 분명히 했다. '대화는 대화이고 할 이야기는 해야한다는 식의 대북 강경발언' 은 언제든지 남북관계를 긴장으로 몰아갈 수 있다. 그런 점에서 박근혜 정부가 '대화의 진정성' 이 있다면 조율된 대북메시지를 일관되게 보내야 할 것이다.

둘째, MB정부의 '유산' 에서 하루 속히 벗어나야 한다. MB정부 때 임명된 김관진 장관을 교체하고, 남북의 경제협력과 사회문화교류를 막고 있는 '5·24조치' 를 해제해야 하는 것이다. 청와대는 박 대통령의 대북 기조인 '한반도 신뢰프로세스' 의 성공을 위해서라도 '5·24조치' 해제가 필요하다는 입장을 꾸준히 유지해 온 것으로 보인다. 박 대통령 취임 직후였던 2013년 3월 청와대 관계자는 "금강산관광 재개나 5·24조치 해제 문제에 대해 이전 정부처럼 '무조건 안 한다' 는 입장을 취해선 안 된다"고 언급한 적이 있다. 비정치적·인도적 교류를 통한 남북 간 신뢰가 쌓이면 자연스럽게 정치적·군사적 사안에 대한 해결 방식을 찾아가겠다는 '한반도 신뢰프로세스' 의 밑그림상 남북 간 전면 경제교류 중단을 내세우는 '5·24조치' 는 언젠가는 반드시 해제해야 할 현안이다.

류길재 통일부 장관도 2013년 11월 1일 국회 국정감사 과정에서 국내 자본의 개성공단 추가 투자 문제를 거론하면서 '5·24조치' 의 해제 필요성을 제기했다. '박근혜식 개성공단' 활성화의 핵심요소인 개성공단의 국제화를 위해서라도 국내 기업의 추가 투자가 절실하고, 이것의 전제가 '5·24조치' 해제다. 따라서 개성공단 회담이 다시 활성화되고, 푸틴 대통령의 방한으로 남북·러 철도 및 가스관 연결 사업이 진전되는 시점에 남북경협에 대한 족쇄를 풀어 자연스럽게 '5·24조치'를 '해소'하는 것이 현명한 선택이 될 것이다. 다방면적인 교류와 협력이 이뤄져야 남북 당국 간 회담도 성과를 낼 수 있다.

셋째, 8·15경축사에서 밝힌 것처럼 '안보패러다임'에서 '평화패러다임'으로 전환해야 한다. '튼튼한 안보'에 대한 강조와 대북압박으로는 진정한 평화를 얻을 수 없다는 MB정부 5년간의 경험을 반면교사(反面敎師)로 삼아 '평화를 만드는 상호 신뢰' 형성에도 적극 나서야 하는 것이다.

박근혜 정부는 취임 초기에 '안보 변수'를 활용해 지지율을 높이는 데 일정한 효과를 봤다. 그러나 박 대통령의 정상회담 언급은 그 같은 효과가 제한적이라는 점을 사실상 자인한 셈이다. 박 대통령이 '돌다리도 두들기며 가겠다'는 '한반도 신뢰프로세스'가 가진 현실적 한계를 인식한 가운데 정상회담을 언급했다면 북한이 손을 내밀었을 때 '포괄적 협상'을 통해 기회를 활용할 수 있는 결단이 필요한 시점이다. '냉전수구적 정치구조'에서 벗어날 수 없을 것이라는 회의론이 강하지만 아직까지 박 대통령에게 기회는 남아 있다.

'대타협'을 대망(大望)한다

2013년 2월 13일 영국 《파이낸셜타임스》의 데이비드 필링 아시아편집장은 〈북한과의 대담한 협상이 공허한 말보다 낫다〉는 칼럼을 통해 뼈아프지만 냉엄한 한반도의 현실을 잘 지적했다.

"지금 국제사회의 대북정책은 무장하지 않은 영국 경찰이 범죄자를 체포하려고 '멈춰, 그렇지 않으면 또 멈춰라고 소리칠 거야'하는 것과 아주 흡사하다. 진실은 국제사회가 북한 문제와 관련해 효과적인 옵션을 다 써버렸다는 것이다. 이제 선택지는 거의 남아있지 않다. 돈으로 안보를 사는 대타협을 통해, 북한의 핵무기 규모를 검증 가능하게 제한하는 것이다. 북한의 페어플레이를 기대하기는 어렵지만 군사공격도 할 수 없으니 이게 희망할 수 있는 최선이다. 더 나은 생각을 가진 사람이 있다면, 당장 외쳐 보라."

그는 '돈으로 안보를 사는 대타협'을 이야기했지만 가장 현실적인 방법은 '안보로 안보를 사는 대타협'일 것이다. 북한의 안보를 보장함으로써 남한의 안보를 확보하는 대타협이다. 남북대화와 비핵화 6자회담, 평화협정 논의가 맞물려 상호 촉진되는 선순환구조를 정착시키는 방안이다.

가장 관건은 '한반도 신뢰프로세스'에 기초해 우선 남북대화를 복원해 남북관계를 정상화하는 한편, 비핵화문제를 북미대화 또는 6자회담을 통해 해결하려는 정책 분리, 즉 남북대화와 북핵문제를 분리해 대응하는 선택을 박근혜 대통령이 할 수 있느냐에 달려 있다. 박근혜 정부가 표방한 '한반도 신뢰프로세스'의 초기 로드맵은 사실상 실패했다. 2013년 한반도의 봄은 긴장 고조와 전쟁위협으로 일관됐다. 말로는 전면전 상황과 다를 게 없었다. 정전협정 백지화와 남북 불가침 합의 파기를 내세워 핵타격과 워싱턴 불바다 그리고 벌초론까지 내세운 북한, 도발 시 원점뿐 아니라 지원세력과 지휘세력까지 섬멸한다는 한국의 단호한 응징의지는 '전쟁상태'나 다름없었다. 언제까지 이 같은 대결과 긴장을 지속할 것인가?

북한은 2014년 신년사에서 제시한 경제 건설의 목표들을 달성하기 위해 대외적 평화환경 조성에 적극 나서고 있다. 박근혜 정부가 이 기회를 살려 남북 당국 간 대화를 복원할 수 있느냐가 '한반도 신뢰프로세스'의 성패를 좌우하게 될 것이다. 박근혜 대통령이 주장하는 DMZ평화공원 조성, '실크로드 익스프레스' 구상 실현을 위해서라도 '급변사태론'에서 벗어나 남북대화와 남북정상회담 추진에 적극 나서길 대망(大望)해 본다. ☆